O Espaço da Tragédia

Coleção Estudos
Dirigida por J. Guinsburg

Equipe de realização – Edição de Texto: Maura Cristina Pereira Lória; Revisão: Adriano Carvalho Araujo e Sousa; Sobrecapa: Sergio Kon; Produção: Ricardo W. Neves, Sergio Kon, Luiz Henrique Soares e Raquel Fernandes Abranches.

Gilson Motta

O ESPAÇO DA TRAGÉDIA
NA CENOGRAFIA BRASILEIRA CONTEMPORÂNEA

CIP-Brasil. Catalogação-na-Fonte
Sindicato Nacional dos Editores de Livros, RJ

M874E

Motta, Gilson
    O espaço da tragédia: na cenografia brasileira contemporânea / Gilson Motta. – São Paulo: Perspectiva; Belo Horizonte, MG: Fapemig; Brasília, DF: CNPq, 2011.
    (Estudos ; 290)

    Inclui bibliografia
    ISBN 978-85-273-0917-2

1. Teatro grego (Tragédia) – História e crítica. 2. Teatro brasileiro – Influências gregas. 3. Teatros – Cenografia e cenários. 4. Teatro (Literatura) – História e crítica. I. Título.

11-1981.   CDD: 882
                    CDU: 821.14'02-2

08.04.11   12.04.11   025663

Direitos reservados à
EDITORA PERSPECTIVA S.A.

Av. Brigadeiro Luís Antônio, 3025
01401-000 São Paulo SP Brasil
Telefax: (011) 3885-8388
www.editoraperspectiva.com.br

2011

Sumário

Agradecimentos.. IX

Prefácio – *José Dias*................................. XIII

Introdução XVII

Primeira Parte:
A TRAGÉDIA GREGA E A ENCENAÇÃO
CONTEMPORÂNEA

   1. A Tragédia Grega e a Cena Pós-Moderna 3

   2. A Tragédia Grega na Cena Brasileira:
Do Modernismo às Primeiras Manifestações
do Pós-Modernismo Teatral...................... 27

   3. A Cenografia Pós-Moderna:
Uma Introdução............................... 63

   4. Cenografia e Tragédia Grega:
a Cena Brasileira Pós-Moderna 79

Segunda Parte:
ANÁLISE DE ESPETÁCULOS

1. Antunes Filho e a Tragédia Grega 115
   Fragmentos Troianos 117
   Medeia e *Medeia 2* 133
   Antígona, de Sófocles.......................... 152

2. A Tragédia e a Cidade: *Medeia*, de Eurípides....... 173
   Medeia, pelo Teatro do Pequeno Gesto............ 183
   Medeia, Direção de Bia Lessa................... 196

3. *Oresteia*, do Grupo Folias:
   A Política como Tragédia 215

Conclusão.. 237

Anexo :
Relação dos Espetáculos Teatrais (1990-2008).......... 245

Bibliografia...................................... 251
Créditos das Imagens 261

Agradecimentos

À Fapemig, cujo apoio foi imprescindível para a publicação desta obra.

Ao CNPq, que concedeu bolsa de estudos para a realização da minha pesquisa de pós-doutorado.

Ao Prof. Dr. José Dias, por sua generosidade na orientação da pesquisa e pelo Prefácio deste livro.

À Uni-Rio e a ao Programa de Pós-Graduação em Artes Cênicas.

À Universidade Federal de Ouro Preto, que me propiciou dar início a este trabalho na linha de pesquisa Encenação de Clássicos na Contemporaneidade, junto com a profa. Tania Alice e com meus alunos e orientandos Raissa de Paula, Monique Abreu, Emerson Antunes, Carolina Panini, Aretha Bithencourt, Jonas Villar e Ana Carolina Abreu, Airá Fuentes e Rafael Carvalho.

Ao Cedoc/Funarte e seus funcionários Márcia Claudia Figueiredo, Maria da Glória Ferreira Bräuniger e Caroline Bril, sempre muito atenciosas.

À Escola de Arte Dramática de São Paulo, em especial, à diretora profa. Sandra Regina Sproesser, à secretária Karina de Andrade e à profa. Nanci Fernandes, pelos documentos e informações cedidos.

Ao Museu de Arte Contemporânea de São Paulo, pela documentação cedida.

Aos artistas, grupos, companhias e profissionais de teatro, abaixo elencados que me disponibilizaram materiais, informações e entrevistas cruciais para a realização da pesquisa:

Aos amigos Antonio Guedes, Fátima Saadi e Doris Rollemberg, do *Teatro do Pequeno Gesto*;

A Antonio Pedro, do espetáculo *Electra na Mangueira*;

A Bia Lessa e a Francisco Accioly, do espetáculo *Medeia*;

A Carlos Alberto Nunes, referente à peça *As Troianas*, do Grupo Mergulho no Trágico;

Ao Centro de Pesquisas Teatrais/Sesc-SP e, em especial, a Rodrigo Audi.

A Diego Molina, referente ao espetáculo *Édipo Rei*;

Ao Grupo Folias d'Arte;

Ao Grupo Satyros, especialmente, a Danilo Dainezi.

A Hélio Eichbauer e a Luiz Henrique Sá.

A Ítalo Mudado;

A José Armando Ferrara;

A José Carlos Serroni, do Espaço Cenográfico-SP;

A Julio Adrião, materiais referentes ao espetáculo *Trilogia Tebana*.

A Luiz Furnaleto, de *As Troianas*;

A Marcio Aurélio;

A Marcelo Drummond e a Valério Peguini, do Teatro Oficina Uzyna Uzona;

A Marta Hass, da Tribo de Atuadores Oi Nós Aqui Traveiz;

A Marcelo Costa, do Grupo Ossanha, da Universidade Federal de Ouro Preto;

A Nanci Freitas, referente às fotografias dos espetáculos *Édipo Rei* e *As Troianas*, do Grupo Mergulho no Trágico.

A Rodrigo Matheus, do Circo Mínimo.

Aos fotógrafos que, muito gentilmente, cederam os direitos para a publicação das imagens: Airá Fuentes Tacca, Claudia Ribeiro, Iolanda Huzak, Joana Mattei, Jorge Etecheber, Marcelo Serra, Milla Petrilo, Nilton da Silva, Renato Marques, Ronald Peret.

Aos amigos que colaboraram para a realização deste projeto, em especial Christine Lopes e Claudia Bernardo.

Para Artur Bernardo, meu filho.
E para Tania Alice.

Prefácio

O objetivo desta obra é estudar a particular modalidade criadora das encenações de tragédias gregas de 1990 até os dias de hoje. Sem dúvida, é o mais significativo dos textos sobre o assunto, pois vem discutir a própria história da encenação teatral no Brasil. Gilson Motta brinda-nos com um valioso material em que discute os conceitos de espaço cênico por meio de uma investigação que inclui técnica e linguagem.

O autor recorreu aos projetos de realização dessas cenografias e, por consequência, às questões do tratamento, da organização e de seus signos no espaço cênico – desde estudos e rápidos esboços até os projetos cenográficos definitivos, com toda a sua funcionalidade e praticidade cênica.

Somados a isso estão seus feitos como diretor, cenógrafo, professor e pesquisador, sua vida e suas ideias, passo a passo, desde a produção dos espetáculos até suas apresentações, já como um homem de teatro.

A obra, por meio de um severo caráter didático e de um olhar crítico, permite que o leitor tenha uma ideia básica de como é encarar um trabalho de cenografia. Mais uma confirmação da vocação de seu autor. Ele não se propôs a falar somente do processo criador, mas do funcionamento da cenografia nos espetáculos, momento único em que esta alcança sua plenitude teatral – a relação entre diretor e cenógrafo, tendo este último como coautor da encenação.

Minha tarefa de escrever este prefácio é favorecida porque Motta – com sua vocação de mestre e também de criador, desde os mais simples trabalhos em sala de aula – está falando de teatro como fenômeno teatral. A cenografia para ele é um objeto artístico tão vigente como os atores ou a música de cena.

Afortunadamente, os ângulos e os fatos que correspondem às obras que estão aqui reunidas não dizem respeito à grandeza e à importância deste seu trabalho, que evoca, como diz o próprio autor, a contribuição da cenografia "para a elaboração do sentido da tragédia, como permite criar, na atualidade, a imagem espacial do teatro grego, de que modo ela cria o espaço da tragédia"[1].

Uma obra que transita entre a história do teatro brasileiro, as tragédias gregas, a cenografia teatral e a estética, como também a própria história de seu autor, que começou em 1985 na Escola de Teatro da UniRio, no bacharelado em Cenografia. Já naquela época dedicava especial atenção ao tema do espaço cênico.

Anos depois, terminada a sua pós-graduação e com bolsa do CNPq, prossegue sua caminhada com a intenção de realizar o pós-doutorado e estudar a fundo a temática do espaço e da cenografia. Durante esse tempo, tive oportunidade, como seu orientador, de reflexionar acerca do tratamento do espaço cênico em alguns de seus escritos e de acompanhar, em primeira mão, a forma com que havia enfocado o tema, as entrevistas e o material iconográfico.

Os capítulos que relatam o contato com os diversos diretores, cenógrafos e seus espetáculos constituem material da mais alta importância no que tange ao espaço cênico, brindando-nos com um resultado que vem a ser, na verdade, de toda a sua pesquisa e um valioso material.

Trata-se de uma extraordinária contribuição para o conhecimento do processo de criação do espaço cênico, por uma seleção muito ajustada de linguagens cenográficas. Não existe

---

1 Ver infra, p. XIX.

nesta obra um capítulo que seja vazio. Ao contrário, todos são como segmentos de reta orientados, que convergem e se ligam em um campo teórico cuja realidade é transformadora. Definitivamente, é um livro que servirá para plantar novas ideias e estimular a criação de novos estilos de escrita cenográfica, uma vez que a criatividade não tem limites.

José Dias

Introdução

O presente estudo transita entre a história do teatro brasileiro, as tragédias gregas, a cenografia teatral e a estética. O seu objeto é constituído pelas encenações de tragédias gregas produzidas no Brasil – em especial nas cidades do Rio de Janeiro e São Paulo – a partir do final da década de 1990 até os dias atuais. O crescente número de montagens de textos gregos no Brasil – no âmbito profissional, no experimental ou ainda nas escolas de teatro – é um reflexo do processo de revivificação da tragédia grega ocorrido na cena mundial a partir do final da década de 1960 e que vem se manifestando com continuidade e crescimento até a atualidade. No decorrer de três décadas, os principais realizadores da cena mundial abordaram a tragédia grega: podemos citar Peter Stein, Ariane Mnouchkine, Peter Hall, Antoine Vitez, Peter Sellars, Richard Schechner, Andrei Serban; e, entre os brasileiros, Antunes Filho, José Celso Martinez Corrêa, Bia Lessa, Marcio Aurelio, entre outros. Como veremos, o fato de muitos encenadores terem manifestado interesse pela tragédia grega se deve a uma diversidade de motivos. No interior dessa diversidade, a tragédia grega afirmou-se como uma das principais vertentes do pós-modernismo teatral, que estabelece um novo lugar, um novo espaço para a tragédia grega.

A montagem de textos trágicos gregos implica em lidar com questões complexas do ponto de vista da técnica teatral, por exemplo, a adaptação do texto, a presença ou ausência de um coro, os diferentes modos de jogo do ator, a relação com a palavra, a criação de um espaço cênico, entre outros. Neste estudo, a discussão sobre a revivificação da tragédia grega na cena brasileira contemporânea é desenvolvida a partir da cenografia, compreendida como o tratamento e a organização do espaço teatral e dos signos do espaço cênico, segundo a interpretação de Anne Ubersfeld[1]. Mais precisamente, interessa-nos aqui refletir sobre o espaço que a tragédia ocupa na visão dos encenadores brasileiros contemporâneos e, como esse espaço se manifesta em termos formais, de modo a questionarmos acerca das imagens, dos sentidos e dos significados que ele propõe.

Embora as tragédias gregas representem uma parcela muito pouco significativa da produção teatral geral, seja no Brasil, seja em outros centros teatrais mundiais, é importante observar como essa vertente específica do teatro pode vir a mostrar aspectos gerais da encenação contemporânea, em especial os aspectos referentes ao espaço cênico e à cenografia.

Como procedimento metodológico, outro fator que me leva a privilegiar a cenografia é o caráter indissociável do trabalho do diretor teatral e do cenógrafo na cena contemporânea. A importância da atuação do cenógrafo se acentua ainda mais na medida em que, desde a década de 1960, a arte teatral passou por transformações radicais que, inevitavelmente, modificaram a função do cenógrafo e de seu trabalho. No teatro em nossos dias, o cenógrafo afirma-se cada vez mais como um coautor da encenação, deixando de ser figura acessória no processo de criação. Pelo contrário, admite-se que, na atualidade, o trabalho do cenógrafo não se resume à apresentação de um projeto – de uma imagem espacial – a partir de uma interpretação pessoal do texto e da proposta do diretor. O trabalho do cenógrafo caracteriza-se por uma atividade constante junto aos atores e ao diretor, debatendo o texto e as propostas estéticas, e também por um trabalho de investigação constante do espaço e no espaço. Trata-se, assim, de uma atividade de colaboração,

---

[1] Ver L'Espace théatral et son scénographe, *Lire le théâtre II*.

na qual o cenógrafo deve ter em vista uma série de relações construídas a partir dos espaços cênico, cenográfico e teatral[2]. Segundo Patrice Pavis[3], nas práticas contemporâneas a cenografia apresenta-se como um elemento dinâmico e polifuncional da representação teatral, posto que envolve uma série de pesquisas sobre a transformação e a ressignificação da caixa cênica tradicional, sobre a busca de uma diversidade de modos de percepção do espectador a partir da experiência de novas configurações de sala e de cena, sobre a adequação da cenografia às necessidades do ator e da dramaturgia, sobre a desmaterialização da cenografia, entre outras.

Além desses elementos, é importante lembrar aqui que, segundo Arnold Aronson[4], no contexto do pós-modernismo teatral a cenografia irá apresentar uma mudança pontual na medida em que supera aquele princípio fundador da cena moderna, a saber, a unidade orgânica da cena. Nessa perspectiva, a cenografia passa a se utilizar dos procedimentos próprios ao que seria uma poética pós-moderna[5], a saber, a presença da citação, do pastiche, da referência ao passado, a fusão de estilos, o ecletismo, a participação do público, o fator relacional, a apropriação de imagens da cultura popular, entre outros. Além dessas categorias, as práticas cênicas e dramatúrgicas designadas por Hans-Thies Lehmann[6] como teatro pós-dramático irão propor novas relações espaciais, operando uma mudança na cenografia, conforme mostrarei mais adiante.

Mas como todas as mudanças se aplicam ou se processam quando o cenógrafo lida com um texto tradicional, por exemplo, uma tragédia grega? Com essa pergunta busco pensar como a cenografia contribui para a elaboração do sentido da tragédia, isto é, como permite criar, na atualidade, a imagem espacial do texto grego, de que modo ela cria o espaço da tragédia.

2   Sobre os conceitos de espaço cênico, espaço teatral, lugar cênico, espaço cenográfico, ver idem.
3   Cenografia, *Dicionário de Teatro*, p. 44.
4   Postmodern Design, *Looking into the Abyss*.
5   Sobre as características da estética pós-moderna, ver L. Hutcheon, *Poética do Pós-Modernismo*. Ver também F. Jameson, *Pós-Modernismo*; G. Lipovetsky, Modernismo e Pós-Modernismo, *A Era do Vazio*; A. Cauquelin, *Arte Contemporânea*.
6   Ver *Teatro Pós-Dramático*.

Diante da diversidade característica da cena teatral pós-moderna, a concentração sobre um gênero específico – a tragédia grega – pode vir a revelar um quadro geral de onde seja possível apreender algumas das características estilísticas, formais e ideológicas da produção teatral da atualidade. Ao mesmo tempo, quando projetado para décadas anteriores, esse mesmo foco pode revelar também a transformação histórica dos ideais estéticos e, mais precisamente, os diferentes modos de relação do texto clássico com a história contemporânea. Ou seja, pensar o espaço da tragédia é, inicialmente, refletir sobre o lugar que o texto grego ocupa no imaginário dos criadores teatrais e dos espectadores. O "lugar" é, por essência, histórico, isto é, ele é estabelecido a partir de uma tentativa de articulação entre o texto antigo e a sociedade atual, a partir de valores ideológicos, sociais, culturais e artísticos específicos. Assim, este espaço da tragédia se transforma de acordo com o surgimento de novos debates e necessidades estéticas, bem como da emergência de questões sociais e políticas estritas. É neste movimento de adequação do mito trágico aos problemas da sociedade atual que a tragédia grega se renova e permanece como uma constante fonte de reflexão sobre a representação teatral e sobre os grandes temas humanos e existenciais[7]. No Brasil, esta transformação estética – a passagem de uma cena com características modernas para uma cena pós-moderna – ocorre no interior de um conturbado contexto histórico e político, que se estende de meados dos anos de 1960 até o início da década de 1980 e, num outro momento, do final da década de 1990 até os dias atuais. As montagens brasileiras de tragédias gregas estarão associadas a um discurso crítico, de ordem política e social, assim como a uma ideologia de renovação do teatro. O mito trágico será, portanto, revisto numa dupla direção, onde se fundem o elemento existencial, de caráter universalista, o elemento político e social, de características mais tópicas e o elemento estético, onde se fundem o universal e o particular.

Em suma, se, por um lado, *O Espaço da Tragédia* vem debater os processos criativos da cena atual, por outro, o debate

---

[7] Sobre esta possibilidade de o texto antigo se adaptar a diferentes contextos históricos, ver: F. Decreus, Le Bruit court que nous n'en avons pas fini avec les Grecs, em G. Banu, *Études théâtrales*, n. 21.

INTRODUÇÃO   XXI

só ganha sentido quando pensado em sua historicidade. O presente texto vem, portanto, discutir a própria história da arte da encenação teatral no Brasil, mostrando, por exemplo, a passagem de uma estética tipicamente moderna (dominante entre as décadas de 1940 e de 1950), passando por uma outra de contestação ao ideário moderno ou ao que seria um desdobramento do modernismo (anos de 1960 e de 1970) e chegando ao estabelecimento de uma estética de características pós-modernas, a partir de meados dos anos de 1980, encenações estas que constituem o real objeto de análise deste livro.

Os espetáculos que comentarei aqui foram identificados no decorrer de duas pesquisas acadêmicas realizadas na Universidade Federal de Ouro Preto, na linha de pesquisa Encenação de Clássicos na Contemporaneidade, e cujos resultados foram publicados em periódicos[8] e divulgados em encontros científicos[9]. A primeira foi realizada entre os anos de 2003 e 2004 e intitulava-se *A Encenação da Tragédia no Teatro Brasileiro Contemporâneo: Análise dos Processos de Criação Cênica*[10]. A segunda foi realizada entre 2006 e 2007, com o título *O Espaço da Tragédia*[11]. Enquanto o primeiro projeto fazia um levantamento dos espetáculos e a análise das motivações ideológicas e estéticas de determinados criadores teatrais, o segundo focava no problema do espaço, isto é, no modo como as tragédias gregas são realizadas do ponto de vista espacial e cenográfico. A investigação geral sobre a tragédia grega na cena contemporânea teve continuidade ainda com mais dois projetos de pesquisa: *O Mito de Medeia: Encenações e Releituras Contemporâneas*[12], realizado entre 2008 e

8   Ver G. Motta, A Encenação da Tragédia Grega e do Trágico na Cena Brasileira Contemporânea, *Artefilosofia*, n.1, p. 105-119. Ver também G. Motta, *Folhetim*, v. 20, p. 50-57.
9   Os resultados do projeto foram apresentados no IV Congresso da Associação Brasileira de Pós-Graduação em Artes Cênicas (Abrace), realizado no Rio de Janeiro em 2006. Ver G. Motta, *Memória Abrace 10*, p. 89-91.
10 A pesquisa foi realizada com a colaboração dos bolsistas de Iniciação Científica: Emerson Simões, Raissa Palma e Monique de Abreu, alunos do curso de Bacharelado em Direção Teatral da Universidade Federal de Ouro Preto.
11 Realizada com a colaboração das alunas bolsistas de Iniciação Científica, Carolina Panini, do curso de Licenciatura em Artes Cênicas, e Aretha Bittencourt, do curso de Bacharelado em Direção Teatral, da Universidade Federal de Ouro Preto.
12 Projeto desenvolvido pelo aluno bolsista Jonas V. Villar, do curso de Direção Teatral da Universidade Federal de Ouro Preto.

2009, e *Tragédia e Modernidade: A Adaptação do Mito Trágico no Teatro do Século XX*[13], desenvolvido entre 2009 e 2010.

Ao longo dessas pesquisas, foi feito um levantamento das tragédias gregas produzidas em diversos centros teatrais brasileiros (São Paulo, Rio de Janeiro, Belo Horizonte, Curitiba, Brasília e Porto Alegre). Além dessas cidades, considerei necessário incluir ainda cidades do interior dos estados de São Paulo, Paraná e de Minas Gerais, respectivamente, Campinas, Londrina e Ouro Preto, por se tratar de cidades que concentram certa atividade teatral em função da presença de escolas de teatro ou por serem ou terem sido sede de algum grupo teatral de produção relevante, como é o caso do Armazém Companhia de Teatro, de Londrina. Nesse movimento, foram identificadas cerca de cinquenta produções realizadas entre os anos de 1990 e 2008, conforme consta no anexo encontrado no final do texto. O quadro contém uma descrição dos espetáculos identificados, entre montagens dos textos originais e releituras dos mitos gregos. Dessa extensa lista de espetáculos, comentarei aqueles que, por diversos fatores, julgo terem sido os mais significativos do ponto de vista da cenografia.

Embora as características do teatro contemporâneo sejam bastante diversificadas, observamos que, na passagem do modernismo ao pós-modernismo, a forma de organização do espaço cênico adquire um valor e uma função de destaque. Por exemplo, o palco frontal – questionado nos centros teatrais europeus desde o início do século XX – tende cada vez mais a ser subvertido ou recusado, em prol da busca de novas relações entre o espetáculo e o público. No entanto, a própria estrutura de produção sofre alterações radicais: ao lado das companhias estáveis surgem grupos de artistas motivados por diferentes questões estéticas e ideológicas, gerando um grande movimento de teatro de grupo. Do ponto de vista da encenação, a linguagem cênica passa a rejeitar as formas de reprodução ou de referência ao universo grego para inserir outras referências, extraídas, por exemplo, da cultura popular brasileira. No contexto do pós-modernismo, o teatro tenderá justamente a privilegiar elementos como a participação, a busca de espaços alternativos,

---

13 Projeto desenvolvido pela aluna bolsista Ana Carolina F. de Abreu, do curso de Direção Teatral da Universidade Federal de Ouro Preto.

a espontaneidade, interpretações e releituras, entre outros[14]. E neste movimento que leva do modernismo ao pós-modernismo, o foco do discurso tende também a se multiplicar, já que o discurso do cenógrafo e de outros criadores cênicos passa a ser tão importante quanto o do diretor teatral. Desse modo, pensar no espaço da tragédia a partir da ótica da cenografia implica fazer uma reflexão sobre os diversos procedimentos adotados pelos cenógrafos para a criação daquilo que seria um universo trágico.

Assim, a partir de pesquisas documentais e de campo, o presente estudo busca estabelecer um texto que descreva a passagem – da encenação moderna para a pós-moderna –, considerando não somente suas condicionantes ideológicas, sociais e políticas, mas também o papel que o espaço cênico exerce nessa transformação. Além disso, busquei também fomentar discussões sobre as formas, os procedimentos artísticos e estilísticos que marcam a cena teatral contemporânea, cena esta em que a reflexão sobre o espaço adquire valor especial.

Os procedimentos criativos são vistos, por um lado, a partir da ótica dos criadores teatrais da atualidade, sejam diretores ou cenógrafos; de outra parte, pelo discurso produzido pela crítica jornalística. Observar-se-á que, salvo raras exceções, o discurso crítico pouco considera os elementos visuais do espetáculo ou desconhece alguns elementos básicos daquilo que é chamado de linguagem visual deste. Por outro lado, notar-se-á também que a redução cada vez maior do espaço para a escrita dos textos de crítica teatral conduz também à necessidade de afirmação de um vocabulário limitado e repetitivo para a caracterização da cenografia. Dessa forma, tendo como base os textos produzidos pelos críticos, o presente estudo também procura fazer uma reflexão sobre a própria crítica teatral.

Se a reflexão sobre o espaço/lugar da tragédia apresenta-se, inicialmente, limitada ao eixo Rio-São Paulo, isso se deve a questões históricas e metodológicas, pois, durante um longo período, as duas cidades determinaram a história do teatro brasileiro, não somente com a produção artística propriamente dita, mas também com os textos críticos especializados, fato

---

14 Sobre os elementos que caracterizam a arte pós-moderna, ver S. Connor, *Cultura Pós-Moderna*. Ver também T. Coelho, *Moderno Pós Moderno*.

que se torna imprescindível para o estudo histórico e estético. Não obstante, o que ressalta neste recorte espacial é justamente a necessidade de se ter que fazer omissões, o que ocorreu, lamentavelmente, em relação a muitas produções teatrais realizadas no Norte, no Nordeste e no Sul do país, montagens que não puderam ser analisadas. Contudo, visto que nas últimas décadas outros centros teatrais vêm também se afirmando, em alguns momentos citarei produções teatrais realizadas fora do eixo Rio-São Paulo. Além do recorte espacial e temporal, houve também a necessidade de privilegiar alguns espetáculos em detrimento de outros. Nesse aspecto, valorizei aqui aquelas montagens consideradas mais significativas pela crítica especializada e pelos estudiosos das artes cênicas, isto é, espetáculos que, de algum modo, vinham sintetizar e refletir as questões aqui levantadas, em especial, aquelas que traziam alguma contribuição para a reflexão sobre a cenografia.

Na primeira parte deste estudo, estabeleço uma introdução de ordem teórica e histórica, descrevendo o sentido geral do movimento de revivificação da tragédia grega na cena contemporânea mundial, fazendo uma breve apresentação das encenações de tragédias gregas na cena brasileira entre as décadas de 1960 e de 1990 e discutindo, de um lado, o modo como a cenografia se mostra como elemento fundamental para a construção do espaço trágico e, de outro, a passagem de uma estética de características modernas para pós-modernas.

Na segunda parte, desenvolvo a análise de vários espetáculos realizados a partir do final da década de 1990, valorizando a cenografia. Como tal, são consideradas as encenações de Antunes Filho, que realizou quatro espetáculos, *Fragmentos Troianos* (1999), *Medeia* (2001), *Medeia 2* (2002) e *Antígona* (2005). Além disso, analiso também duas versões do texto *Medeia*, de Eurípides, a do Teatro do Pequeno Gesto (2002) e a de Bia Lessa (2004), e, por último, a montagem *Oresteia*, realizada pelo Grupo Folias d'Arte, em 2007.

Assim, de um lado, o livro dialoga com as recentes pesquisas sobre a encenação de tragédias gregas na contemporaneidade, tentando observar o modo como o movimento de revivificação da tragédia grega se desenvolve nos palcos brasileiros; por outro lado, este estudo traz um fator peculiar, já que, até o momento, não há pesquisas que abordem a cenografia brasileira em sua historicidade. Busco, portanto, discutir aqui o modo como o próprio espaço cênico contribui para estabelecer o sentido do trágico e, nesse movimento, identificar o modo como o espaço da tragédia trará questões relativas a uma percepção ou vivência contemporânea do trágico.

Primeira Parte

**A Tragédia Grega
e a Encenação Contemporânea**

1. A Tragédia Grega e a Cena Pós-Moderna

Desde os séculos XVI e XVII, a relação entre a era moderna e a herança cultural grega é questionada por autores teatrais, filósofos, literatos e estetas. Durante o século XIX e o século XX, essa temática continuou sendo objeto de reflexão de diversos autores, de acordo com os novos saberes instaurados (psicologia, antropologia, sociologia, etc.). Em *Teorias do Teatro*, Marvin Carlson enumera os diversos estudiosos (filósofos, críticos, dramaturgos) que abordaram esse tema no decorrer do século XX, como Georg Lukács, Max Scheler, Walter Benjamin, Gilbert Murray, Albert Camus, Eugene O'Neill, Roland Barthes. Embora durante todo o século XX, a tragédia grega tenha sempre estado em evidência, propiciando adaptações e releituras e abrindo espaço para discussões sobre o renascimento do trágico, o que se tem notado a partir das décadas de 1980 e de 1990 é uma crescente tendência – de caráter mundial – de remontar os textos gregos, o que legitima a ideia de uma revivificação da tragédia grega no contexto da pós-modernidade. Esse movimento é constatado por diversos estudiosos da cena contemporânea, tendo se tornado tema de vários colóquios, seminários, estudos, obras específicas, sítios da Internet, entre outros. Na produção científica atual, esta reflexão sobre a cena trágica encontra maior repercussão na Inglaterra, na França e nos Estados Unidos. Exemplares, nesse aspecto, são os estudos realizados por Edith Hall[1], Helene P. Foley[2], Simon Goldhill[3], Patricia Vasseur-Legangneux[4], Lorna Hardwick[5], Josette Féral[6], Freddy Decreus[7], Rush Rehm[8], dentre outros. Todos esses autores analisam o modo como os encenadores modernos e contemporâneos abordam a tragédia grega, discutindo aspectos relativos à adaptação dos textos, às convenções cênicas, à encenação, ao espaço cênico, à indumentária etc. Dentre os principais estudos, interessa-me destacar aqueles que remetem aos motivos por meio dos quais se dá este movimento de revivificação da tragédia grega. Isto é, o que leva os criadores teatrais da atualidade a querer encenar os textos gregos?

Um lugar de destaque nos estudos sobre o tema cabe à obra *Dionysus since 1969: Greek Tragedy at the Dawn of the Third Millenium* (Dioniso desde 1969: Tragédia Grega na Alvorada do Terceiro Milênio), organizado por Edith Hall, Fiona Macintosh e Amanda Wrigley. Reunindo diversos estudiosos da tragédia grega, a obra é dividida em seções temáticas, que definem quatro categorias em torno das quais se estabelece o discurso de resgate da tragédia grega na pós-modernidade: a Social (que se relaciona, sobretudo, à temática da liberação sexual e a discussão da sexualidade por intermédio do texto antigo); a Política (que diz respeito aos diversos conflitos internacionais que marcam a vida contemporânea); a Teatral (relativa aos elementos específicos da Estética teatral); e a Intelectual (referente aos elementos conceituais presentes no teatro antigo, por exemplo, as relações entre o emotivo e a razão, entre religião e pensamento metafísico). O texto de

1 *Dionysus since 1969.*
2 Modern Performance and Adaptation of Greek Tragedy, *American Philological Association*, disponível em: <http://www.apaclassics.org/Publications/PresTalks/FOLEY98.html>.
3 *How to Stage a Greek Tragedy Today.*
4 *Les Tragédies grecques sur la scène moderne.*
5 Greek Drama at the End of the Twentieth Century, disponível em: <http://www2.open.ac.uk/ClassicalStudies/GreekPlays/essays/Hardwickessay2.doc>.
6 Os Gregos na Cartoucherie, *Folhetim*, n. 14.
7 Le Bruit court que nous n'en avons pas fini avec les grecs, em G. Banu (org.), *Études Théâtrales*, n. 21.
8 *Radical Theater.*

Hall[9] – que constitui a introdução da obra –, discorre justamente sobre os motivos que conduziram a essa revivificação da tragédia grega e, de certa forma, esse texto parece sintetizar aspectos presentes em outros estudiosos, como Foley, Hardwick e Vasseur-Legangneux e Decreus, o que justifica aqui uma breve exposição desse texto a fim de identificar os elementos cardinais desse processo de revivificação da tragédia grega.

De acordo com Hall, este interesse pelo texto antigo é resultado da profunda e radical mudança cultural e política que marca o final dos anos de 1960. A partir desse período, cada vez mais as tragédias gregas foram sendo encenadas com perspectivas políticas radicais e com uma busca maior de experimentalismo do ponto de vista estilístico. Os mitos gregos reelaborados por Ésquilo, Sófocles e Eurípides teriam se tornado alguns dos mais importantes prismas culturais e estéticos através dos quais o mundo real, disfuncional e conflituoso do final do século XX refletiu sobre sua própria imagem.

No que diz respeito, por exemplo, à categoria social, mais especificamente, no aspecto relativo à sexualidade, Hall observa que o movimento feminista e a revolução sexual da década de 1960 estão diretamente associados ao renascimento do interesse pelos textos gregos, na medida em que o texto antigo contém potencialmente diversos temas que mostram profunda conexão com a realidade social de fins do século XX. Os artistas teatrais encontram no texto grego a possibilidade de discutir temas como o aborto, o homossexualismo, as opções sexuais, a relação entre o comportamento sexual e o amor romântico, a violência doméstica, os direitos da mulher, o relacionamento das mulheres com os filhos, os direitos das crianças, entre outros. O fundamental a ser pensado aqui é que, assim como ocorre no movimento feminista, os textos gregos põem em questão os direitos da mulher a partir de uma relação entre a esfera individual ou privada e a esfera pública ou política. Em virtude de, nas tragédias gregas, as paixões eróticas serem, ao mesmo tempo, muito discutidas e respeitadas, mas também vistas como uma das mais perigosas forças para a família e para

---

9   Why Greek Tragedy in the Late Twentieth Century?, em E. Hall; F. Macintosh; A. Wrigley, op. cit.

a sociedade, os diretores teatrais da atualidade teriam encontrado na tragédia grega um modo de explorar as repercussões da revolução sexual. Na esteira dessas discussões, já nos anos de 1990, a tragédia grega passou a ser usada também para criar no público uma simpatia em relação às pessoas contaminadas pelo HIV, como ocorre no espetáculo *Philoktetes-Variations*, dirigido por Jan Ritsema, em 1994. Em suma, a tragédia grega possibilita um questionamento do modelo de dominação cultural e política masculina, a partir mesmo de uma valorização da ótica feminina. *Medeia*, de Eurípides, por exemplo, é uma peça que ainda toca amplamente em problemas fundamentais para uma sociedade marcada pela "guerra dos sexos": a desigualdade econômica, os limites da liberdade feminina fora da esfera doméstica, a condenação social do apetite sexual feminino, as leis do divórcio, a discussão sobre os direitos dos pais sobre os filhos, entre outros.

O segundo aspecto de que Hall trata diz respeito ao elemento político presente nos textos gregos. Assim como a tragédia grega tem sua origem no momento em que radicais transformações políticas ocorreram na Atenas do século VI a. C. – sendo os concursos trágicos um meio para a discussão de questões diversas –, do mesmo modo, no século XX, os textos gregos foram recuperados a fim de discutir diversos problemas políticos, como a questão ambiental, o *apartheid*, o holocausto, as guerras civis, os sistemas políticos marcados pela opressão, os conflitos internacionais, as atrocidades da guerra, o genocídio, as tensões entre o Ocidente e o Oriente-Médio, o colonialismo. Assim, a autora nos mostra como diretores teatrais de diversos países têm utilizado a tragédia grega para discutir questões tópicas. Por exemplo, a montagem de *Electra*, da diretora Débora Warner, e a de *Ifigênia em Aulis*, do diretor Colin Teevan, trazem ressonâncias diretas com os problemas gerados pela ocupação britânica na Irlanda.

Paralelamente às discussões políticas, a autora observa também o modo como essas questões são elaboradas esteticamente pelos diretores. Assim, Robert Wilson, Tony Harrison, Peter Sellars, por exemplo, utilizam-se de vários recursos tecnológicos para criar experimentos pós-modernos a partir das tragédias gregas, tais como a colagem eletrônica de imagens, a projeção de vídeos, a sonorização eletrônica, entre outros. Uma das razões pelas quais a tragédia grega tem atraído os diretores teatrais nesta era eletrônica é que alguns dos artifícios formais do teatro antigo encontram inesperadas analogias com os modernos equipamentos da atualidade. Assim, o uso de gravações em áudio, de microfones ou de câmeras podem fazer ressaltar elementos que a própria máscara grega viria também a valorizar, por exemplo, a existência de um monólogo interior e maior exteriorização das atitudes. Além disso, a amplificação da voz do ator por intermédio de equipamentos eletrônicos pode enfatizar o próprio poder das personagens e seu aspecto divino, em contraposição ao mundo dos homens.

A tragédia grega tem sido redescoberta também como um campo fértil para a exploração das diferenças culturais. O próprio texto grego já contém um confronto de experiências entre tebanos, atenienses, tessálios, cretenses e argivos, assim como a relação com outros povos, como egípcios, persas, asiáticos, entre outros. Os textos exploram personagens que foram deslocados de suas próprias terras devido às guerras, ao banimento e às sentenças de punição. Em razão disso, os cantos corais tendem a valorizar temas como a nostalgia da terra natal, o exílio, a imigração, a expatriação, temas estes que encontram grande reverberação nos dias atuais. No quadro das diferenças culturais, outro aspecto político que pode ser encontrado nos textos gregos diz respeito à possibilidade de criação de um discurso anticolonialista ou pós-colonialista, já que o pós-modernismo traz à tona a voz das culturas e dos segmentos sociais periféricos, operando um descentramento radical.

A conexão entre esta temática estritamente política e os temas mais especificamente estéticos é bastante estreita, o que nos lança na terceira categoria: teatral. A autora inicia esta discussão apontando para a relação entre o tema do interculturalismo e a emergência da performance ritual como um dos eixos principais das manifestações artísticas da atualidade. Isto é, tanto os estudos culturais quanto a performance tendem a valorizar a integração de grupos étnicos minoritários, pondo em relevo as diferenças culturais. O interculturalismo possui uma aproximação estreita com a experimentação estética. As diferentes versões e adaptações do texto grego na atualidade têm ressaltado alguns dos elementos típicos da cultura pós-moderna, como o corpo, o artifício, a arbitrariedade da narrativa, a desconstrução dos mecanismos de ilusão. De acordo com Hall, desde 1969 a preeminência da tragédia grega coincidiria com o momento em que os historiadores teatrais começaram a estabelecer divisões para a história do teatro do século xx, de modo a assimilar a herança moderna. Assim, nesse contexto, os novos conceitos que surgem nos anos de 1950 e 1960 (*happening*, teatro físico, experimentalismo, performance, ruptura com o espaço tradicional, entre outros) são incorporados às tragédias gregas.

A redescoberta do teatro grego foi estimulada também por causa do encontro do Ocidente com outras tradições teatrais. Se esse fato já ocorria durante todo o período das vanguardas históricas, aquilo que irá diferenciar a relação entre diversas tradições teatrais a partir da metade do século xx será o fato de a questão colonial começar a tomar lugar central na cena no contexto do interculturalismo. A caixa cênica italiana, com seu arco de proscênio, passou a ser um dos símbolos máximos da estética cultural daqueles que seriam os opressores imperialistas, isto é, os europeus e os americanos. O abandono desse símbolo trouxe à tona a possibilidade de exploração de diferentes configurações entre cena e sala, ator e espectador, possibilitando a visão de diferentes ângulos e a criação de diferentes percepções. Com a recusa à caixa cênica, vinha também a rejeição à estética naturalista, levando os artistas a se interessar pelas manifestações cênicas e performáticas das culturas africanas, indianas, japonesas, chinesas, todas estas enfatizando a dimensão ritualística, a pantomima, os elementos coreográficos e as convenções cênicas. O ressurgimento da tragédia grega seria, assim, uma consequência de uma potente coincidência cultural: a recusa à noção tradicional de teatro, a onda performática, a exploração de tradições teatrais não ocidentais.

Esta recusa aos padrões estéticos e convenções cênicas ocidentais envolve também uma rejeição à estética realista e ao psicologismo que lhe é associada. A emergência da televisão e do estreito vínculo que esta possui com a estética realista teve como contrapartida a exploração por parte dos artistas cênicos de formas não naturalistas de abordagem da tragédia grega. De um lado, o uso da máscara seria exemplar deste resgate de outra forma de teatralidade porque permite aos atores uma combinação de processos do teatro físico – onde a performance é centrada no corpo do ator – com o uso da palavra e do discurso metafísico presente nos textos trágicos gregos. De outro lado, o fato de o espetáculo grego ser de natureza estritamente musical possibilitou também tanto a busca de experimentações coreográficas a partir do mito grego (por exemplo, Martha Graham e Pina Bausch) como também as pesquisas de ordem vocal, como o resgate de tradições corais, a exploração das relações entre o texto grego e a música moderna ou contemporânea.

Do ponto de vista da dramaturgia, o interesse dos novos autores pelo próprio texto grego, que, com sua variedade de métricas e com seus enredos, possibilita uma série de experimentações, foi também um fator fundamental para o ressurgimento da tragédia grega. Hall observa que é impossível registrar a quantidade de autores que trabalharam a partir da adaptação e da releitura dos textos gregos, seja em novelas, contos, romances ou até mesmo em obras cinematográficas. Do ponto de vista dos autores dramáticos, aqueles que mais teriam influenciado esse ressurgimento da tragédia grega seriam Bertolt Brecht e Samuel Beckett. O vínculo do escritor irlandês com a filosofia existencialista foi fundamental para uma relação entre a tragédia grega e o fenômeno do ressurgimento do trágico, presente em pensadores como Camus, Miguel de Unamuno, Jean-Paul Sartre e Martin Heidegger. A emergência do chamado Teatro do Absurdo, que possui estreitas ligações com essa filosofia, teria tornado os espectadores mais receptivos à tragédia grega, do mesmo modo como a tragédia grega tornou-se mais estilizada e minimalista em função mesmo da estética do teatro dos anos de 1950 e de 1960, sob influência de Brecht. Nesse sentido, a perspectiva de Hall coaduna-se com as teorias de Jan Kott e de Jean-Marie Domenach.

A partir dessa referência à perspectiva filosófica, chegamos, finalmente, à quarta categoria presente na análise de Hall, isto é, a dimensão intelectual, em que são abordados os elementos conceituais e intelectuais presentes nas tragédias gregas. Embora esse elemento tenha sido preterido nas encenações da atualidade, em prol do debate político e social, nota-se que nos personagens trágicos está presente um grande debate acerca da psicologia, da cognição, do poder da oratória, do relativismo moral, das relações entre razão e emoção e, especialmente, da religião e da metafísica. Grande parte do interesse pela tragédia grega foi motivado, inicialmente, pela psicanálise, sendo exemplares nesse aspecto as análises desenvolvidas por Freud em torno do mito de Édipo. Contudo, num contexto pós-freudiano, em que as teorias sobre o subconsciente foram destronadas, dá-se igualmente uma desvalorização da famosa peça de Sófocles, tomando o espaço desta, as obras e, consequentemente, as personagens que tratam dos problemas femininos mais em sintonia com o nosso tempo, tais como Medeia, Hécuba, Clitemnestra, Electra. Ou seja, a prioridade dada nos últimos trinta anos a temas como o relacionamento entre mãe e filho, os problemas da maternidade, a crítica à dominação masculina, entre outros, trouxe à tona essas personagens femininas, daí a constante presença de uma peça como *Medeia*, de Eurípides, no repertório teatral contemporâneo.

Hall indica a existência de um paralelo entre as tendências estéticas do teatro a partir do final dos anos de 1960 e as correntes intelectuais que surgem nesse período, denominadas de pós-estruturalismo ou de pós-modernismo, representadas por autores como Jacques Derrida, Michel Foucault, Barthes, Jean-François Lyotard e Frederic Jameson. Além dessas correntes, haveria também a influência dos estudos feministas e da teoria da cultura representados, respectivamente, por Kate Millet, Germaine Greer e por Frantz Fanon, Wole Soyinka e Edward Said. Muitos desses autores foram influenciados e manifestam interesse direto pelo teatro grego, seja a partir do estabelecimento de vínculos entre o teatro grego e a atualidade, seja através da presença do vocabulário grego em suas formulações conceituais, seja por meio da participação direta em produções teatrais, seja ainda por meio da exploração dos textos gregos como forma de elaboração de teorias literárias.

Apesar da diversidade e da diferença de ideias desses pensadores, Hall agrupa-os em duas correntes: de um lado, aqueles que formulam problemas epistemológicos, isto é, relativos a valores como verdade, razão e conhecimento, fazendo, para isso, uma análise radical da linguagem, perspectiva esta que, em termos de práticas cênicas, reflete-se nas produções de Peter Brook e de Sellars; de outro lado, aqueles que investigam a instabilidade da subjetividade humana, afirmando seja o relativismo absoluto, seja a existência de uma subjetividade transcultural ou trans-histórica. As duas últimas questões são fundamentais quando se pensa na encenação do texto trágico, pois dizem respeito a modos diferentes de se relacionar com o passado. Trata-se de fazer uma reflexão sobre o grau de proximidade ou de distância entre a nossa sociedade e a cultura grega.

O interesse atual pela tragédia grega é estimulado também pela reflexão acerca da moral. Os textos gregos colocam-nos questões éticas diversas, tais como a legitimidade do desejo de vingança, o questionamento sobre os modos de julgamento dos criminosos e as vítimas de guerra, a premeditação de um crime, a relação entre os crimes e os fatores fisiológicos. Essas questões éticas apontam, necessariamente, para uma ordem metafísica ou religiosa, em uma reivindicação problemática numa sociedade cada vez mais marcada pela secularização. Assim, a crise dos valores éticos e espirituais vividos na sociedade ocidental a partir do segundo pós-guerra encontra na tragédia grega um lugar para a autorreflexão. É nessa perspectiva – ou seja, aquela que concebe o holocausto como um acontecimento-limite para a sociedade ocidental – que a autora estabelece um paralelo entre as dores insuportáveis presentes nos textos gregos (Édipo, Medeia, Hércules, as mulheres de Troia, Agave, entre outras) e a própria experiência da dor vivenciada no século XX, isto é, uma época que, passando por diversas experiências terríveis, sobreviveu à destruição. Esse paralelo configuraria um último fator de identificação entre a época pós-moderna e a tragédia grega, legitimando o ressurgimento desta nos palcos atuais. Apesar de Hall entender que nossa época tenha sobrevivido à destruição, penso que as transformações climáticas e as catástrofes ecológicas que vêm ocorrendo na atualidade tendem a colocar novamente em nossa frente a perspectiva da destruição. Irremediável. Trágica.

Feita esta síntese que mostra os motivos sociais, culturais, políticos, estéticos e ideológicos por meio dos quais os diretores teatrais da atualidade vêm se interessando pela encenação dos textos trágicos gregos, cabe agora mostrar como esta prática da encenação se relaciona ao problema geral do trágico.

A montagem de uma tragédia grega sempre envolve uma relação com o teatro em sua origem. Herdamos dos gregos todo um modo de pensar e fazer teatro – o texto, o ator, as convenções cênicas, a encenação, a teoria sobre o sentido da tragédia –, enfim, herdamos uma poética da tragédia. Portanto, deparamo-nos com uma tradição teatral que envolve, por um lado, diversas formas e técnicas de representação, tais como um modelo de construção dramática, a fusão das artes, a convivência do épico e do dramático, a presença do discurso poético, a possibilidade de diferentes formas de jogo para o ator; por outro lado, essa tradição também nos aponta para uma série de conceitos e temas, como a catarse, o herói, a representação do patético, o trágico, entre outros. Ao abordarem as tragédias gregas, os diretores teatrais deparam-se com elementos formais e com temáticas que, apesar da distância histórica e da diferença de contextos estéticos, ainda são importantes em termos de uma busca de experiências formais e em termos de um questionamento acerca da ordem social e política.

Aos elementos dessa poética teatral que podem vir a ser manipulados com maior liberdade pelo diretor, sendo enfatizados, rejeitados ou transformados, de modo a se construir uma leitura da tragédia, soma-se outro aspecto de natureza mais complexa. Num nível mais profundo e radical, essa relação com a origem apresenta-se como algo essencialmente problemático, pois implica pensar aquele elemento constitutivo ou originário que deve necessariamente permanecer. Em sua análise sobre o trabalho do Théâtre du Soleil, Féral faz a seguinte observação:

> A *Oréstia* oferece também a possibilidade de uma confrontação direta com o que se imagina, em geral, como a origem do teatro no Ocidente. A tragédia grega traz o vestígio irrefutável desta volta às origens, desta fascinação pelo começo, um começo que poderá talvez – por contraste – iluminar nossa desorientação atual. Ela confronta o artista – encenador ou ator – e o espectador com o começo do teatro[10].

Ora, aquilo que a tragédia grega põe em cena é justamente o trágico: um mundo em conflito, um mundo dividido entre as

---
10 J. Féral, op. cit., p. 12.

antigas tradições e concepções míticas e a nova ordem política. O original na tragédia grega é justamente a invenção de uma visão e de um sujeito trágicos, os quais surgem no interior deste mundo em conflito. Conforme observa Jean-Pierre Vernant:

> As obras dos dramaturgos atenienses exprimem e elaboram uma visão trágica, um novo modo de o homem se compreender, se situar em suas relações com o mundo, com os deuses, com os outros, também consigo mesmo e com seus próprios atos. Do mesmo modo que não há nenhum ouvido musical fora da música e de seu desenvolvimento histórico, não há visão trágica fora da tragédia e do gênero literário cuja tradição ela fundamenta[11].

A montagem de uma tragédia grega implica um pensar sobre este elemento trans-histórico inventado pelos gregos, isto é, o sujeito trágico, por intermédio do qual, o próprio homem é problematizado. Transita-se assim entre a arte e a filosofia.

A tragédia é um tema privilegiado quando se trata de se estabelecer uma relação entre a reflexão estético-filosófica e o teatro. A vasta quantidade de obras produzidas ao longo da história do Ocidente consolida uma verdadeira tradição de reflexão sobre a tragédia. Essa produção possibilitou o afloramento de questões puramente filosóficas. A tragédia põe em cena um conflito insolúvel, uma ausência de quadros estáveis de valores no qual a ação humana se fundaria, daí a tragicidade. Portanto, a tragédia problematiza a própria estrutura da agência humana, confrontando a estrutura subjetiva ou liberdade e a estrutura objetiva da realidade ou necessidade, como fatores que determinam a escolha ou decisão. A experiência estética da tragédia abriu espaço para uma especulação de ordem ontológica: o trágico é visto como uma característica fundamental da existência, decorrente da revelação de uma contradição essencial entre o homem e o universo, contradição que conduz a um sofrimento extremo. A tragédia revelou a questão do trágico.

É no final do século XVIII que o trágico penetra no espaço aberto pela tragédia, passando a ser pensado de maneira autônoma. Para Peter Szondi, por exemplo, uma "filosofia do trá-

---

11 O Sujeito Trágico, em J.-P. Vernant; P. Vidal-Naquet, *Mito e Tragédia na Grécia Antiga*, p. 214.

gico" – distinta de uma poética da tragédia – tem início com o pensamento de Schelling[12]. Posição semelhante é defendida por Glenn W. Most[13], que nota que a independência do trágico em relação à tragédia é um fenômeno especificamente moderno e tem sua primeira formulação com Friedrich Schiller. É com Schiller – e seu afastamento do pensamento aristotélico – que a tragédia e o trágico passam a ser vistos como um fenômeno extraestético. O trágico apresenta o homem numa situação--limite, onde sua necessidade natural e sua liberdade moral – um fim suprassensível – são colocadas em estado de tensão, ocasionando uma experiência do dilaceramento humano. O conceito de sublime ganha espaço por representar este estado de dilaceramento, relacionando-se à ambivalência, à contradição que brota na experiência da transcendência dos limites humanos. No plano da estética, o conceito de sublime reflete as tensões e antagonismos que se faziam sentir profundamente na vida social, na virada do século XVIII para o século XIX, onde uma tensão profunda se estabeleceu entre uma subjetividade exacerbada e as condições históricas concretas da vida social. O trágico toma lugar na cena filosófica no momento em que o advento da Modernidade, ao operar uma transformação radical dos valores que até então orientavam a ação humana, abre ao horizonte humano a possibilidade da negação total dos valores. Em sua essência, o trágico é um discurso de caráter político e ontológico que se articula tendo em vista o questionamento do sentido de uma ordem dada. O trágico é a ausência de fundamento, a ausência da unidade que sustenta e dá sentido à realidade, é a revelação da ausência de sentido no interior dessa ordem, afirmando-se sob o signo da contradição e da luta: a ordem e o caos, a vida e a morte, a civilização e a barbárie. Nesse aspecto, por dizer respeito à estrutura existencial, o discurso trágico é sempre atual, pois é no interior de uma realidade contraditória cujos valores se dissolvem que a existência humana é problematizada.

A sensibilidade moderna é marcada pelo processo de perda de substância, de dessacralização, de desencantamento. Niilismo é o nome desta experiência de diluição. Desse modo,

---

12 Ver *Ensaio sobre o Trágico*.
13 Ver Da Tragédia ao Trágico, em D. L. Rosenfield (ed.), *Filosofia e Literatura*.

o pensamento trágico mostra-se como uma construção moderna. Daí a proliferação de textos produzidos sobre o tema a partir do século XIX. Contudo certas épocas favorecem a emergência deste discurso. O século XX propiciou um retorno do trágico e da tragédia. Conforme afirma Gerd Bornheim, "a experiência 'trágica' fundamental do século XX é que a tragédia se transfere da esfera humana, ou da *hybris* do herói, para o sentido último da realidade, confundindo-se, assim, com uma objetividade ontológica esvaziada de sentido – qualquer coisa como uma ontologia do nada. Digamos que a ordem, o cosmo, é deslocado a favor do caos"[14].

Assim, a reflexão sobre o trágico forma também uma tradição. Ao se montar uma tragédia grega nos dias atuais, é inevitável que os diretores teatrais, de modo explícito ou não, tendam a considerar esta dupla tradição, isto é, a da poética da tragédia e a da reflexão sobre o trágico[15].

Segundo afirma Hans Ulrich Gumbrecht em "Os Lugares da Tragédia"[16], existem séculos ou períodos que manifestam uma atração ou uma aversão ao trágico. São épocas caracterizadas como tragicofílicas e tragifóbicas, respectivamente. Nessa perspectiva, o século XX parece ser paradoxal: os fatos que marcam a história – por exemplo, as duas grandes guerras, a violência exacerbada, as guerras étnicas, o extermínio em massa, etc. – causam uma extrema aversão à dor, ao trágico e, ao mesmo tempo, nos despertam para uma consciência trágica. Essa consciência, por sua vez, é construída não apenas na história política e econômica e no campo conceitual ou especulativo[17], mas também no campo da ficção, mais precisamente na literatura, nas artes e no teatro. Boa parte da literatura e do teatro europeu produzida a partir da década de 1930 é marcada por essa consciência da situação trágica do homem. Nesse período, alguns escritores estabelecem um diálogo com a tragédia grega, de modo a recuperá-la e renová-la, criando um vínculo entre a tragédia antiga e a modernidade. Essa consciência estará presente, com maior

---

14 Breves Observações sobre o Sentido e a Evolução do Trágico, *O Sentido e a Máscara*, p. 89.
15 Sobre o desenvolvimento da noção de trágico na Modernidade, ver R. Machado, *O Nascimento do Trágico*.
16 Em D. L. Rosenfield (ed.), op. cit.
17 Neste sentido, ver J.-M. Domenach, *Le Retour du tragique*.

ou menor intensidade, na obra de dramaturgos e/ou escritores como André Gide, Jean Cocteau, Jean Giraudoux, assim como na geração posterior, com Jean Anouilh, Camus, Sartre, O'Neill. Mas esta consciência trágica se faz sentir com maior intensidade, sobretudo, na obra de autores como Beckett e Eugène Ionesco, isto é, naquela dramaturgia que Martin Esslin denominou de Teatro do Absurdo; Emmanuel Jacquart, de "teatro de derrisão"; e Domenach designou como "infratragédia". A repercussão da obra desses dramaturgos – o novo teatro da década de 1950 e 1960 – é muito forte nos anos subsequentes, sendo determinantes para a formação de uma nova consciência teatral. O trágico ou a consciência trágica – consciência do dilaceramento, da insignificância, do absurdo, da divisão e separação radical, da ausência de fundamento – emerge também desse novo teatro, que terá ainda as práticas e teorias de Brecht e Antonin Artaud como estéticas determinantes. As novas montagens de tragédias gregas, que começam a eclodir a partir do final dos anos de 1960, trazem em si esta influência do novo teatro, este ressurgimento do trágico dado pelas filosofias existencialistas. Consequentemente, a ideia do trágico parece ser determinante do processo de revivificação da tragédia grega na cena contemporânea.

Em suma, embora o século xx tenha inicialmente se esquecido da noção de tragédia, por intermédio de diversas formas de sedução, de promessas de felicidade dadas pela sociedade de consumo[18], ele também trouxe à tona a dimensão do trágico, seja em função do ressurgimento de uma reflexão ontológica e existencial, seja ainda devido às diversas formas de exploração, guerra, desigualdade e violência geradas continuamente em nossa sociedade. Esse ressurgimento do trágico e da tragédia tem início justamente no decorrer do século xix, quando, paradoxalmente, os sistemas de conhecimento – como a ciência, a política, a religião, a economia – tendiam a negar o trágico a partir das promessas de redenção, de riqueza e felicidade, de controle e racionalização dos entes, de utopia, entre outros. O pensamento de Schopenhauer e, sobretudo, de Friedrich Nietzsche apresentam-se como notas dissonantes nesse movimento de ideias, sendo ambos fundamentais para um ressurgimento do trágico.

18 Ver G. Lipovetsky, *A Era do Vazio*.

Nietzsche chega mesmo a pensar o trágico como um período histórico que sucede à Modernidade. Em outras palavras, se a Modernidade parece fazer ressurgir o trágico a partir de sua negação, é no contexto cultural que se configura a partir do pós--guerra que uma consciência mais aguçada de seu sentido vem se afirmar: o trágico se reinstala, posto que, na atualidade, o ser humano está mais sensível às diversas formas de fragmentação, divisão e ruptura interior e exterior que destroem a constituição da identidade. Este contexto histórico – o pós-modernismo – seria o pano de fundo de diversas releituras dos mitos gregos, como ocorre com autores como Tony Harrison, Timberlake Wertenbaker, Sarah Kane, entre outros. Segundo Decreus[19], o teatro que brota no seio dessa crise e que quer exprimir diversas dúvidas profundas impassíveis de serem escamoteadas pela sociedade tanto recorre a diversos meios e disciplinas – como a *body art*, a videoarte, o teatro-dança, entre outros, ou seja, a meios típicos da cultura pós-moderna – quanto busca afirmar uma visão dionisíaca do mundo, quer dizer, a libertação de toda forma de opressão e de dissolução da individualidade. Dioniso e o teatro trágico são extremamente atuais, mas esse elemento primitivo, de natureza arcaica, reaparece agora sob as roupagens das novas tecnologias de informação. A atualidade de Dioniso não seria apenas um fenômeno estético, pois, conforme as análises de Michel Maffesoli, o que mais se observa na sociedade pós-moderna é a presença de práticas sociais que valorizam o elemento confusional, desordenado, o pluralismo orgiástico trazem de volta o simbolismo de Dioniso:

> O que é, sobretudo, notável nesses momentos de efervescência é o impulso ao estilhaçamento. Enquanto a ordem, qualquer que seja, sempre se estabelece pelo fantasma do Uno, pela monovalência, por um polo dominante, a irrupção da desordem evoca o central, o polidimensional e a pluralidade de valores. As paixões desencadeadas são dificilmente controláveis, pois recuperam todos os elementos que, na maior parte do tempo, estão ocultos na estruturação social; é nesse sentido que são subversivas. Mas, ao mesmo tempo, essa desordem não é menos fecunda, pois à monovalência

19 F. Decreus, op. cit.

abstrata ela impõe uma arquitetura, uma hierarquia orgânica e funcionalmente concreta. O ritual é sua mais clara expressão[20].

Nessa perspectiva, a experiência trágica está relacionada ao gozo do instante, à afirmação do efêmero:

> Tudo isso expressa o prazer do instante: a quase consciência do trágico no dia a dia e, ao mesmo tempo, porque esse trágico é sentido como tal, o desejo de aproveitar o que é naturalmente efêmero. Todo gozo é precário, mas é isso mesmo o que o faz mais regozijante. Frente à imagem dos fogos de artifício, e de seu desabrochar final, há exaltação, júbilo na "apreciação" do instante, cuja precariedade inelutável conhecemos[21].

Revelada, portanto, esta atualidade do trágico e da tragédia, resta-nos agora mostrar como os diretores teatrais europeus e norte-americanos vêm dando forma ao texto trágico grego na atualidade.

Em *O Teatro de Protesto*, Robert Brunstein observa que os encenadores modernos são marcados pela tentativa de criar um espetáculo teatral que tenha o mesmo impacto do espetáculo grego. Essa tentativa só pode se dar num contexto em que se percebe a própria crise do teatro: sua incapacidade ou impossibilidade de obter uma comunicação efetiva e eficaz com a plateia, a qual, por sua vez, interessa-se cada vez menos por essa forma de expressão artística. Esta crise da cultura e da tradição tanto pode levar a atitudes radicais, que negam totalmente a tradição, como é o caso de Artaud e dos momentos mais radicais das vanguardas históricas, quanto podem conduzir a uma tentativa de se rever o sentido do texto antigo. Com o surgimento da encenação teatral como arte, que ocorre no final do século XIX, o debate sobre a tragédia grega vem se refletir na cena teatral. Por sua natureza, o texto clássico – seja antigo ou moderno – está sempre sujeito a uma interpretação histórica, segundo valores culturais e artísticos específicos. Com o surgimento da moderna encenação, o diretor teatral passou a ser o principal intérprete desse(s) sentido(s) do texto. No caso de um

---

20 *A Sombra de Dioniso*, p. 92.
21 M. Maffesoli, *O Instante Eterno*, p. 48.

texto antigo, esse processo de interpretação é mais radical, pois implica a tentativa de tornar o texto antigo inteligível para o espectador moderno. A questão central se articula num modo de se pensar como a tragédia grega pode ser assimilada por um público já moldado por uma sensibilidade marcada; por velocidade da informação, desordem, fragmentação e massificação. Esse questionamento acompanha boa parte da história do teatro europeu, passando por diretores como Max Reinhardt, Jean Vilar, Brecht, Antoine Vitez, Ariane Mnouchkine, Peter Stein, Sellars, Richard Schechner, Andrei Serban e muitos outros[22].

Se, por um lado, tem-se aqui a continuidade do debate tradicional sobre a herança cultural grega e o humanismo ocidental, por outro, há também uma dimensão estética mais específica, pois, conforme Vasseur-Legangneux, esta tentativa de reinvenção da tragédia grega se mostra como fator fundamental para a própria afirmação da encenação como arte.

As pessoas de teatro exprimem ao mesmo tempo sua fascinação e seu desencanto em face do Mundo Antigo. Por isso, a história da encenação e das tragédias gregas é a das negociações permanentes entre esses dois extremos, sempre com um projeto recorrente: renovar o teatro contemporâneo através de um retorno à tragédia grega, teatro das origens e origem do teatro.[23]

Assim, desde a origem da encenação moderna, a tragédia grega assume uma posição paradoxal, pois o texto trágico antigo ou original apresenta-se como um lugar de renovação do teatro, ou seja, o antigo se associa ao novo. Desse modo, na história do teatro moderno – a qual se apresenta sempre como a história de uma "crise" – a tragédia grega vai, progressivamente, afirmando-se como fonte de renovação da cena, até se mostrar como um teatro experimental, como propõe Foley[24]. Isto é,

---

22 Ver P. Vasseur-Legangneux, op. cit. Nesse estudo, a autora discute vários aspectos da encenação das tragédias gregas na atualidade, traçando uma história dos espetáculos.
23 Idem, p. 18. "Ces gens de théâtre expriment en même temps leur fascination et leur découragement vis-à-vis du monde antique. C'est pourquoi l'histoire de la mise en scène des tragédies grecques est celles des négociations permanentes entre ces deux extrêmes, avec toujours un projet récurrent: rénover le théâtre contemporain par um retour à la tragédie grecque, théâtre des origines et origine du théâtre."
24 Ver H. Foley, op. cit.

na cena contemporânea, a tragédia grega mostra-se como um teatro aberto à experimentação, na medida em que possibilita o surgimento de diversos processos criativos: a superação das convenções herdadas pelo realismo, a fusão e o confronto de tradições teatrais diversas, a criação de um discurso político não localizado, a experimentação de diferentes formas de atuação para os atores e a adaptação dos enredos trágicos. O mesmo dirá Vasseur-Legangneux, para quem a tragédia grega abre caminho para a experimentação teatral, sendo teatro de participação, teatro político, teatro de atores, teatro de violência e crueldade, teatro de fortes imagens, teatro musical, teatro ritual, teatro que entra em diálogo com a performance, teatro que possibilita a utilização de diversos recursos técnicos, que propicia o interculturalismo, que dialoga consigo mesmo, como metateatro. Em suma, em função de uma nova estrutura de sensibilidade e de conhecimento, o teatro trágico tornou-se novo e atual, propiciando o renascimento da tragédia grega, seja como forma de discussão política, ética e ideológica, seja como um modo de renovação estética, pela experimentação de novas linguagens cênicas e do diálogo com outros setores culturais e artísticos. Nesses diversos procedimentos criativos, os diretores teatrais tenderam ora a acentuar a distância entre o texto antigo e a sociedade atual, ora a reduzi-la.

Considerando a perspectiva que busco valorizar aqui – isto é, a do espaço cênico e da cenografia –, descreverei alguns destes procedimentos criativos sobre a tragédia grega desenvolvidos por diretores europeus e norte-americanos, tentando focar o problema do espaço, mais precisamente a relação entre o texto e o espaço.

Um dos aspectos importantes do referido momento de crise do teatro, com tentativas radicais de negação e tentativas de releitura, é que leva a um questionamento do próprio espaço do teatro. Daí o surgimento de diversas propostas para a criação de novas salas ou ainda a busca daquilo que, hoje em dia, chamamos de "espaços alternativos". No imaginário moderno, o lugar teatral antigo aparece relacionado a um espaço de comunhão, de participação ativa do espectador, onde o acontecimento teatral se funde, ao mesmo tempo, a um evento de caráter político, cívico e religioso. Essa experiência se mostra como algo radicalmente diferente da experiência teatral moderna, destinada a um público reduzido e seleto. Assim, a encenação da tragédia grega envolverá também uma busca de novos espaços de construção do ato teatral, de novas relações entre o espectador e a cena e de formas de aproximação entre o universo grego e a realidade atual. Tais buscas irão se refletir na cena teatral mundial nas diversas fases da história da encenação. Mas a aproximação cênica entre o mundo grego e o mundo atual implicará uma compreensão profunda acerca da relação entre o texto grego e sua espacialidade.

Em *How to Stage Greek Tragedy Today* (Como Encenar a Tragédia Grega Hoje), Goldhill afirma que, em virtude de os textos gregos terem sido escritos para um tipo de espaço específico, esse espaço envolve uma dinâmica própria e uma lógica que não pode ser ignorada por encenadores da atualidade. Em *Les Tragédies grecques sur la scène moderne* (As Tragédias Gregas na Cena Moderna), Vasseur-Legangneux tocará nesses mesmos pontos observando que é a tensão existente entre esses diversos espaços que criará um "espaço trágico". Apesar de suas variações estilísticas ou suas categorias – ateniense, helenístico e greco-romano –, o espaço grego possui princípios que codeterminam a dinâmica de cada uma das peças. Essa dinâmica envolve o estabelecimento de relações entre as partes constitutivas do edifício teatral grego. A ação trágica tensiona as áreas de representação, por exemplo, o espaço destinado aos espectadores (o *theatron*) pode entrar em conflito com o espaço destinado ao coro (a orquestra), o espaço dos atores que representam heróis pode se opor ao espaço onde os atores representam os deuses (isto é, o *logeion* contra o *theologeion*), o espaço de representação que indica, por convenção, a frente do palco (o proscênio) pode entrar em tensão com aquela que seria o interior do palácio (o interior de *skēnē*), o espaço que indica a entrada do coro (párodo) pode estar em tensão com a área central da orquestra (*thimélē*), entre outras. Assim, a inter-relação dessas áreas originaria um espaço de conflito, o espaço trágico. Ao se tomar os estudos de Goldhill como motivação para o exercício da análise, observa-se que, em diversos textos gregos, há uma tensão entre os referidos espaços constitutivos do edifício teatral. É o que ocorre, por exemplo, na *Oréstia*, de Ésquilo, em *Antígona, Ájax* e *Édipo Rei*, de Sófocles e em diversas peças de Eurípides, como *Medeia, As Fenícias, As Bacantes*. Uma tal dinâmica pode vir a ser prejudicada por palcos ou espaços modernos na medida em que estes se diferenciam radicalmente, em termos estruturais, do espaço cênico da Antiguidade. Deste modo, o entendimento dos princípios espaciais da cena grega é de suma importância para as encenações atuais. Esse entendimento não se confunde, evidentemente, com uma tentativa de resgate arqueológico do espaço cênico grego. Além disso, Goldhill aponta para o fato de que cada texto grego possui uma simbologia do espaço que lhe é própria, devendo diretor e cenógrafo estar atentos aos símbolos e significados a fim de resgatá-los ou dialogar com eles.

Para discutir os modos como os encenadores contemporâneos organizam o espaço cênico de maneira a dar soluções aos problemas presentes no texto grego, tomarei como referência as análises de Goldhill, que investiga quatro espetáculos: *Os Átridas*, direção de Mnouchkine, baseado na *Oréstia*, de Ésquilo, e apresentada em Paris, em 1990; *Gospel at Colonus* (Gospel em Colono), versão gospel do texto de Sófocles, com direção de Lee Breuer, de 1985; *Medeia*, direção de Warner, apresentada em Londres em 2001; e *Édipo Rei*, direção de Annie Castledine, realizada em Cambridge, em 2004.

A montagem do Théâtre du Soleil é vista como um modelo que influenciou muitos outros espetáculos, em virtude do trabalho dos atores, do modo de atualização, por promover um diálogo com o teatro oriental e também pela forma de ocupação do espaço cênico. Concebida por Guy-Claude François para espaços alternativos, a cenografia se constituía de uma imensa área retangular circundada por uma meia-parede, ficando o público numa arquibancada situada frontalmente. Goldhill considera que o espaço remetia a imagens de escavações arqueológicas, a arenas de lutas, e possibilitava grandes movimentações do coro, que, por vezes, envolvia os atores, criando uma espécie de arena no interior do próprio espaço cênico. O autor destaca a presença de uma porta central – colocada na própria meia-parede. Essa porta é um elemento fundamental na dinâmica dos textos *Agamêmnon* e *Coéforas*, nos quais existem muitas tensões entre o espaço interno e o externo, assim como um jogo de controle por parte dos personagens nesses espaços. O fato de Mnouchkine e François terem invertido a posição da porta do palácio – de modo que esta é situada no espaço da plateia – possibilitaria ao público ver a expressão dos personagens diante do horror, do terrível, além de apontar para a absorção do sistema patriarcal e de sua violência pelo próprio espectador. Apesar desses aspectos positivos, Goldhill vê essa inversão com alguma reserva, posto que ela prejudica certas dinâmicas do texto.

A montagem de Breuer utilizava como espaço cênico uma arena circular de pequenas dimensões, e parte dos bancos destinados aos espectadores eram utilizados por um coro de cantoras negras, de tal modo que se dava uma continuidade e uma integração entre coro e espectadores. No centro da cena, um piano branco, onde ficava Édipo, além de uma pequena banda com instrumentos eletrônicos. Uma grande escada ligava a cena à parte mais elevada da plateia, entre o coro e os espectadores, permitindo entradas e saídas de cena de longa duração e de grande impacto. Para Goldhill, essa estrutura cenográfica é exemplar, na medida em que o texto de Sófocles é concebido em torno de partidas e chegadas, do ato de vagar e de esperar a morte ou pessoas. A relação do texto com a ideia do lugar sagrado também é reforçada pela encenação, que, por suas características formais, parece reproduzir uma congregação religiosa.

Segundo Goldhill, *Medeia*, de Eurípides, é um texto que coloca dois diferentes problemas espaciais: de um lado, a relação entre o espaço interior e o exterior; de outro, a verticalidade do espaço dada pela cena final do carro de fogo. O espetáculo de Warner possui uma cenografia feita de pedras, numa grande parede que representa o palácio, tendo, à frente desse palácio, uma espécie de parede feita de vidro, dotada de uma porta. Além disso, há um pequeno tanque de água retangular situado ao centro do palco. Se o vidro estabelece uma perfeita metáfora do problema colocado por Medeia, isto é, a possibilidade de se ver a realidade através de sua retórica, a relação entre a verdade e a aparência, numa proposta formal que resolve o problema do espaço interior e do espaço exterior, o mesmo não ocorre com a solução dada para o espaço vertical e para o impedimento de contato físico entre os personagens Jasão e Medeia, pois, nessa montagem, na cena final, Medeia permanece dentro do tanque de água com seus filhos, enquanto Jasão está nas bordas desse tanque. Para Goldhill, a solução cênica não é satisfatória, pois não demonstra o triunfo de Medeia sobre Jasão e não os separa fisicamente.

O último exemplo dado pelo autor trata da transformação de um espaço tradicional: trata-se da montagem de *Édipo Rei*, de Sófocles, dirigida por Castledine. Para o autor, a reorganização desse espaço tradicional foi determinante para o êxito da montagem. Todas as vestimentas do palco (bambolinas, pernas, rotunda) foram removidas e no interior do palco foi criado um espaço circular, onde os espectadores envolviam a cena. Mas o espaço foi cortado por uma longa passarela que ligava o fundo do palco ao espaço original da plateia, passando por cima das cadeiras. Para Goldhill, nesse caso, a solução cênica corresponde ao tema central do texto, como a questão da identidade, e materializa um elemento fundamental na trajetória do personagem, a saber, o caminho, a passagem, pois o texto é pleno de imagens relacionadas à estrada, às rotas e as viagens.

Os exemplos acima são suficientes para observarmos modos diferenciados de tratamento do espaço cênico. É possível encontrar neles a presença de espaços alternativos, a presença da cena tradicional ou frontal, a cena em arena e a transformação do espaço tradicional. Além disso, observa-se nessas montagens a presença de alguns dos diversos elementos sociais, políticos, estéticos e ideológicos anteriormente identificados, como a fusão de tradições teatrais, a fusão dos estilos, a presença de um discurso político não localizado, a aproximação entre o universo grego e o universo contemporâneo, a mistura de elementos do passado com as formas da atualidade e a tentativa de aproximação do público por intermédio de práticas culturais populares. A dimensão do trágico parece se construir no próprio movimento de criação de traços de identificação entre os personagens trágicos e a vivência atual, tais como a experiência da guerra, a fragilidade e a insignificância humana, o dilaceramento interior, a errância como modo de representação da ausência de espaço e, por fim, a perda do sentido da totalidade, tal como esta se apresenta na experiência religiosa.

Esta introdução ao tema da revivificação da tragédia grega na cena contemporânea apontou, assim, para uma diversidade de elementos que estarão presentes também nas encenações brasileiras, conforme veremos ao longo das análises sobre os espetáculos nacionais.

Mas, além desse quadro relativo à ordem internacional, é evidente que, para se compreender o movimento de revivificação da tragédia grega no contexto brasileiro, a esses elementos deve-se juntar a extrema violência de nossa sociedade, aliada a um quadro de grande miséria e de ostensiva presença da mídia no cotidiano. Nessa perspectiva, a revivificação da tragédia grega no Brasil é acompanhada de uma crescente presença da crueldade e do trágico no cotidiano. Embora sejam referidas ao cinema e à literatura, as palavras de Ângela Maria Dias parecem sintetizar este quadro, que se revela fundamental para a compreensão da produção cultural brasileira contemporânea e para a presença de uma "dramatização do princípio da crueldade como diretriz da organização formal" das artes:

A fúria devoradora deste obsceno maquinismo tecnoburocrático – autorreproduzido e incessantemente aperfeiçoado pelo desenvolvimento capitalista – encarna a mais insidiosa forma contemporânea de crueldade. Ao produzir o nexo de equivalências e vínculos entre homens e coisas, naturaliza a vontade de domínio como desejo do mais forte e dissemina a espoliação, em todas as versões mais sutis e sedutoras, como *modus operandi* da socialização.

Especialmente no Brasil, o espaço da presente reflexão, o totalitarismo nas sociedades de consumo soma, à violência já bem conhecida da manipulação das massas, o arsenal de violências gestadas por nossa globalização subordinada: a acentuada exclusão social, a financeirização econômica da vida coletiva, o depauperamento da soberania do Estado na regulação dos conflitos de interesses e, até mesmo, no combate à criminalidade organizada[25].

Deste modo, a encenação de tragédias na cena brasileira revelar-se-á indissociável de um questionamento radical de diversos problemas sociais e políticos. Como veremos a seguir, em alguns momentos brilhantes, a cenografia brasileira revelou-se como elemento essencial para a construção deste discurso sobre a tragicidade.

---

25 Representações Contemporâneas da Crueldade, em A. M. Dias; P. Glenadel (orgs.), *Estéticas da Crueldade*.

2. A Tragédia Grega na Cena Brasileira

do modernismo
às primeiras manifestações
do pós-modernismo teatral

O processo de montagem de textos antigos tem início justamente com o surgimento do moderno teatro brasileiro na década de 1940. Este período é marcado por uma transformação radical não somente da estrutura da produção teatral, como também dos próprios valores estéticos e artísticos. O fato de a ideologia cultural do Estado Novo ser marcada por uma busca da construção da identidade nacional faz que a presença dos clássicos mundiais na cena nacional – como modelo de modernização – possa parecer uma nota dissonante. Essa aparência se dilui ao se pensar que uma das tendências da política cultural do Estado Novo constitui-se justamente na ideia de uma "estética de conciliação", em que – como já pude observar[1] – as tendências mais radicais das vanguardas, como o futurismo, por exemplo, cedem lugar a uma estética na qual passado e presente, novo e velho, universal e local, moderno e tradicional, abstrato e figurativo se harmonizam. No caso do teatro, o ideal modernista assenta-se menos no espírito de ruptura radical – que só seria absorvido na década de 1960 com a montagem da

---

1 Ver G. Motta, O Teatro dos Estudantes do Brasil (TEB) e o Teatro dos Estudantes da Universidade de Coimbra (TEUC), *Convergência Lusíada*, n. 16.

peça *O Rei da Vela*, de Oswald de Andrade, pelo Teatro Oficina – do que no desenvolvimento técnico da arte teatral, o que significa a adequação da produção nacional ao nível artístico presente na Europa, em função da emergência da encenação como arte. Como se sabe, essa adequação provocou intensa polêmica entre os representantes do teatro profissional e os representantes do amadorismo, os quais se colocavam como renovadores da cena nacional, na medida mesmo em que concebiam a produção artística sem um vínculo ou dependência desta em relação às necessidades do mercado. Neste contexto, o privilégio dado ao repertório clássico parece atender a uma múltipla função: ir ao encontro do gosto da classe emergente, diferenciar qualitativamente os amadores dos profissionais, mostrar um nível elevado de cultura e equiparar a produção nacional à internacional.

O surgimento de grupos teatrais amadores e de companhias profissionais e a presença de artistas teatrais oriundos da Europa mostram-se como fatores decisivos para que se consolidasse no Brasil um pensamento e uma prática teatral de características modernas[2]. Neste contexto, grupos como o Teatro dos Estudantes do Brasil, Os Comediantes, O Grupo Universitário de Teatro, entre outros, revelam-se responsáveis pela renovação cênica nacional. No decorrer desse processo, que percorre toda a década de 1940 e que chega ao início da década de 1950, são encenados autores como Shakespeare, Molière, Musset, Gil Vicente, Marivaux, Camões e muitos outros nomes associados ao que seria o teatro clássico. Ora, nesse movimento, o encontro com a tragédia grega apresentava-se como uma consequência natural.

Se o Teatro dos Estudantes do Brasil, idealizado e liderado por Paschoal Carlos Magno, encena Shakespeare em 1938 e 1948, ele já tenta, no início da década de 1950, realizar o Festival do Teatro Grego, com os textos *Antígona* e *Édipo Rei*, de Sófocles, e *Hécuba*, de Eurípides, todos com direção de Esther Leão. O Teatro dos Estudantes do Brasil realiza uma turnê por

---

2 Sobre a formação e a consolidação do teatro brasileiro moderno, ver, por exemplo: T. Brandão, Um Teatro se Improvisa; S. Magaldi, Teatro em São Paulo de 1943 a 1968, em L. Kaz et al., *Brasil, Palco e Paixão*. Ver também: D. de A. Prado, *O Teatro Brasileiro Moderno*; A. Bernstein, *A Crítica Cúmplice*.

várias cidades do Norte e Nordeste do Brasil, com alguns destes e outros espetáculos, mas as informações sobre a turnê não são muito precisas. O fundamental aqui é o fato de o Teatro dos Estudantes do Brasil – assim como o Grupo Experimental de Teatro, de Alfredo Mesquita – ter criado um modelo artístico que logo foi reproduzido por diversos grupos em todo o país. Ao se considerar as críticas de Paschoal Carlos Magno escritas para o jornal *Correio da Manhã*, do Rio de Janeiro, assim como os Festivais de Teatro de Estudantes que ele organizou, observa-se a presença deste modelo: grupos amadores de diversos estados brasileiros encenam textos clássicos e tragédias gregas. A primeira montagem de *Édipo Rei*, de Sófocles, por exemplo, foi realizada em 1949 pelo Teatro do Estudante de Pernambuco, com direção de Hermilo Borba Filho e cenografia de Eros Martim Gonçalves. O espetáculo foi apresentado no Teatro Santa Isabel, em Recife. Ao longo das décadas de 1950 e 1960, os espetáculos apresentados nos festivais de teatro de estudantes testemunharão esta presença dos textos clássico e trágico grego.

Um caso curioso é a montagem de *Alceste*, de Eurípides, realizada em novembro de 1946 pelo Grupo Dramático da Universidade Católica no Rio de Janeiro. Em sua crítica, Paschoal Carlos Magno afirma que o espetáculo era mal ensaiado e mal dirigido, além de conter a presença do ponto – elemento este que simbolizava a antiga prática dos profissionais de teatro. Além do ponto, toda a estética do espetáculo era prejudicada pelo fato de uma pessoa ter filmado a apresentação de estreia, projetando uma luz clara sobre a cena, a qual desconcentrava os atores e a plateia, além de ser um "objeto" estranho à cena. Tratava-se, evidentemente, de uma experiência cênica lamentável, mas que o crítico e produtor cultural acompanhava talvez a fim de legitimar o ideal de renovação cênica proposto pelos amadores.

Já no teatro profissional, provavelmente a encenação mais significativa do período é *Medeia*, produzida pela companhia Os Artistas Unidos, que encena o texto de Eurípides, com direção e cenografia de Ziembinski, em 1948. A montagem foi um dos grandes sucessos da temporada, trazendo Henriette Morineau como intérprete do personagem-título. Sobre esse espetáculo – e em especial, sobre a sua cenografia –, Paschoal Carlos Magno tece os seguintes comentários, os quais revelam um pouco de sua própria concepção de encenação e de cenografia:

> O Sr. Ziembinski obtém, por intermédio de cenários de uma absoluta simplicidade, que a decoração teatral tome sua verdadeira função, que é de valor geral e não particular [...] Não compreendo, porém, que obtida a "atmosfera" realmente grega, quer pelo texto de uma pureza de pensamento, linha, vocabulário, quer pelos cenários que nada têm de teatrais (é preciso não confundir "arte dramática" com "arte teatral"), o Sr. Ziembinski, que é um hábil *ingleur* (sic) de luzes, use e abuse de suas virtudes e no segundo ato dê para sublinhar certas passagens com efeitos luminosos os mais variados que fora melhor não sentir a intervenção, pelo artificialismo dos mesmos, pelo que são um resultado de procuras, bom efeito "teatral" para os olhos, mas prejudicial à poesia dramática da situação[3].

Além dos textos gregos, as novas versões do mito elaboradas pelos dramaturgos franceses também começam a aparecer nos palcos brasileiros. Em 1951, é apresentado *Édipo*, de André Gide, pela Escola de Teatro da Prefeitura do Rio de Janeiro, com direção de Renato Viana e cenografia de Tomás Santa Rosa. Ainda em 1952, em São Paulo, o Teatro Brasileiro de Comédia também encena *Antígona*, de Jean Anouilh, com direção de Adolfo Celi. Esses espetáculos tiveram bom acolhimento de crítica e público.

Em 1953, o Teatro dos Estudantes do Brasil faz uma remontagem de *Hécuba*, de Eurípides, dirigida por Paschoal Carlos Magno e apresentada no Teatro Municipal do Rio de Janeiro. O crítico, diretor teatral, escritor e produtor cultural recebeu o prêmio de "melhor direção" por essa montagem. O espetáculo reunia um grande número de atores, com figurinos que buscavam, de certo modo, reconstituir o mundo grego, reproduzindo a imagem destes a partir de um enfoque histórico e social.

É evidente que, do ponto de vista quantitativo, esses espetáculos trágicos pouco representam no quadro geral da produção

---

3   M. Carvalho; N. Dumar, *Paschoal Carlos Magno*, p. 116.

teatral do período. Contudo cabe observar que, se considerados no interior da categoria dos "clássicos", essas montagens apresentam-se como fundamentais para a renovação da estética teatral, na medida em que os textos atendem às expectativas ideológicas e estéticas dos grupos amadores e das novas companhias no intuito de criação de um teatro de arte que pudesse superar as convenções e os meios de expressão presentes na cena brasileira, de forma a contribuir decisivamente para a consolidação do modernismo teatral.

Do ponto de vista formal, se analisarmos as imagens e os textos críticos sobre esses espetáculos, notaremos o predomínio de uma estética que tende à representação estilizada do antigo, isto é, a cenografia, por exemplo, buscava "indicar" um tempo-espaço próximo ao universo grego, enquanto a caracterização dos atores também buscava uma reprodução da imagem dos gregos. É o que ocorre com *Medeia*, de Eurípides, encenada pelos Artistas Unidos, e com *Hécuba*, de Eurípides, dirigida por Paschoal Carlos Magno. Nessas encenações, observa-se a presença de uma cenografia de caráter arquitetônico, com planos que se sobrepõem e escadas. Mas esses planos não são puramente abstratos, como propunha, por exemplo, Adolphe Appia; ao contrário, eles fazem uma referência direta às formas e ao estilo arquitetônico grego: colunas, frontões, grandes blocos de pedra, formas geométricas. Estas cenas construídas com planos e escadas preservam, assim, o elemento grandioso, o tom solene e a rigidez que o gênero trágico parece exigir. Desse modo, o mundo grego aparece como um mundo marcado por meio da harmonia, do equilíbrio e do rigor das formas. No que diz respeito à indumentária, esta parece caminhar também para uma estilização, em que as formas baseadas numa representação histórica mais precisa (os guardas que aparecem nas fotografias do espetáculo *Hécuba*) parecem conviver com outras que mostram certa liberdade, aproximando-se de outro período histórico e de outra cultura, como é o caso das mulheres do coro em *Hécuba*. Em todo o caso, nota-se aqui a presença daquela estética de conciliação, na qual o abstrato e o figurativo se intercalam e o tradicional e o novo se fundem. Além disso, o essencial é a harmonia entre a palavra – o texto como base para a construção dos signos cênicos – e a imagem, posto que a cenografia, ao desdobrar a palavra, coloca-se aqui com a função semiológica de situar o espectador num tempo-espaço específico. A cena moderna é marcada por esta unidade de sentido entre os elementos do espetáculo.

Retomando a relação entre a imagem cênica e as formas arquitetônicas, cabe lembrar ainda que, embora tenha sido concebido para espaços fechados, o espetáculo *Hécuba* também foi apresentado nas escadarias do Ministério da Fazenda, no Rio de Janeiro, refletindo a busca de um espaço aberto, público, onde a arquitetura do edifício afirma-se como espaço fictício. Ao ser apresentada em dois espaços tão diferentes, essa montagem termina por ilustrar estas que serão as duas faces da cenografia moderna: a primeira, caracterizada pela tentativa de criação do universo trágico no interior da caixa cênica tradicional; e a segunda, que se configura pela busca de novos lugares teatrais. Neste processo de exploração de espaços diferenciados, o que se notará é que, a partir de meados da década de 1960, a imagem cênica tenderá cada vez mais a fugir da representação ou indicação do "espaço grego", priorizando as formas de aproximação do texto grego ao contexto histórico nacional, seja por intermédio dos trajes, seja por intermédio das formas cenográficas. Mais do que isso, aquela imagem de um mundo grego harmonioso e equilibrado começa a ruir, assim como a ideia de uma poética cênica em que vigora a unidade de sentido dos elementos do espetáculo.

Uma ruptura nesse modo tradicional de representar o mundo grego está presente em *Electra*, de Sófocles, encenada pelo Grupo Decisão, dirigida por Antônio Abujamra, em 1965. O cenário de Anísio Medeiros era constituído por dois planos, sendo o superior dotado de forte inclinação. Grandes paredes, formadas por blocos de pedra quadrangulares, envolviam esses planos.

O cenário, através de um declive excepcionalmente íngreme do chão do palco, oferece ao espectador um ângulo visual inesperado e estranho, perfeitamente identificado com o aspecto sobre-humano da tragédia; e, através da consistência e da cor das paredes, cria um pesado clima de opressão. Deixando de procurar características específicas gregas no cenário, Anísio Medeiros encontrou, no entanto, características autênticas e universalmente trágicas[4].

4 Ver Y. Michalski, Electra, *Jornal do Brasil*, 2 abr. 1965, p. 2.

Fig. 1. Medeia, de Eurípides. Direção e cenografia: Ziembinski, 1948. Na fotografia: Maria Castro e Henriette Morineau.

Fig 2. Hécuba, de Eurípides. Direção: Paschoal Carlos Magno. Coro de troianas e soldados de Agamêmnon, ao fundo. Teatro Municipal do Rio de Janeiro, 1953.

Fig 3. Hécuba, de Eurípides. Direção: Paschoal Carlos Magno. Na fotografia: Agamêmnon (Edson Silva), à esquerda, e Hécuba (Miriam Carmem), à direita, cercada pelo coro de troianas. Ao fundo, no alto, os soldados de Agamêmnon. Teatro Municipal do Rio de Janeiro, 1953.

Para além da representação, nota-se aqui que os elementos formais geram aquilo que seria o espaço trágico. O traje aparece como um elemento referencial, que delimita de modo sugestivo o universo grego. No entanto, para além desse limite, percebe-se a presença da mistura de referências ou tradições culturais no traje/personagem. Assim, a relação entre imagem, personagem e palavra parece revelar certas zonas de tensão: o personagem dá a impressão de ser concebido num movimento de deslocamento espaço-temporal; por sua vez, o texto dialoga com a realidade sociopolítica da época; e a cenografia constrói em sua materialidade um espaço de tensão, traduzindo um conceito geral ou universal.

A tendência plástica parece prosseguir, como se pode notar em *As Troianas*, adaptação de Jean-Paul Sartre do texto de Eurípides, dirigida por Paulo Afonso Grisolli, com cenografia de Helio Eichbauer. Numa tendência que se mostrará muito constante em boa parte das montagens de tragédias gregas, aqui a encenação propunha aproximar a imagem cênica e o contexto político em questão, marcado pela Guerra do Vietnã.

Em 1967, no Teatro Maria Della Costa, em São Paulo, o diretor Flávio Rangel foi o responsável pela realização da primeira montagem profissional do texto *Édipo Rei*, de Sófocles. Tendo o ator Paulo Autran à frente do elenco, o espetáculo foi apresentado em diversas cidades brasileiras, obtendo grande sucesso de público. Quanto à opinião dos críticos teatrais, estes se mostraram divididos entre o reconhecimento da importância da encenação de uma tragédia grega e a identificação de diversos problemas técnicos e estéticos presentes no espetáculo. Boa parte desse desgosto, em especial dos críticos de São Paulo, assentava-se também na proposta da cenografia e dos figurinos feitos por Flávio Império. Décio de Almeida Prado, por exemplo, afirma que a encenação aproxima-se de um espetáculo de câmera: "Talvez pela redução do coro. Talvez pelas dimensões do Teatro Maria Della Costa, que força a intimidade, que não permite o recuo próprio da tragédia. Talvez por culpa de Flávio Império que, em vez de abrir o cenário, fechou-o sobre si mesmo, confundindo primeiros e segundos planos na mesma cor neutra"[5].

5 *Exercício Findo*, p. 174.

Fig. 4. Electra, *de Sófocles. Grupo Decisão. Direção: Antônio Abujamra. Cenografia: Anísio Medeiros. Teatro do Rio, 1965.*

Fig. 5. As Troianas. *Direção: Paulo Afonso Grisolli. Cenografia: Helio Eichbauer. Teatro Gláucio Gil, 1966.*

O crítico é mais incisivo e irônico quanto aos figurinos do espetáculo, considerando pobre o tratamento das cores, apontando para a falta de unidade dos figurinos e pela caracterização de alguns atores, que lembram personagens do teatro infantil[6]. Por sua vez, Alberto D'Aversa revela-se ainda mais irônico quanto ao espetáculo, que seria "arqueológico e confuso", com uma cenografia "anônima, fria, impersonalmente genérica onde tudo é possível, desde a tragédia grega ao drama elisabetano até as versões despojadas de qualquer peça contemporânea"[7].

Os críticos cariocas foram um pouco menos severos em seu julgamento, embora apontassem também para problemas na composição dos figurinos e na caracterização. Van Jafa identifica a presença da "amplidão visual da praça-horizonte, onde o povo reclamava ao seu rei solução para os problemas"[8] e valoriza a opção simplista e linear da cenografia, destacando o uso do tom cinza como campo neutro da ação e como elemento construtor de contrastes visuais. Henrique Oscar aprecia a sobriedade da cenografia, observando que ela "fornece um ambiente apropriado para o desenrolar da representação", mas revela insatisfação quanto aos figurinos. "Além de certas possíveis incoerências geográficas, desagradou-nos particularmente a roupa 'transformável' de Édipo, recurso bastante discutível, pouco conciliável com o gênero e mais ainda a dos dois guardas, que nos parece quase carnavalesca"[9]. Yan Michalski observa que Flávio Rangel preocupou-se com a elaboração formal do espetáculo e valoriza o fato de a montagem se libertar das "convenções formais que adotamos nos dias de hoje como a imagem da tragédia grega"[10]. Isto é, a montagem não buscava reproduzir uma imagem da Grécia. No que diz respeito à cenografia, o crítico limita-se a reconhecer que a ela fornece um "campo cênico favorável à intensa movimentação do espetáculo, mas os figurinos são desiguais e esteticamente nem sempre muito bem sucedidos"[11].

6   Idem, p. 175.
7   Nota Crítica: Édipo, Memória e Imagem (2), *Diário de São Paulo*, 25 maio 1967.
8   Édipo Rei, *Correio da Manhã*, 23 jul. 1967.
9   Édipo Rei no Teatro República, *Diário de Notícias*, 18 jul. 1967.
10 *Édipo Rei (I)*, Jornal do Brasil, 27 jul. 1967.
11 *Édipo Rei (II)*, Jornal do Brasil, 28 jul. 1967.

Os comentários críticos apontam para o fato de que, do ponto de vista do espaço e da caracterização dos atores, o espetáculo tenderia à simplificação e a recorrência a um simbolismo; e a mistura de referências culturais e, sobretudo, a falta de unidade visual na cena aparecem como elementos negativos do espetáculo.

Segundo consta no programa da peça, a montagem privilegiava o aspecto humano da saga de Édipo, o que implicava a exclusão de qualquer tentativa de fidelidade aos costumes gregos, numa espécie de opção pela abstração a fim de possibilitar a apreensão de diversos níveis de sentido pelo espectador. Ou seja, é perceptível a atitude de os criadores se recusarem a reproduzir uma imagem da Grécia Antiga, uma recusa à representação, como mostram as palavras de Flávio Império:

O espaço proposto para Édipo não é especialmente caracterizado pela imagem sintética. Abstrato, rigorosamente ordenado, permite articulações. A luz e a dinâmica do momento vão comprometê-lo na ação, na significação. Não é descritivo embora permita ambientação. Será na ação, não o será em si mesmo.

Da tradicional caixa cênica toma a diagonal e subverte o espaço frontal. Inclui a coxia como prolongamento visual. A "quarta parede" passa a ser somente um anteparo inevitável. O plano de rebatimento das imagens é esvaziado pelo ciclorama num vazio de tensão. As rampas e escadas fazem vibrar a superfície de apoio dos atores, encaminhando a narração dramática, esquematicamente proposta como um labirinto em quedas sucessivas. Todas as superfícies, cinza; apoio de luz e não cor; superfícies planas e rígidas do cenário, flexíveis e móveis das roupas, trabalhadas e descritivas cabeças de massa. Unidade monolítica, passada[12].

O cenógrafo passa a sugerir, então, um diálogo entre a concepção do cenário e do espetáculo com o momento político, propondo que a relatividade e a mobilidade são valores que tendem a se insurgir contra a imobilidade e a rigidez das leis (novas ou velhas), tenham estas o nome de deus, de destino ou de eternidade. Esse imobilismo seria acentuado, ainda, pelo modo como os símbolos do poder se mostram redundantes

12 *Édipo Rei de Sófocles*, maio 1967.

na montagem. A este fechamento da narrativa, do mito, o cenógrafo contrapõe um espaço aberto: "O espaço é proposto aberto para uma ação fechada, conclusiva e anacrônica. Supõe horizonte embora só exista dogma. É ambíguo por oposição"[13].

Flávio Império parece manter as características de sua escrita cenográfica – como a abertura do espaço no sentido de possibilitar uma percepção da caixa cênica – e, com isso, enfatizar a função representacional da cenografia, assim como a presença forte de um espaço arquitetural que, por intermédio da afirmação do eixo diagonal do palco, tende a subverter a percepção habitual do espectador em relação ao palco, do mesmo modo que subverte a própria disposição cenográfica tradicional, que tende a valorizar o eixo longitudinal do palco. Assim, observa-se um vínculo fundamental entre a leitura crítica da sociedade proposta pelo artista e sua concepção estética. O deslocamento do eixo do palco reforça a possibilidade de uma visão dos espaços vazios, uma visão da caixa cênica, acentuando o distanciamento crítico[14].

Assim, a cenografia parece objetivar a construção de um discurso crítico e social, valorizando justamente a tensão entre a ação, que seria fechada e dogmática, e o espaço, que seria aberto e dinâmico, apontando para a dimensão da liberdade para além dos interditos. Deste modo, em consonância profunda com a temática da peça e com o contexto histórico, a cenografia parece centrar-se no tema das relações de poder. Esse discurso da cenografia parece ter escapado aos olhos dos críticos da época e, dada a ênfase que a encenação colocava nos elementos emocionais e sensoriais passíveis de "comoverem o espectador médio"[15], segundo Yan Michalski, pode ter escapado também aos olhos dos espectadores. Em todo o caso, importa destacar que, durante todo o período da ditadura militar, as artes – incluindo a cenografia – buscarão intensificar sempre suas formas de falar sobre o poder a partir de um olhar crítico e de um discurso metafórico.

---

13 Idem.
14 Para uma análise da obra de Império, ver R. Katz; A. Hamburguer (org.) *Flávio Império*.
15 Y. Michalski, *Édipo Rei (1)*.

Fig. 6. Édipo Rei, *de Sófocles. Direção: Flávio Rangel. Cenografia: Flávio Império. 1967.*

Fig. 7. Antígona, de Sófocles. Direção: João das Neves. Cenografia: Helio Eichbauer. Teatro de Arena, 1969.

Outro espetáculo que segue a tendência de não representar o mundo grego é *Hipólito*, de Eurípides, com direção de Tite de Lemos e cenografia de Marcos Flaksmann, apresentado em 1968 no Teatro Nacional de Comédia. Embora não goste do espetáculo, pelo fato de ele não conseguir se comunicar com o público em função da diversidade de referências, Yan Michalski destaca a cenografia da montagem:

> A cenografia é realmente exemplar: os alvos fragmentos de antigas muralhas de mármore constituem um espaço cênico eminentemente moderno, mas deixa ao mesmo tempo presente, na retina do espectador, reminiscências de mitos seculares e, no seu espírito, a sugestão de um autêntico sopro de grandeza vindo de muito longe. Também com as roupas, embora sem procurar autenticidade histórica grega, trazem ao palco a sugestão de uma força primitiva e selvagem[16].

Um marco na história das encenações é, sem dúvida, a *Antígone*, de Sófocles, encenação do Grupo Opinião, direção de João das Neves, cenografia de Eichbauer, realizada no Teatro de Arena do Rio de Janeiro, em 1969. Superando a ideia de

16 O Longo Caminho da Cabeça aos Membros II, *Jornal do Brasil*, 27 dez. 1968.

indicar o mundo grego, a encenação se propunha dialogar com a atualidade, o que se dava, paradoxalmente, por intermédio do deslocamento da obra para o período grego arcaico. O crítico Martin Gonçalves[17] observou que esse deslocamento possibilitava esatabelecer relações com a sociedade atual, marcada por questões como o superpovoamento, a miséria, as crises econômicas e políticas e a insegurança. Esse recuo no tempo deixaria transparecer uma sociedade em formação, plena de lutas e contradições agudas. Trata-se, assim, da construção de um discurso político não localizado. Ora, num contexto de plena vigência do AI-5, essa fala indireta apresentava-se como alternativa para a crítica política. A cenografia parece reforçar esse sentido, revelando-se como elemento fundamental para o diálogo com a atualidade.

A cenografia era constituída por uma plataforma quadrangular, que era circundada pelo público. O espaço aberto delimitado por meio da plataforma configurava um plano mais baixo que era preenchido por areia, de modo a se formar uma espécie de piscina. Escadas ligavam a plataforma ao primeiro plano. O conjunto era completado por um pequeno praticável de forma quadrada que, elevado ao mesmo nível da plataforma e ligado a ela por uma estreita passarela, projetava-se para o plano inferior. Em depoimento para o jornal *O Globo*, Eichbauer comenta a cenografia:

> Foram utilizados no cenário dois materiais que nos transmitem, ao mesmo tempo, o vigor das coisas solidamente construídas e o caráter temporal dessas construções. Inspirados nas escavações arqueológicas, criamos um cenário que utiliza a madeira e a areia. A primeira, trabalhada tosca e austeramente, encerra a segunda, que sendo estática na aparência é, na realidade, extremamente móvel. Um pé que se imprime, a marca de um corpo que permanece são logo a seguir substituídos por outros sinais reveladores da presença modificadora do homem. Aí, nessa transposição poética de uma cidade semidestruída pela ação do tempo, de uma civilização que se perdeu e da qual nos restam pálidas imagens de reconstituição, se realizam as ações de Antígona, aí o seu ato de desobediência enterrando o irmão Polinices, aí o gesto solidário de sua irmã Ismênia[18].

---

17 Antígona e Creonte, *O Globo*, 19 nov. 1969.
18 M. Gonçalves, Opinião Apresenta "Antígona", de Sófocles, Amanhã no Arena, *O Globo*, 13 nov.1969.

Esses dois planos e os dois materiais dialogam, posto que, segundo João das Neves, as ações feitas na plataforma geram as ações ocorridas no primeiro plano, isto é, no espaço interno coberto de areia. Assim, os personagens do primeiro plano aparecem como sepultados que ressurgem para interagir no plano superior. Mas, num outro aspecto, por estar situado entre esses dois planos e duas matérias, o pequeno praticável quadrado aponta para um duplo sentido: por ser o lugar privilegiado do personagem Creonte, este pode ser visto como alguém marcado pela rigidez e pela fragilidade. A cenografia realiza um espaço trágico que, em minha opinião, parece dialogar com as teorias nietzschianas sobre o apolíneo e o dionisíaco, na medida em que, por sua forma e seus materiais, confronta os valores de estabilidade e de instabilidade, de fluxo e contenção, de caos e ordem. A mensagem política da encenação é, portanto, bastante clara: a ordem e o poder, sobretudo quando caracterizados por tirania e autoritarismo, revelam-se limitados e fadados à degenerescência ou à queda.

Tendo em vista a transformação do sentido da cenografia e a busca de novos lugares teatrais, consideremos *Agamêmnon*, de Ésquilo, espetáculo do grupo A Comunidade, com direção de Amir Haddad e cenografia de Joel de Carvalho, realizado em 1970. A proposta do grupo era romper com a relação espacial tradicional, daí a recusa às salas de espetáculo convencionais e a fixação do grupo no Museu de Arte Moderna do Rio de Janeiro. Para o espetáculo, o cenógrafo criou uma grande área retangular, com diversos praticáveis de tamanhos diferentes, com diversos planos, dotados de alçapões, escadas e rampas.

Neste espaço fragmentário não há separação entre a área de atuação e a área destinada ao espectador: o espectador está integrado à cena. O ator podia atuar de diversos modos, sem marcação pré-definida – pendurado, de cabeça para baixo –, e, além disso, podia também operar a luz, constituída por lâmpadas incandescentes. Segundo Henrique Oscar, o espaço criado por Joel de Carvalho caracterizava-se como um "cenário-andaime" que não figurava lugar algum. A atmosfera de violência era dada pela presença da cor vermelha em todos os elementos visuais do espetáculo: cenografia, indumentária e maquiagem. "O cenário-
-andaime de Joel de Carvalho permite as evoluções, mas não

Fig. 8. Agamêmnon, de Ésquilo. Grupo A Comunidade. Direção: Amir Haddad. Cenografia: Joel de Carvalho. Museu de Arte Moderna do Rio de Janeiro, 1970.

Fig. 9. Medeia, de Eurípides. Direção: Silnei Siqueira. Cenografia: José Armando Ferrara e Fernando Fabrini. 1970.

sugere nada e nem mesmo o uso do vermelho em tudo: cenário, roupas, maquiagem, uma atmosfera sangrenta"[19]. Aqui, o espaço teatral afirma-se como uma metáfora do universo trágico por intermédio da oposição e sobreposição de linhas, formas e planos, construindo um espaço de conflito sem o elemento referencial. A partir desses dados, podemos pensar que a ausência de diferenciação entre sala e cena, aliada ao jogo com a expectativa dada pela movimentação não convencional dos atores no espaço, sustentar-se-ia como uma forma de se criar uma tensão trágica, pois insere na experiência do espectador as sensações de desconforto e de ameaça em virtude do fator casual e inesperado.

O contexto cultural e político brasileiro marcado pela vigência da censura favorecia, portanto, a busca de textos que propiciassem a construção de um discurso político indireto, não localizado. Os textos de Ésquilo, Sófocles e Eurípides correspondiam a essa busca, daí a presença de várias tragédias gregas no período em questão. Ainda em 1969, o Grupo União apresentaria, em São Paulo, o espetáculo *Ato sem Perdão*, texto de Millôr Fernandes, baseado em *Antígona*, de Sófocles, com

19 H. Oscar, Agamêmnon pela Comunidade, *Diário de Notícias*, 17 jun. 1970.

direção de José Renato e cenários e figurinos de Flávio Império. Além de usar recursos do teatro épico – a quebra da identificação do público a partir da troca dos intérpretes de um mesmo personagem, a fim de propiciar a reflexão crítica – o caráter político do texto deixa-se transparecer nos próprios textos do programa da peça, entre os quais destaco este de Millôr Fernandes, intitulado "Uma Afronta ao Poder":

> Quando Antígona aparecer ali de novo, na esquerda do palco, vocês vão ouvi-la dizer, mais uma vez: "Todos aqui se apressariam em concordar com o que eu fiz se não tivessem a língua travada pela covardia. Mas essa é a vantagem dos tiranos – impor pelo medo tudo que dizem e fazem. E quando a voz de Antígona é ouvida de novo com interesse alguma coisa está podre no reino da Dinamarca. Se o céu fosse azul, a renda bem distribuída, a escola aberta, o amor proclamado, o riso permitido, a fé diversificada, o mérito reconhecido, Antígona estaria morta e enterrada entre os milhões de alfarrábios que perderam força e sentido na literatura dramática de todos os tempos"[20].

O autor prossegue o texto frisando a necessidade de repetir essa mesma história de Antígona. Repetir como forma de lutar. Ora, o mesmo texto faria parte ainda do programa da peça *Antígona*, apresentada em 1974, no Rio de Janeiro, com direção do mesmo José Renato, adaptação de Millôr Fernandes e cenografia de Marcos Flaksmann.

Já a Escola de Arte Dramática de São Paulo (EAD), por exemplo, realizaria, entre 1969 e 1972, três montagens: *Prometeu Acorrentado*, de Ésquilo, com direção de Emílio Di Biasi, em 1969; *As Bacantes*, de Eurípides, com direção de Celso Nunes, em 1970; e *Antígone*, de Sófocles, com direção de Alberto Guzik e cenografia de Clóvis Garcia, em 1972[21]. Cabe fazer um comentário sobre *Prometeu Acorrentado* e *As Bacantes*, espetáculos aos quais pude ter acesso por intermédio do acervo fotográfico da EAD. A observação das fotografias chamou-me a atenção para a diferença de estilo de representação entre os dois espetáculos. Enquanto no primeiro se observa a nítida presença de práticas cênicas afiliadas a Antonin Artaud e ao

---

20 Uma Afronta ao Poder, *Ato sem Perdão*.
21 Informações extraídas da *Enciclopédia Itaú Cultural*: Teatro, disponível em: <http://www.itaucultural.com.br>.

Living Theatre, aproximando-se mais de um pensamento vanguardista que inauguraria a estética teatral pós-moderna; no segundo, do ponto de vista da plasticidade, um estilo moderno parece situar-se no interior de uma linguagem mais tradicional, com cenografia marcada pela estilização sintética, numa linhagem que remonta à estética de Jacques Copeau, que, segundo Nanci Fernandes[22], consistia no estilo cênico adotado pela EAD e pelo Teatro Brasileiro de Comédia. É preciso observar que Celso Nunes havia sido aluno da EAD e foi um dos diretores responsáveis pela introdução das técnicas e dos princípios cênicos de Jerzi Grotóvski no Brasil. O espetáculo *As Bacantes* foi justamente uma das encenações em que Celso Nunes experimentou essas técnicas.

Com relação ao espetáculo *As Bacantes*, a análise das imagens indica que a montagem foi feita num pátio, onde um palco foi improvisado. Não há qualquer referência ao criador da cenografia e dos figurinos. Os espectadores sentavam-se em uma arquibancada de frente para o palco. De um modo geral, observa-se nessa cenografia a tentativa de um diálogo com o espaço cênico grego. O que chamo aqui de palco era, na verdade, a própria estrutura cenográfica constituída por um praticável de grande largura e pouca profundidade. Três degraus estabeleciam a comunicação entre o palco/cenário e uma área central, mais ampla, que parece remeter à orquestra do edifício teatral grego. É nesta área central que, ao que parece, boa parte das cenas se desenvolvia, possibilitando a criação de grandes grupos e cenas coreografadas. A área tinha, em cada um de seus lados, grupos de colunas com velas e archotes. Quanto ao longo praticável, era o que continha os principais elementos cenográficos que faziam referência à Grécia e a seu teatro: a frente de um palácio grego representada de modo estilizado, com linhas e formas geométricas, cortinas ou trainéis escuros formavam um fundo de cena e permitiam a entrada e a saída dos atores. A estrutura de trainéis formava um conjunto rígido e linear. O princípio da cenografia grega era respeitado ou evocado, seja pela presença

---

22 A profa. Fernandes forneceu informações bastante relevantes sobre a história da EAD: sua estrutura acadêmica, o estilo das representações, o modo como eram realizados os espetáculos, entre outros. Trata-se menos de uma entrevista, e sim de uma conversa informal, realizada em 6 nov. 2009, em São Paulo.

de três aberturas ou passagens na fachada do palácio, seja ainda pela presença de duas portas laterais, situadas nas extremidades do palco/praticável, uma delas situada num plano inferior, outra no plano mais elevado. Ao se observar as fotografias, pode-se especular que essas portas possibilitavam a entrada e a saída dos atores, como o *párodos* do teatro antigo. O conjunto cenográfico aponta para uma representação estilizada do estilo arquitetônico grego, assim como para uma evocação dos princípios cênicos do teatro antigo, enquanto os figurinos – iguais para todos os atores – e os adereços evocam uma dimensão ritualística, com longas túnicas ou batas decoradas com aplicações cuja forma remete às culturas africanas. Embora o espaço cênico busque a proximidade entre atores e espectadores, a representação plástica da cenografia possui um caráter mais tradicional, parecendo contrastar com os princípios de atuação baseados nas práticas de Grotóvski. Nota-se, assim, um descompasso entre a plasticidade e a atuação dos atores.

O espetáculo de Emilio Di Biasi, por sua vez, apresenta características formais totalmente diversas. As imagens disponíveis mostram um espetáculo cuja linguagem parece ter tido muita influência do teatro experimental norte-americano e das teorias de Artaud. De certo modo, as imagens do espetáculo lembram *Dionysus in 69* (Dioniso em 69), do Performance Group, dirigido por Richard Schechner. O elenco aparece trajando calças jeans, camisetas de malha, alguns sem camisa, as mulheres com blusas e camisetas curtas. Em todas as fotografias, há contato físico entre os atores, todos sempre aparecem agrupados, com gestos que revelam relações de força. O espetáculo parece ter sido feito num espaço alternativo cujas dimensões pareciam ser bastante reduzidas para um elenco de dezesseis atores. Uma outra hipótese é ser um teatro bastante pequeno, o que se pode presumir pela presença de elementos típicos da caixa cênica (uma barra de afinação). Assim, pode se tratar de um teatro cujas vestimentas foram totalmente retiradas, deixando as paredes de fundo (brancas) à mostra. Em todo o caso, trata-se de um espetáculo construído a partir da relação frontal com o espectador. Destaca-se aqui o despojamento do espaço, a presença de uma linguagem corporal marcante, a identificação entre os personagens/atores e a atualidade, a anulação de qualquer referência ao mundo grego

Fig. 10. As Bacantes, de Eurípides. Direção: Celso Nunes, 1970.

antigo, todos esses fatores asseveram o caráter contemporâneo da encenação, isto é, sua tentativa de aproximar o texto de Ésquilo do mundo contemporâneo.

Assim, num período de poucos anos, período que separa *Electra*, de Antônio Abujamra, de *Prometeu*, de Emilio Di Biasi, nota-se uma trajetória cada vez mais radical de rompimento com a imagem do mundo grego.

Em 1970, Silnei Siqueira realiza, em São Paulo, uma montagem de *Medeia*, de Eurípides, com Cleyde Yáconis no papel-título, espetáculo que faria turnê por diversas cidades brasileiras. O projeto cenográfico de José Armando Ferrara e Fernando Fabrini era constituído por uma grande escadaria em forma semicircular, com cerca de dois metros de altura, que ocupava grande parte do palco, formando uma espécie de arquibancada vazada. Ao inserir sobre a cena diversos degraus que formam uma espécie de arquibancada semicircular, a cenografia parece deslocar para o palco aquilo que, no teatro grego, era chamado de *theatron*, isto é, o lugar destinado ao público. Duas rampas situadas nas extremidades desse semicírculo lembram o *párodos* do teatro grego. O edifício teatral grego antigo era, portanto, a referência imagética básica para o trabalho dos cenógrafos. Assim,

Fig. 11. Prometeu, *de Ésquilo*. Direção: Emilio di Biasi. 1969.

a cenografia faz uso de uma estrutura arquitetônica bastante simples do ponto de vista formal, mas ao mesmo tempo com grande imponência, pois, ao envolver a cena, propicia um intenso jogo entre a diversidade dos planos. Logo, a encenação parece trabalhar com a ideia do teatro dentro do teatro.

Nesse mesmo ano, José Luís Ligiero Coelho encena também o mesmo texto de Eurípides, na Escola de Teatro da Fefieg. A montagem girava em torno do mito de Medeia, isto é, do personagem e não da valorização da trama propriamente dita. A pesquisa se concentrava em torno do ator e da descoberta do potencial do inconsciente e, para tanto, foram realizados laboratórios no Hospital Psiquiátrico do Engenho de Dentro, com a Dra. Nise da Silveira. Esta proliferação de textos gregos talvez venha corresponder àquilo que Helene Foley denomina de "construção de um discurso político não localizado", mas também a uma utilização do texto grego como elemento de experimentação teatral, fato legitimado pela presença das tragédias gregas nas escolas de teatro. Ora, num contexto de plena vigência do AI-5, em que o movimento estudantil apresentava-se como uma força bastante atuante na sociedade, a fala indireta apresentava-se como alternativa para a crítica política.

Nessa perspectiva, encerrando a década de 1970, é apresentado no Rio de Janeiro, pelo Teatro Ipanema, o espetáculo *Prometeu Acorrentado*, de Ésquilo, com direção de Ivan Albuquerque, em 1979. A cenografia do espetáculo era constituída por uma estrutura de madeira, um dispositivo semelhante a um andaime, que simbolizava a montanha-prisão. Aqui, nas vésperas do processo de abertura política, a montagem adquire clara conotação política, conforme observa o crítico Yan Michalski:

> Este conceito do Poder arbitrário que se autodestrói com os seus próprios abusos nos conduz a um outro aspecto de interesse contemporâneo: a possível leitura de Prometeu como uma metáfora sobre o absolutismo. Tendo assumido o Poder no desfecho de uma luta fratricida entre os deuses, Zeus impõe um regime "onde não há lei nem justiça, mas apenas a sua vontade", característico dos que acabam de conquistar o Poder pela força: "Um novo senhor é sempre severo". Para ordenar a sociedade a seu modo, o potentado criou novas hierarquias, "repartindo entre os deuses (ou seja, os privilegiados) honras e recompensas, fortificando assim o seu império", tentando "aniquilar os mortais e substituí-los por uma nova raça", e desfazendo-se do seu incômodo ex-aliado Prometeu, eliminado por ousar opor-se aos seus desmandos[23].

Vimos, assim, que, no período que se estende de meados da década de 1960 até o final da década seguinte, ocorre no teatro brasileiro um processo de assimilação das novas propostas teatrais, isto é, das novas vanguardas que emergem nesse período: as teorias e práticas de Antonin Artaud, as releituras de Bertolt Brecht, a descoberta das práticas de Grotóvski, o Living Theatre, assim como as performances e os *happenings* se incorporam ao vocabulário estético nacional. Essas novas práticas põem em questão o próprio estatuto do teatro, na medida em que transformam radicalmente seus pressupostos teóricos (representação, ação, conflito, personagem) e suas práticas, dando origem ao que viria a se configurar como uma estética teatral pós-moderna ou, conforme as teorias de Hans-Thies Lehmann, o teatro pós-dramático. Esse vocabulário já parece estar bem

---

[23] Ver F. Peixoto (org.), *Reflexões sobre o Teatro Brasileiro no Século xx: Yan Michalski*, p. 308.

consolidado nos profissionais de teatro que emergem a partir da década de 1980.

No entanto, considerando o movimento de revivificação da tragédia grega, o período que se estende entre o final da década de 1970 e o final da década de 1980 não é dos mais efervescentes, tampouco o mais representativo em termos de cenografia, muito menos ainda em termos de discurso político. No Brasil, pode-se dizer que o referido movimento tende a se atenuar, salvo pela tentativa do Grupo Mergulho no Trágico, do Rio de Janeiro, que irá encenar diversos textos gregos a partir de meados da década de 1980.

Nos anos de 1980, quando o conceito de pós-modernismo teatral passa a circular com maior presença na cena brasileira, notar-se-á que as encenações de textos gregos passam a ser orientadas não mais pela necessidade de construção de um discurso político localizado, o que implica outro uso dos textos clássicos e do mito trágico, ou seja, os encenadores parecem se voltar para outros problemas do texto antigo. Um dos elementos dominantes dessas encenações será o tratamento mais intimista, o minimalismo cênico e a depuração dos elementos cenográficos.

A tendência à depuração dos elementos cenográficos está presente não somente nas encenações de textos gregos, mostrando-se como uma das constantes da cenografia do período. Essa tendência pode indicar não somente uma modificação nos padrões estéticos, mas também uma necessidade de os criadores teatrais terem de reduzir os custos da produção, em função da crise financeira que o país e a própria América Latina atravessarão ao longo da década de 1980.

Em 1983, Marcio Aurélio encena *Édipo Rei*, de Sófocles, no Teatro Ruth Escobar, em São Paulo. O espetáculo recebe o Prêmio Mambembe de Melhor Espetáculo e o Prêmio APCA de Melhor Direção. Ainda nesse ano, no Rio de Janeiro, *Édipo Rei* é também encenado pela companhia Teatro Carioca de Câmera, no Teatro Cândido Mendes, com direção e cenografia de Paulo Afonso de Lima. Esses espetáculos não contêm projetos cenográficos mais ambiciosos, sendo considerados pela crítica como montagens que possuem linguagem contemporânea e que abordam o mito de Édipo, valorizando as relações humanas e existenciais presentes no texto de Sófocles.

A cenografia de Elias Andreato e Marcio Aurélio é constituída por uma estrutura de madeira, pintada de branco, situada ao fundo do palco. Uma escada dá acesso a um plano superior, com grande elevação. Formam-se, assim, três áreas de ação: uma primeira formada no plano mais baixo, em frente à estrutura; uma segunda, situada ao fundo do palco e abaixo da estrutura; e uma terceira área, formada pelo plano mais elevado. Uma coluna completa a imagem cênica do espetáculo, que também contava com a utilização de máscaras. Em sua crítica do espetáculo, Garcia, considera que a montagem preserva a grandeza clássica por intermédio de uma linguagem contemporânea. Para ele, "a cenografia de Elias Andreato e Marcio Aurélio segue a mesma linha, de estilo construtivista, num tratamento mais clássico e com toques simbolistas"[24]. O crítico Sábato Magaldi também elogia o espetáculo de Marcio Aurélio, notando que o diretor não busca fazer uma reconstituição arqueológica do texto, nem salientar seus traços de modernidade. "Por baixo de certas marcações percebe-se a leitura atenta das numerosas exegeses de que é passível o mito. O bom gosto não permite sublinhar uma só intenção, mantendo-se o equilíbrio da mensagem global. Resulta o sentimento de perenidade"[25]. Quanto à cenografia, o crítico menciona o seu extremo despojamento, que possibilita a evocação espacial "por meio de algumas esculturas e uma coluna caída no chão, símbolo do infortúnio que se abate sobre a cidade e os protagonistas. Os figurinos de Edith Siqueira e Elias Andreato aplicam sobre os corpos diversos elementos situativos da época, guardando a vinculação à origem dionisíaca do teatro"[26]. Para Jefferson Del Rios, a encenação busca também se constituir numa visão mais camerística ou mais urbana da peça de Sófocles, de modo a rejeitar os códigos dos grandes gestos e máscaras sofridas, assim como os grandes cenários, afirmando uma linguagem mais contemporânea.

A cenografia que poderia ser feita toda de ruínas e\ou pedras (como sugere uma solitária coluna de mármore) fica na indecisão

---

24 C. Garcia, Édipo, Um dos Melhores do Ano, *O Estado de S.Paulo*, 10 jun. 1983.
25 S. Magaldi, Crítica: A Tragédia de Sófocles, Perfeita e Fiel em Édipo Rei, *Jornal da Tarde*, 28 maio 1983.
26 Idem.

da madeira, tentando reconstruir um palácio. Inútil porque prevalece apenas a falsidade da madeira. Outras liberdades, como a de mostrar um Édipo seminu mas sem nenhuma alusão concreta ao poder, fica apenas no modernismo com aspas[27].

Nota-se, pois, um aparente esvaziamento da proposta de um espetáculo que manifestasse uma crítica social e política mais direta e, em contrapartida, a busca – por parte da crítica teatral – de um vínculo entre as formas estéticas e o discurso ideológico.

Utilizei aqui a expressão "aparente esvaziamento" pelo fato de que uma montagem do texto *Édipo Rei*, de Sófocles, sempre irá pôr em discussão as relações de poder, isto é, a legitimidade do poder, o poder como coerção, os limites do poder. Ora, como se pode notar pela leitura do programa da peça, com textos de Helio Pellegrino, Marilena Chauí, Frei Betto e Edgard de Assis Carvalho, o elemento político parece estar diretamente associado à montagem de Marcio Aurélio[28]. Mas, nesse contexto, este discurso deixa de ser a única via de leitura da encenação, ficando o texto aberto a diversas interpretações, conforme nota Sábato Magaldi.

O espetáculo de Paulo Afonso de Lima também possuía um tom intimista e depurado, reforçado ainda pelas pequenas dimensões do Teatro Cândido Mendes. O espetáculo contava com poucos elementos cenográficos, mas, segundo a opinião dos críticos, explorava muito bem o espaço por intermédio de marcações criativas que, valorizando os movimentos circulares, evocava uma dimensão ritualística presente na origem do teatro. Segundo o crítico Flávio Marinho, a montagem acentuava o aspecto psicológico da tragédia, contudo o espetáculo teria um tom exasperado que não coincidia com as dimensões li-

---

27 J. Del Rios, Um Sófocles com Liberdades Demais, *Folha de S. Paulo*, 9 jun. 1983
28 O texto de Marilena Chauí, por exemplo, é bastante direto em sua tentativa de estabelecer vínculos entre o texto grego e a sociedade brasileira, em especial: "Para nós, modernos (e brasileiros, em particular), um governante que se dispusesse a levar até as últimas consequências a investigação das causas da desgraça da sociedade que dirige, que se dispusesse a punir os criminosos e que a essa busca se entregasse contrariando a todos que desejassem demovê-lo, ainda que para pagar em sua e com sua pessoa o crime cometido, seria tido como governante exemplar, figuração da dignidade política". Ver M. Chauí, Édipo Rei ou a Tragédia Exemplar, *Édipo Rei*.

Fig. 12. Édipo Rei, de Sófocles. Direção: Marcio Aurélio. Cenografia: Elias Andreato e Marcio Aurélio. Teatro Ruth Escobar, 1983. No primeiro plano, Renato Borghi, Bia Berg, Rosali Papadopo.

mitadas do espaço cênico[29]. Já Macksen Luiz estabelece uma conexão mais direta entre o momento político e o espetáculo. "A questão Édipo e o poder – uma das inúmeras possibilidades de interpretação da tragédia – pode ocorrer ao público brasileiro atual quando se debate a ética (ou o excesso dela) no cargo público"[30]. Entretanto, o crítico parece lamentar que a montagem tenha buscado mais o elemento psicológico do que o social, fato este que seria codeterminado pelo próprio espaço. Nota-se, portanto, um paralelismo de situações ocorrido nas montagens de São Paulo e do Rio de Janeiro: a crítica teatral parece reivindicar uma ênfase mais diretamente política para os espetáculos, que tendiam a se abrir para outros sentidos e problemas de ordem existencial e estética.

Em 1986, na Sala dos Archeiros do Paço Imperial, no Rio de Janeiro, um outro grupo de características experimentais, o Studio, encenaria Antígone, de Sófocles. Helena Varvaki e Antonio Guedes são responsáveis pela direção do espetáculo, que se apresentava como um "momento do treinamento" do grupo,

---

29 Édipo: Gritos e Sussurros na Tragédia das Tragédias, O Globo, 4 out. 1983.
30 Édipo Rei. Em Busca de Si Mesmo, Jornal do Brasil, 4 out. 1983.

cujas pesquisas eram voltadas para os processos de criação do ator a partir de diversas técnicas corporais. O espetáculo evoca elementos ritualísticos e, de acordo com o programa da peça, buscava "compreender mais profundamente o rito de estar em cena, o êxtase dionisíaco da oferta mútua"[31]. Assim, a ideia de exposição – presente na pesquisa – parecia contaminar também os elementos visuais que ficavam evidentes, de tal modo que, embora não houvesse uma cenografia construída – apenas objetos cênicos, como cordas, bastões, instrumentos musicais –, o espaço gestual[32] era bastante explorado pelos atores.

Em 1987, o diretor Jorge Takla encena, no Teatro Procópio Ferreira, em São Paulo, o texto *Electra*, de Sófocles, com adaptação de Maria Adelaide Amaral. A cenografia e os figurinos foram assinados por Attilio Baschera. Em crítica para o *Jornal da Tarde*, Alberto Guzik nota que, apesar das belas marcações, o espetáculo possui ritmo lento e irregular e que fica num meio caminho entre o experimental e o convencional, não chegando a uma definição de seu próprio perfil[33]. Se, em função da formação do diretor, o que se percebe nas entrelinhas é uma influência de Bob Wilson, nota-se também que esta mistura entre o experimental e o convencional aparece também nos figurinos, que buscam a atemporalidade por intermédio da junção dos elementos do traje grego aos do traje contemporâneo. Ora, esta tendência plástica – a justaposição de épocas e estilos – vai se mostrar bastante presente em grande parte dos espetáculos representados ao longo da década de 1990, consolidando uma tendência formal típica da estética pós-moderna.

Deve-se ressaltar que esses comentários críticos já apontam para uma mudança significativa no modo como as tragédias gregas passam a ser abordadas e produzidas a partir da década de 1980. Nesse contexto, o processo de experimentação teatral torna-se mais evidente, assim como a cenografia passa

---

31 *Antígone*.
32 Segundo Pavis, espaço gestual é "o espaço criado pela evolução gestual dos atores. Por ações, relações de proximidade ou de afastamento, livres expansões ou confinamento a uma área mínima de jogo, os atores traçam os exatos limites de seus territórios individual ou coletivo. O espaço se organiza a partir deles, como que em torno de um pivô, o qual também muda de posição quando a ação exige". Ver *Dicionário de Teatro*, p. 137.
33 Os Pecados de Electra, *Folha da Tarde*, 21 abr. 1987.

por um processo de depuração, em função dos novos espaços de dimensões mais limitadas, ou devido às próprias restrições financeiras dos grupos de características experimentais.

Exemplar, neste caso, será a atuação do Grupo Mergulho no Trágico, que, entre 1987 e 1992, encenou textos trágicos gregos propondo não somente uma reflexão de ordem ética, mas também se defrontando com problemas cênicos específicos da tragédia grega. Nesse período, o grupo realiza seis montagens de tragédias gregas, com direção de José Da Costa. Em 1987, esse grupo faz sua estreia com o espetáculo *Antígone*, que é bem recebido pela crítica teatral. *Édipo Rei* é realizado em 1988 e, em 1989, é feita pela primeira no Brasil a encenação de *Oréstia*, trilogia de Ésquilo. Em 1990, o grupo realiza uma nova montagem de *Édipo Rei*, seguido de *Édipo em Colono* e de uma livre adaptação da obra *Prometheus*, de Ésquilo. Em 1992, o grupo encena *As Troianas*, de Eurípides, no Teatro Cacilda Becker, no Rio de Janeiro. Em 1991, o grupo recebe o Prêmio Shell, na Categoria Especial, pela continuidade de sua pesquisa em torno da tragédia grega. A partir de 1992, o diretor José Da Costa encerra o projeto e o grupo se desfaz.

De acordo com o programa da peça *Édipo Rei*, boa parte dos esforços do grupo se concentra no trabalho do ator, na busca de uma interpretação trágica desvencilhada de elementos como o histrionismo, o excesso e o sentimentalismo. Esta preocupação com a busca de um modo específico de interpretar a tragédia grega estará presente em diretores como Antunes Filho, Antonio Guedes, João Fonseca, entre outros. Do ponto de vista ideológico, na ocasião da montagem de *Édipo Rei*, o grupo não revelava a preocupação de criar conexões com o contexto histórico, pois parece admitir que essas relações já seriam evidentes:

> Desta forma, tentamos criar uma relação entre nós, nossos sentimentos atuais e os conflitos trágicos fundamentais, como as questões de poder, do saber, da solidão e da morte. Na ambígua condição do homem entre o animal e os deuses. E nem parece necessário criar relações óbvias, na cena, entre os personagens e as pessoas ou situações de nosso país e do nosso tempo[34].

34 J. Da Costa, *Édipo Rei*.

Não obstante, assim como já o fizera Marcio Aurélio na ocasião da montagem desse texto de Sófocles, o projeto do Grupo Mergulho no Trágico envolvia a realização de uma série de eventos culturais, como seminários, mostras de filmes, debates, atividades interdisciplinares, sempre num questionamento sobre a inserção da arte na produção efetiva da realidade cultural contemporânea. Aqui, o próprio ato de fazer teatro parece ser observado criticamente, isto é, o teatro aparece como elemento de autorreflexão, seja para o artista, seja para a cultura atual. Os textos gregos parecem ser, pois, o fio condutor de toda uma reflexão acerca do lugar do teatro na sociedade contemporânea. Ao chegar à tensão dada, de um lado, por uma pesquisa teórico-prática que se aprofunda, dando continuidade à ideia do teatro como um laboratório, como um campo de experimentação e, de outro, por um questionamento sobre o sentido dessa atividade para a realidade socioeconômica e cultural, o que emerge é uma fusão indissociável entre o gesto ético e o gesto estético, fusão esta que parece apontar para uma espécie de consciência da tragicidade da condição do artista contemporâneo, a qual seria dada pela presença de uma disposição afetiva contraditória: o vazio, a desilusão, a descrença, a incerteza, a ausência de valores éticos sólidos se unem à necessidade de afirmação de si, de ser, de criar, de novos valores. Nota-se, assim, que o problema ético e político desloca-se do conteúdo e dos sentidos do texto para penetrar na própria condição do artista na sociedade. Este caráter inextrincável de ética e estética aparece como uma tônica do teatro contemporâneo. O Grupo Mergulho no Trágico apontava para essa problemática que, no decorrer dos anos, tornar-se-ia cada vez mais complexa, conforme veremos mais adiante nas análises de *Oresteia*, do Grupo Folias d'Arte, de São Paulo.

Retornando ao Grupo Mergulho no Trágico, pode-se dizer que pelas características de suas pesquisas e por suas condições de produção, o conjunto de espetáculos não apresenta maior relevância do ponto de vista da cenografia. Segundo a historiadora e crítica teatral Tania Brandão, a cenografia de *Édipo Rei* era constituída por uma organização espacial em semiarena, com poucos elementos decorativos, "motivos gregos singelos (máscaras, galhos, panos)"[35]. De um modo geral, as fotografias dos espetáculos mostram que os procedimentos plásticos adotados caracterizam-se pelo minimalismo, pela presença de escassos elementos e por matérias que remetem ao universo grego e a dimensões simbólicas, como é o caso da areia utilizada na cenografia de *As Troianas*. Sobre este espetáculo, o último dirigido por José Da Costa, o depoimento do cenógrafo Carlos Alberto Nunes dado para o presente estudo é esclarecedor sobre as linhas gerais da concepção cenográfica:

> O cenário era dividido em duas áreas: uma na frente do pano de fundo e outra atrás. A área da frente era um território amplo e livre do acampamento/praia. Era determinado por um piso de lona que terminava num fundo infinito. Este piso tinha na parte superior uma passarela com planos inclinados, o que permitia determinadas cenas, como o momento de "loucura/visão" de Cassandra. Este plano inclinado buscava também representar o movimento das dunas de areia. Os personagens podiam subir pelas dunas, mas a parte mais elevada era reservada para a cena de Cassandra. Havia um espaço entre esse fundo infinito e o pano de fundo para permitir que a luz pudesse ter mais possibilidades de colorir o fundo, tanto por cima quanto por baixo criando diferentes atmosferas. O tecido era cru com algumas manchas dando um aspecto de envelhecimento. No decorrer do espetáculo, essas manchas assumiam aspecto de nuvens, quando, pela cor, a iluminação transformava este tecido num céu com seus diferentes tons. Já na área atrás do pano de fundo havia um praticável-passarela num nível um pouco mais alto que o fundo infinito da área da frente. Este praticável era utilizado para realizar algumas cenas ou para mostrar o caminho que alguns personagens fizeram até chegar ao acampamento. Isto era feito, ora através de sombra chinesa, ora pela translucidez do tecido. No final do espetáculo o pano de fundo era colorido com tons amarelos e vermelhos e o tecido era manipulado, fora da visão do público, de forma que este imenso tecido se transformasse em imensas labaredas do fogo necessários à cena final do espetáculo[36].

Observa-se, pois, que o projeto cenográfico tenta dar conta do espaço fictício proposto através do texto (à beira-mar, um

[35] Sófocles Universitário, *O Globo*, 22 mar. 1988.
[36] Depoimento, set. 2008.

acampamento dos gregos diante de Troia incendiada), da dinâmica dramática colocada pelo texto (entrada e saída de personagens do interior da tenda para o espaço aberto e da cidade para fora da cidade), e ainda de algumas passagens importantes (a cena de Cassandra, o incêndio final de Troia). Longe de buscar uma aproximação entre o texto e a atualidade, a encenação e a cenografia preservam a distância, buscando valorizar a própria plasticidade da cena, por intermédio dos efeitos de transparência, de projeção e de movimentação produzidos pelo conjunto cenografia-luz. A presença do plano inclinado – usado, como vimos, por Anísio Medeiros, em *Electra* – traz, evidentemente, a ideia de instabilidade, de algo que está ameaçado, que está em vias de ruir. O elemento areia traz, por sua vez, a ideia da transitoriedade, da fugacidade, do elemento concreto que se desfaz. A cenografia recorre, portanto, a materialidades que aparecem com certa constância na encenação de textos trágicos gregos.

Pode-se concluir que, no período em questão – décadas de 1940 aos anos de 1980 – em termos de cenografia, por exemplo, há uma nítida passagem de uma representação fundada no realismo e no elemento referencial para uma crescente estilização e depuração da cena, que será cada vez mais marcada pela redução dos elementos, valorizando o aspecto intimista e minimalista. Essa tendência caminha junto a um aprofundamento das pesquisas em torno do trabalho do ator. Ao mesmo tempo, nota-se a presença de alguns elementos construtivistas em alguns espetáculos. No decurso que vai do final dos anos de 1960 até o final da década de 1980, o discurso político localizado vai cedendo lugar a uma perspectiva mais abrangente, de caráter universalista, embora não menos desiludida e incerta. A transição de qualquer época histórica e de qualquer estilo artístico não é, evidentemente, linear, ela é feita de antecipações e de recuos, o que dificulta uma conceituação mais clara acerca dos limites temporais entre o moderno e o pós-moderno. Embora esses limites temporais sejam imprecisos e a própria conceituação tenha apenas uma função operacional, há fatores conceituais que, como veremos a seguir, permitem caracterizar com mais clareza a cena pós-moderna e sua cenografia.

Fig. 13. Édipo Rei, de Sófocles. Grupo Mergulho no Trágico. Direção: José Da Costa. Paço Imperial, Sala dos Archeiros, 1988. À frente, Jitman Vibranovsky (Édipo) com Tatiana Motta Lima e Isabel D'Anunzio (filhas de Édipo). Ao fundo (da esquerda para a direita): Nanci de Freitas, Regina Gutman, Christiane Jatahy (coro). À esquerda: Paulo Camargo (Creonte).

Fig. 14. As Troianas, de Eurípides. Grupo Mergulho no Trágico. Direção: José Da Costa. Cenografia: Carlos Alberto Nunes. 1992. Da esquerda para a direita: Fernanda Poyares, Larissa Elias, Suzana Faini, Marília Martins.

À guisa de conclusão, podemos pensar que o processo de formação e de consolidação do moderno teatro brasileiro ocorre entre as décadas de 1940 e 1950. Nesse movimento, houve também uma modernização da cenografia, em termos técnicos e estéticos. Ao discorrer sobre esse processo num texto de 1961, o cenógrafo Anísio Medeiros observa que, nesse período em questão, teria havido uma mudança significativa no modo como os criadores teatrais e a crítica passaram a entender as funções do cenógrafo, incorporando em seu vocabulário termos técnicos e noções estilísticas. Do mesmo modo, a atividade de criação cenográfica teria deixado de ser atribuída a um pintor, passando o arquiteto a tomar a frente do processo de resolução dos problemas da plasticidade no teatro[37]. Contudo o movimento de contracultura que se inicia a partir da década de 1960 anuncia um esgotamento de certo aspecto da estética modernista. No final dos anos de 1960, nota-se a presença de experiências cênicas que vêm romper com os padrões modernos, anunciando alguns procedimentos estilísticos que vem caracterizar outra face do próprio modernismo – revelada, por exemplo, na busca de novas relações entre sala e cena e na busca de espaços alternativos. A passagem do moderno ao pós-moderno parece já se anunciar, sobretudo, em *Agamêmnon*, de Ésquilo, espetáculo do Grupo A Comunidade, com direção de Amir Haddad. Mas, em minha opinião, em termos de encenação de tragédias gregas, essa passagem parece se consolidar plenamente nos anos de 1980, momento em que a disposição afetiva dos criadores se revela essencialmente marcada pela contradição e emergem os espetáculos intimistas, minimalistas e despojados – palavra esta que estará presente exaustivamente no discurso dos criadores e da crítica teatral.

---

37 Ver A. Medeiros, O Arquiteto de Um Momento, *Dionysos*, a. x, n. 11.

3. A Cenografia Pós-Moderna

uma introdução

Na edição de número xx da revista *Espaço News*, encontramos uma série de definições de Cenografia feitas por diversos cenógrafos. A cenógrafa e diretora teatral britânica Pamela Howard inicia seu livro, intitulado *Escenografía* na tradução espanhola, da mesma maneira e, pela diversidade de opiniões presentes tanto em uma obra, quanto em outra, observa-se que cada cenógrafo possui um senso muito peculiar daquilo que vem a ser a Cenografia. Essas definições apresentam pontos em comum e deve-se notar que tal variedade acompanha também os diferentes métodos de trabalho de cada cenógrafo, métodos estes que, por sua vez, são constantemente reelaborados de acordo com cada produção específica. Assim, a cenografia é uma arte que está sempre se redefinindo em função não somente das necessidades e questões estéticas geradas no interior da cultura teatral, mas também do constante surgimento de novos materiais, de novas tecnologias e de novos problemas plásticos e visuais que as artes plásticas, a arquitetura, o urbanismo, as artes visuais entre outros nos colocam. Conforme Gianni Ratto[1], a cenografia aparecerá sempre como uma arte integrada, que,

---

1 Ver *Antitratado de Cenografia*.

embora dialogue com outras artes, outras técnicas e tecnologias, possuirá sempre identidade própria.

O elemento de fundo que parece garantir a identidade e estabelecer um traço comum entre as diversas definições encontra-se na ideia de encenação. Segundo Anne Ubersfeld[2], encenação é, por essência, espacialização: o ato de dispor num espaço uma série de relações significantes, tal como a relação entre espectadores-atores, ator-palavra, ator-ator, ator-objeto, ator-luz, objeto-luz, objeto-objeto. A matéria do diretor e do cenógrafo é, portanto, o espaço. Desta forma, em termos simplificados, mas de nenhum modo reducionista, podemos compreender a cenografia como o tratamento do espaço, como a organização do espaço teatral e dos signos do espaço cênico. Essa organização ou tratamento implica pensar, por um lado, sobre o conjunto dos elementos visuais, isto é, tanto os elementos inanimados, como a materialidade do edifício teatral e do espaço cênico, os objetos, a iluminação, a relação entre o espaço dos espectadores e o espaço dos atores, como também os elementos animados, quer dizer, a própria presença dos atores no espaço, presença que delimita o chamado espaço gestual. Por outro lado, esse pensar implica também uma abordagem da própria ação dramática, seja esta estabelecida por um texto já dado, seja ela construída a partir de outras abordagens (dramaturgia do ator, dramaturgia criada a partir de uma ação coletiva, performance, dança-teatro). A cenografia revela-se como uma arte complexa não somente por integrar diversas artes e técnicas, mas também por envolver uma abordagem do fenômeno teatral como um todo, fenômeno que, no contexto cultural da atualidade, vem redefinindo e ampliando os seus limites.

Ao criar o espaço da ficção, que transita entre a realidade concreta e a imaginação, a cenografia se afirma como um elemento indispensável da comunicação própria do teatro, visto envolver a criação de um sistema visual e de uma imagem espacial que afeta diretamente a recepção do espetáculo. Nesse "sistema visual" e nessa "imagem espacial" estão contidos os atores. Nesse aspecto, a definição de Cenografia dada por Pamela Howard é bastante esclarecedora:

2   Ver *Lire le théâtre II*.

A cenografia consiste na criação de uma imagem real em três dimensões, onde a arquitetura do espaço é uma parte integral dessa imagem. A imagem inclui a colocação e a distribuição no espaço de pessoas e objetos, com o que se junta a verdade das palavras com aquela história que permanece atrás do texto. A imagem espacial que se cria na cena não é uma simples decoração. Constitui uma poderosa imagem visual que complementa o mundo do texto que o diretor cria com os atores no espaço[3].

Como já disse, a importância da atuação do cenógrafo se acentua ainda mais à medida que as diversas transformações ocorridas no teatro – e nas artes em geral –, a partir da década de 1960, modificaram a função do cenógrafo e seu trabalho. Cabe agora lembrar que essa modificação não pode ser considerada como um fato isolado, ao invés, ela é o reflexo de uma mudança na estrutura da cultura e do pensamento, mudança que tende a superar certas características da apreensão da realidade e da arte próprias ao pensamento moderno. Como tal, esse momento da história da cultura recebe várias designações, como sociedade pós-industrial, hipermodernidade, idade neobarroca e pós-modernismo. Esta última expressão é adotada aqui pelo fato de eu julgar que ela se revela mais adequada para a compreensão dos fenômenos da estética teatral. O principal a ressaltar aqui é que esta transformação de ordem epistemológica afeta diretamente o teatro em geral e a cenografia em particular, posto que estes lidam com o modo de vivência do espaço.

Em termos de delimitação histórica, diversos autores[4] admitem que as manifestações culturais pós-modernas começam a emergir justamente na década de 1960, com a *pop art*, a *body art*, a videoarte, a performance, entre outras. Como o próprio nome mostra, trata-se de um conceito relacional, que afirma a superação de alguns aspectos e tendências inerentes ao modernismo. Essa passagem do modernismo para o pós-modernismo tem como fundo a emergência da tecnociência como modo

---

3 P. Howard, op. cit., p. 43.
4 Ver P. Anderson, *As Origens da Pós-Modernidade*; F. Jameson, *Pós-Modernismo*; S. Connor, *Cultura Pós-Moderna*; D. Harvey, *Condição Pós-Moderna*; J.-F. Lyotard, *O Pós-Moderno*; A. Huyssen, Mapeando o Pós-Moderno, em: H. B. de Holanda (org.), *Pós-Modernismo e Política*.

determinante das relações sociais, envolvendo, segundo Andreas Huyssen, uma "notável mudança da sensibilidade, das práticas e de discurso que torna um conjunto pós-moderno de posições, experiências e propostas distinguível do que marcava um período precedente"[5]. O pós-modernismo aponta para a emergência de novos saberes que põem em questão os valores e modelos epistemológicos, científicos, culturais e artísticos anteriores. Em suma, o conceito de pós-modernismo relaciona-se, portanto, às manifestações culturais que surgiram num contexto histórico específico, o qual aponta para uma mudança profunda nas formas de produção e de recepção dos objetos culturais e artísticos. Um dos aspectos mais significativos dessa mudança relaciona-se às categorias de tempo e de espaço.

Em *Condição Pós-Moderna*, David Harvey observa que a experiência da "compressão do espaço-tempo" vem transformando as formas de relação social e de produção dos valores desde o final do século XIX, passando a se tornar mais intensa na contemporaneidade em função do surgimento de uma série de técnicas e tecnologias que modificaram substancialmente o modo de o ser humano vivenciar o espaço. Esta experiência da compressão espaço-temporal implica uma redução das distâncias geográficas e, por consequência, estabelece entre as diferentes culturas maior proximidade e, evidentemente, maior confronto e maior fusão dos valores. Nesse processo, ao qual se alia o da aceleração exacerbada da experiência do tempo e o da planificação da vivência por intermédio da técnica científica de caráter planetário, instaura-se um constante hibridismo e uma valorização das diferenças culturais e ideológicas, mas nele se observa também, de um lado, uma constante ruptura com as identidades e, de outro, uma afirmação das identidades em função do processo de globalização.

A compressão do espaço-tempo está, assim, na raiz do processo de produção artística que se desenvolve ao longo do século XX e que se estende na atualidade e no qual o próprio espaço da arte (de sua apresentação, de seu fazer, de sua recepção, de sua organização, de seu sentido) foi radicalmente questionado e transformado. As práticas artísticas que emergem a partir

---

5   Mapeando o Pós-Moderno, em H. B. de Holanda (org.) *Pós-Modernismo e Política*, p. 32.

das décadas de 1950 e de 1960 tendem, por exemplo, a negar o caráter de objeto ou de mercadoria da obra; buscam valorizar a imanência, o acaso, os processos, o aqui e agora, a não repetição; visam a fusão de linguagens e técnicas, de modo que os limites entre as artes se diluem, ocasionando um hibridismo como marca das poéticas artísticas pós-modernas; almejam maior abertura, negando o acabamento da obra e seu fechamento num sentido já previsto pelo autor; nesse aspecto, as práticas artísticas afirmam a necessidade da interação com o espectador, elas colocam, precisamente, o espectador como construtor da própria obra e de seu sentido. As intervenções urbanas, os *happenings*, as performances, as instalações, as videoinstalações são atividades que testemunham a emergência de uma nova sensibilidade – fruto da experiência da compressão espaço-temporal –, que propõe novos modos de compreensão do fazer e do usufruir artísticos.

Nesse contexto, a arte do teatro vem passando por mudanças substanciais tanto no que se refere ao seu espaço quanto no que diz respeito ao modo de construção da imagem cênica. Pode-se dizer que muitos dos aspectos presentes nas diversas manifestações teatrais da pós-modernidade encontram sua raiz no modernismo; precisamente, no contexto atual, algumas vertentes do modernismo tornaram-se mais radicais e revelam, agora, maior continuidade.

No que tange à arte teatral, o anúncio de uma ruptura com os ideais modernistas se configura com maior radicalismo a partir do final dos anos de 1950 e no decorrer dos anos de 1960. Contudo a ruptura parece ter sido preparada durante todo o século xx, por teóricos e criadores teatrais que buscaram construir uma nova percepção do teatro, a partir de uma crítica à matriz helênica do teatro ocidental. Quer dizer, a transformação de um conceito ou de uma ideia de teatro, cujos fundamentos são dados pela tradição grega e clássica, opera-se com aqueles criadores que se abriram para outras tradições culturais e artísticas, relativizando o valor das convenções teatrais tradicionais e instaurando aquilo que Jacó Guinsburg denomina de uma consciência da "multiformidade do processo de teatralização". Essa consciência implica necessariamente a absorção e a apropriação de novas matrizes imagísticas e estilísticas. Nesse movimento, encontramos nomes como Gordon Craig, Antonin Artaud, Meierhold, Bertolt Brecht, Jerzi Grotóvski, entre outros. Segundo, ainda, Guinsburg,

> não se trata apenas de uma questão de vanguardismo e de invenções arrojadas, mas de um conjunto de explorações e reformulações filosóficas e críticas que permitiram detectar no substrato do fértil e polimorfo curso da arte teatral no Ocidente e no Oriente, a presença de elementos e fatores comuns e, o que é mais importante, a ação de uma espécie de operador estético fundamental, responsável, nos vários graus e modalidades, pela modelagem da matéria cênica: a teatralidade[6].

A consequência deste processo de reelaboração do próprio conceito de teatralidade é a formação de um teatro de caráter polimorfo, como é o teatro do século XX e do século XXI. Nesse movimento, um conceito cardinal como o de representação, por exemplo, termina por ser vigorosamente reformulado e superado, de modo que a crise desse conceito se encontra na raiz do teatro e da cenografia pós-modernos.

Segundo autores como Teixeira Coelho[7] e Steven Connor[8], por exemplo, por estarem essencialmente vinculadas à ideia de superação da representação, as teorias estéticas de Artaud constituiriam a base para a afirmação de uma estética pós-moderna: elas anunciam uma valorização da obra-como-processo[9], em detrimento do fechamento e acabamento da obra; privilegiam a ideia da presentação, em oposição à tendência representativa ou mimética que caracterizou o teatro ocidental desde sua origem[10]; afirmam a multiplicidade de eventos visuais e auditivos, isto é, a proliferação e a superposição de signos em contradição; elas dissolvem a ideia da obra de arte unificada; rompem com o princípio da identidade, de modo a relativizar o sentido da obra, o que implica uma valorização da singularidade dos

---

6   A Ideia de Teatro, *Da Cena em Cena*, p. 6.
7   Cf. Um Teatro, Uma Dança Pós-Modernos, *Moderno Pós Moderno*.
8   Performance Pós-Moderna, op. cit.
9   Sobre o conceito de obra-como-processo, ver R. Cohen, *Work in Progress na Cena Contemporânea*.
10 Sobre a ruptura que Artaud estabelece com o conceito de representação, ver J. Derrida, O Teatro da Crueldade e o Fechamento da Representação, *A Escritura e a Diferença*.

receptores, isto é, o papel decisivo que estes exercem para a construção do sentido da obra; por fim, as teorias de Artaud propõem a atualização do mito ou do texto clássico.

Pensar a cena contemporânea é entrar no terreno da diversidade e da multiplicidade de experiências. Porém, diferentemente do período Moderno, onde as diferentes tendências estéticas parecem querer afirmar sua verdade de modo exclusivo, instaurando uma dialética de superação em nome do "novo", o contexto do pós-modernismo é marcado por uma convivência pacífica de todas as diretrizes estéticas, já que uma não busca se revelar mais verdadeira que a outra, isto é, todas têm seu espaço. Um signo dessa multiplicidade mostra-se na própria variedade de modos de abordagem do espaço na cena contemporânea.

É possível identificar quatro tendências: presença da caixa cênica; desconstrução da caixa cênica e de seus modos de produção da ilusão; recusa ao espaço frontal e ao edifício teatral tradicional; e busca de espaços alternativos. As duas primeiras referem-se ao trabalho sobre o espaço tradicional – a caixa cênica –; e as demais tratam de outras configurações espaciais.

- Presença da caixa cênica

Fruto de uma tradição que remonta ao Renascimento, a caixa cênica e o edifício teatral à italiana refletem a presença de uma estética teatral marcada pelo ilusionismo cênico e pelo diálogo entre a técnica científica e o desenvolvimento dos equipamentos cênicos. A poética da caixa cênica – que para Ubersfeld[11] seria plenamente realizada pelo teatro de bulevar – é marcada pela separação entre o espaço do público e o da cena ou da ficção. O espaço da cena seria o lugar de uma evocação precisa de um lugar do mundo. Paradoxalmente, este lugar cênico arbitrário recortado da realidade e posto em cena parece poder se multiplicar infinitamente para o espectador: o lugar cênico abre a imaginação do espectador para lugares extracênicos também imaginários situados nas coxias, lugares estes que seriam homogêneos ao mundo que é mostrado na

---

11 Ver L'Espace théâtral et son scenographe, op. cit.

cena e, ao mesmo tempo, próximos ao espaço do público, isto é, à realidade. Assim, de um modo geral, é possível se fazer uma associação entre a caixa cênica e uma poética teatral marcada pelo ilusionismo cênico, poética esta que se vincula a uma tradição que chega ao ápice e ao acabamento com a estética naturalista. Contudo essa estética resguarda uma complexidade, não se restringindo a um mero ilusionismo ou a uma renúncia da teatralidade, conforme observa Jean-Pierre Sarrazac numa crítica à interpretação de Denis Bablet sobre a estética naturalista[12]. Para Sarrazac, o fundamental para o diretor André Antoine seria a transposição cênica da realidade, isto é, um realismo teatralizado, no qual ocorre a valorização do gestual, da pantomima e seu caráter pictórico, como elementos fundamentais da "inteligibilidade" do texto. Assim, o efeito sobre o espectador seria menos de ilusionismo hipnótico do que a atitude de recomposição ou decomposição do real, quer dizer, a desconstrução da realidade a partir de uma dialética que se impõe entre o plano geral e os detalhes da ação. Ou, em outras palavras, o projeto mais importante consiste na confrontação do real (a realidade cênica) com o espectador. Em suma, tal complexidade relaciona-se ao caráter épico do naturalismo, conforme observa Peter Szondi. No entanto essa complexidade não foi vista com clareza pelos pensadores e criadores que se voltam contra o naturalismo, de modo tal que toda a reforma do espaço cênico empreendida ao longo da primeira metade do século XX teria em vista a superação do ilusionismo cênico dado pela caixa cênica. Apesar dessa reação contra a caixa cênica, a qual gerou a criação de diversos espaços cênicos, esta continuou preservando o seu domínio e aperfeiçoando-se de modo progressivo, acentuando sua importância na construção do fenômeno teatral. Conforme observa Arnold Aronson, esse predomínio da cena frontal vai ao encontro da própria estrutura da percepção humana, baseada na apreensão direta, de forma que somente

---

12 Ver J.-P. Sarrazac, Realismo e Encenação Moderna, em S. Carvalho (org.), *O Teatro e a Cidade*. Ver também J.-P. Sarrazac, *Antoine, l'invention de la mise en scène*.

a simultaneidade em configurações de múltiplos espaços pode subverter esta estrutura perceptiva[13].

O teatro de imagens, ou as realizações de Bob Wilson, por exemplo, vêm enfatizar a importância da frontalidade e da caixa cênica, na medida em que, ao fazer uso de diversos recursos técnicos, dá prosseguimento ao desenvolvimento da tecnologia da cena. Ainda, segundo as teorias de Hans-Thies Lehmann, é importante notar que a própria caixa cênica não se limitaria às convenções do teatro dramático. As realizações de Bob Wilson, na medida em que aprofundam o procedimento de molduragem próprio à caixa cênica, terminam por gerar uma percepção espacial que rompe com o elemento "mediano" da caixa cênica, propiciando uma percepção difusa e centrífuga, em que o elemento particular é recortado de sua ligação com o todo. "Em Wilson, os diversificados recursos teatrais de molduragem fazem que cada detalhe seja objeto da função estética do isolamento e ganhe um valor de exposição próprio"[14]. Além disso, a possibilidade de maior aproximação entre os procedimentos pictóricos e a cena, assim como a ruptura com a ideia do palco como um campo homogêneo, mas sincrônico, caleidoscópico, desconexo, potencializaria uma ruptura com os elementos típicos de uma poética dramática. Nesse sentido, observa-se um paralelismo entre as teorias de Lehmann e as de Aronson, para quem a cenografia pós-moderna seria marcada justamente por um resgate de cena frontal.

- Desconstrução da caixa cênica e de seus modos de produção da ilusão

Aronson observa que, no decorrer das primeiras décadas do século XX, foram feitas várias tentativas de criação de novos espaços cênicos que pudessem subverter o edifício teatral e a caixa cênica, gerando novas formas de teatralidade. Contrariando essa tendência mais radical, em vez de buscar sair do espaço tradicional ou de criar novos espaços cênicos, alguns criadores teatrais decidiram por realizar uma operação de desconstrução das convenções teatrais tradicionais no interior da

---

13 Ver New Homes for New Theater, op. cit.
14 H.-T. Lehmann, *Teatro Pós-Dramático*, p. 273.

própria caixa cênica. Essa tendência se inaugura com o teatro épico de Piscator e Bertolt Brecht e com a cena de Meierhold, apresentando continuidade em diversas práticas contemporâneas. Aqui, predomina uma revelação dos meios de ilusão, bem como um uso da própria materialidade dos equipamentos cênicos como forma de expressão. Cada elemento da cena (luz, objeto, cenário, traje etc.) é valorizado em sua autonomia, como forma de construção semiológica, mas também pode ser negado em sua identidade. É possível operar-se, assim, uma fusão dos elementos: o objeto, o som e a luz podem ser personagens; a luz e o figurino podem ser cenários, entre outras. Deste modo, o caráter relativo e mutável do signo teatral se afirma. Mas, se por um lado, essa desconstrução se processa no interior de um espetáculo, por outro, e de modo muito mais radical, ela pode ocorrer na própria arquitetura teatral, isto é, a transformação de um espaço cênico tradicional, de uma caixa cênica, numa nova organização espacial. O trabalho de Peter Brook no Théâtre du Bouffes du Nord, em Paris, revela-se exemplar nesse caso.

♦ Recusa ao espaço frontal e ao edifício teatral tradicional

Em George Fuchs, Adolphe Appia, Piscator e Meierhold já se nota a tendência a buscar novos espaços para a representação teatral. A presença de outras formas de organização da relação sala-cena ou espectador-ator parece acompanhar o referido movimento de descoberta de outras formas de teatralidade, sejam as tradições ocidentais, sejam as do teatro oriental. Assim, as fontes dessa reorganização tanto podem ser os espaços cênicos já históricos ou oriundos de outras culturas (medieval, grego, elisabetano, circo, teatro japonês, entre outros) como a livre imaginação do diretor, do cenógrafo e do arquiteto. Por vezes, esses dois elementos se fundem, de tal modo que cenógrafos e arquitetos passam a projetar edifícios teatrais onde a relação frontal não seja a predominante, basta lembrarmos o projeto de edifício teatral desenvolvido por Walter Gropius, assim como os projetos desenvolvidos por Jacques Polieri, como o "teatro esférico". Numa obra publicada em 1968, chamada *Le Théâtre experimental* (O Teatro Experimental), André Veinstein expõe e discute diversos projetos idealizados a partir desta ótica de criação de novas salas que superassem a relação frontal entre atores e espectadores. O autor classifica assim a arquitetura teatral em quatro tendências:

a. edifícios tradicionais modificados com novas tecnologias;
b. arquitetura teatral de interesse cultural, que seria constituída justamente por espaços transformáveis que possibilitam a criação de diversos espaços cênicos já conhecidos (arena, semiarena, elisabetano etc.);
c. salas destinadas a uma nova utilização do espaço teatral, isto é, que permitam novas formas de organização da relação ator-espectador ou cena-sala, ou espaços que suplantem essa separação. André Veinstein cita projetos como os de René Allio e do Teatro Nacional de Budapeste, os quais permitem a composição de quinze ou mais configurações espaciais;
d. edifícios destinados a espetáculos extrateatrais. Tratam-se de espaços onde desaparecem toda e qualquer forma de estrutura arquitetônica fixa, suprimindo a distinção cena-sala. As dimensões e a forma da sala podem ser refeitas de vários modos. Cabe destacar que esses projetos fundem arquitetura, tecnologia, urbanismo, performance e artes cênicas.

Embora muitos dos projetos citados pelo autor não tenham sido executados, é preciso observar que, na atualidade, embora exista no Brasil a predominância de salas frontais, nota-se cada vez mais a presença das chamadas salas multiuso, nas quais a diversidade de formas de espaço cênico pode ser organizada de acordo com o tipo de espetáculo que se realiza. O que se busca nessas novas organizações do espaço é a possibilidade de novas linguagens e maior efeito sensorial, tal como Antonin Artaud vislumbrava, de modo que a cena teatral se afirme como uma poesia espacial.

• Busca de espaços alternativos

Enquanto o item anterior se refere às transformações no espaço cênico que ainda dialogam com um tipo de edifício teatral, o caso presente já aponta para uma recusa total desse edifício, a partir da concepção de espetáculos em outros espaços, tanto públicos como privados, seja em praças, ruas, edifícios públicos e também em galpões, fábricas abandonadas, edifícios particulares (por exemplo, espetáculos teatrais feitos em residências, tal como apartamentos). Aqui, a ideia de uma crítica ao sentido tradicional de produção, veiculação e consumo da arte é mais acentuada, sobretudo, por implicar uma recusa ao sistema econômico de produção teatral vigente. Embora a prática teatral em espaços alternativos remeta a Antonin Artaud, mostrando-se muito presente no teatro das décadas de 1960 e 1970, ela está presente nos dias atuais com todo o vigor, configurando-se mesmo numa das tendências da "estética espacial pós-dramática", tal como denomina Lehmann. No que tange aos "espaços alternativos", essa estética seria marcada por abordagens espaciais denominadas por Lehmann como "espaços temporais", "espaços de exceção", "teatro específico ao local" e "espaços heterogêneos".

Para a primeira categoria, o autor tem em vista as realizações que, inspirando-se no padrão das artes plásticas, criam instalações ou ambientes em locais públicos (edifícios históricos, prédios abandonados, espaços abertos, entre outros) ou até mesmo no palco de um teatro tendo como meta a criação de uma experiência temporal radical, onde as categorias de espaço e tempo se fundem e onde a vivência da duração temporal é aprofundada, seja pela criação de espaços de recordação, seja pela afirmação do "tempo-corpo espacializado", conforme ocorre em algumas realizações de Pina Bausch, entre outros:

> Os espaços temporais do teatro pós-dramático abrem um tempo de várias camadas, que não é apenas o tempo do que é representado ou da representação, mas o tempo dos artistas que fazem o teatro, a sua biografia. Assim, o espaço temporal homogêneo do teatro dramático se estilhaça em aspectos heterogêneos[15].

Já na segunda categoria, o "teatro toma distância do cotidiano e se afirma como situação de exceção". Essa categoria envolve um questionamento de ordem social, econômica e política:

15 Idem, p. 277.

Assim, é possível que não se deva somente a razões pragmáticas o fato de que grupos teatrais privilegiam igrejas ou edifícios semelhantes a igrejas, bem como galpões de fábricas, que podem lembrar a espacialidade imponente das catedrais e que desvinculados de sua função "mundana" na produção material ganham uma nova aura com o teatro que neles tem lugar[16].

Já para a categoria do "teatro específico ao local", termo este que tem origem nas artes plásticas, o autor caracteriza o tipo de acontecimento teatral que aí tem lugar do seguinte modo:

"Teatro específico ao local" significa que o próprio "local" se mostra sob uma nova luz: quando um galpão de fábrica, uma central elétrica ou um ferro-velho se torna espaço de encenação, passa a ser visto por um novo olhar, "estético". O espaço se torna coparticipante, sem que lhe seja atribuída uma significação definitiva. Mas em tal situação também os espectadores se tornam coparticipantes. Assim, o que é posto em cena pelo teatro específico ao local é um segmento da comunidade de atores e espectadores. Todos eles são "convidados" do lugar; todos são estrangeiros ao universo de uma fábrica, de uma central elétrica, de uma oficina de montagem. Atores e espectadores vivenciam a mesma experiência não cotidiana de um espaço descomunal, de uma umidade desconfortável, talvez de uma decadência na qual se identificam vestígios da produtividade e da história. Nesta situação espacial volta a se manifestar a concepção do teatro como tempo compartilhado, como experiência comum[17].

Finalmente, os "espaços heterogêneos" nasceriam da necessidade de ativação de espaços públicos. Esta apropriação do espaço aproxima-se mais das práticas de intervenção urbana e de performance do que do teatro. Trata-se de ações marcadas pela realização de percursos nos espaços públicos, de ocupações e de vivências, ações estas que terminam por colocar em limite a própria ideia de teatro.

Embora algumas dessas categorias sejam muito próximas, às vezes, parecendo confundir-se, o que é notável nessa classificação proposta por Lehmann é que ela permite a construção de uma poética daquilo que, de modo genérico, é chamado

---

16 Idem, p. 280.
17 Idem, p. 281-282.

de "espaço alternativo". No Brasil, essa poética é amplamente desenvolvida por grupos como o Teatro da Vertigem (SP), o Grupo XIX de Teatro (SP), a Brava Companhia (SP), o Teatro da Invasão, de André Carreira, entre outros. Como mostrarei mais adiante, muitas dessas categorias estarão presentes na encenação de tragédias gregas na atualidade.

A diversidade de lugares teatrais e de espaços cênicos não somente vai ao encontro da referida ideia de uma compressão do espaço-tempo, como também se coaduna com a perspectiva que defende a existência de uma mudança radical na própria história do espaço, que afeta diretamente as formas artísticas. Em *Uma História do Espaço de Dante à Internet*, Margareth Wertheim descreve as diversas modificações na história do espaço. Nessa ótica, a contemporaneidade estaria vivenciando três momentos simultâneos desta história: a do espaço relativístico que teria se originado a partir das teorias de Einstein; a do hiperespaço, que compreende a existência de múltiplas dimensões do espaço, concepção esta que teria marcado profundamente as pesquisas dos artistas das vanguardas históricas; e, por fim, a do ciberespaço, que tem origem com a ideia de um espaço virtual e digital criado a partir da Internet e das tecnologias da imagem. Podemos traçar um paralelo entre esses três momentos da história do espaço e a diversidade de espaços cênicos e lugares teatrais, destacando que a experiência pós-moderna operaria uma ruptura com espaços hierarquizados (social e politicamente), privilegiando a multiplicidade de pontos de vista sobre um objeto, a intensa vivência corpórea do espaço, o espaço como um campo de possibilidades a ser explorado, enfim, a multiplicidade dos espaços. Já no que diz respeito mais especificamente ao ciberespaço, o que se nota é que a arte pós-moderna irá, cada vez mais, apropriar-se destas possibilidades, mais precisamente, da fusão entre o espaço físico e o espaço não físico: a cena teatral será tomada por imagens virtuais, produzidas eletronicamente, assim como por instrumentos tecnológicos (televisões, vídeos, computadores, câmeras), elementos que duplicam a imagem do ator/personagem, que a desmaterializam, que a ampliam, que a fragmentam. Essa tendência se mostrará como um elemento constante, seja na encenação de tragédias, seja em outras formas e gêneros teatrais. A compressão espaço-temporal aliada aos três sentidos do espaço determinam, portanto, a imagem cênica contemporânea, criando um quadro onde impera a diversidade, a justaposição e o ecletismo formal, onde convivem realidades culturais e espaciais diferenciadas.

Essas diferentes formas de abordagem e tratamento do espaço cênico estão em íntima conexão com uma mudança de ordem conceitual na cenografia. Isto é, segundo Aronson[18], no contexto do pós-modernismo teatral, a cenografia irá apresentar uma mudança pontual na medida em que supera aquele princípio fundador da cena moderna, a saber, a unidade orgânica da cena. De acordo com o autor, durante as décadas de 1970 e 1980, desenvolveu-se um estilo cenográfico fundamentalmente diferente em termos de abordagem e de valores estéticos, que questiona as formas herdadas durante o período modernista. O princípio conceitual dessa cenografia encontrar-se-ia na ideia da ruptura com a "unidade orgânica" da cena proposta por Adolphe Appia. "Uma espécie de visão pan-histórica e oniestilística passou a dominar a cenografia; o mundo é visto como uma multiplicidade de elementos e imagens díspares, muitas vezes incongruentes e conflitantes, e a cenografia reflete esta perspectiva"[19]. A partir desse princípio, o autor identifica alguns traços marcantes da cenografia pós-moderna:

- ausência de um foco narrativo único: presença da descontinuidade, da ruptura;
- ênfase na relação entre o espectador e o objeto;
- ausência consciente de unidade entre os elementos visuais da produção, rompendo com a sinergia estética moderna;
- sobreposição e mistura de estilos;
- afirmação da presença do passado, com colagens de imitações estilísticas;
- retomada da frontalidade da cena, a fim de assegurar a descontinuidade entre imagem e observador, provocando uma interrupção da percepção.

18 A Cenografia Pós-Moderna, *Cadernos de Teatro*, n. 130.
19 Idem, p. 9.

Ao romper com a ideia da unidade orgânica e visual, a cena pós-moderna estabelece uma nova relação entre os signos cênicos, que passam a não confluir para um mesmo sentido e uma mesma leitura, ocasionando ruídos na comunicação, proporcionando maior abertura do sentido da obra. A cenografia passa a utilizar os procedimentos pertinentes ao que seria uma poética pós-moderna, a saber, a presença da citação, do pastiche, da referência ao passado, a fusão de estilos, o ecletismo, a participação do público, a apropriação de imagens da cultura popular, entre outros. Além disso, observa-se que, em alguns aspectos, as teorias de Aronson parecem se aproximar das teorias de Lehmann, na medida em que a cena pós-dramática valoriza também a desconexão entre os signos, o processo de molduragem como forma de rompimento com a percepção habitual, a busca de uma aproximação entre a percepção pictórica e a construção cênica, além de, no caso dos espetáculos realizados fora da caixa cênica, a criação de "espaços temporais", de "espaços de exceção", de "espaços heterogêneos" e do "teatro específico ao local". Todas essas categorias dialogam com as quatro configurações espaciais vistas aqui (a caixa cênica, a desconstrução da caixa cênica, a recusa ao edifício tradicional e à cena frontal, os espaços alternativos).

No próximo capítulo, buscarei mostrar como esses procedimentos poéticos da cena contemporânea estão presentes nas montagens de tragédias gregas da atualidade.

4. Cenografia e Tragédia Grega

a cena brasileira pós-moderna

A partir desses princípios relativos à cena e à cenografia, buscarei agora discutir como as encenações de tragédias gregas contemporâneas dialogam com as teorias pós-modernas. Isto é, de que modo o espaço e a cenografia contribuem para a construção do trágico no momento pós-moderno de revivificação da tragédia grega? Como a cenografia cria a imagem espacial do texto grego? De que modo cria o espaço da tragédia?

Pensar a encenação do texto grego na atualidade é pensar a relação existente entre o passado, a tradição, as origens do teatro ocidental e todas as formas de ruptura e transgressão estabelecidas pela própria cultura pós-moderna. Movemo-nos, assim, num terreno contraditório e/ou dicotômico: entre o passado e a sua negação, entre o elemento primitivo e o elemento tecnológico, entre o texto-palavra e as novas tecnologias da imagem, entre a alta cultura e a cultura popular, entre a representação e a ruptura com as formas de representação, a arte e a antiarte, o dramático e o pós-dramático, entre outros.

O surgimento da moderna encenação teatral insere a tragédia grega nos debates sobre o modernismo no teatro, levantando a questão da possibilidade de assimilação do texto antigo pelo espectador moderno. Embora a ideia de encenar os textos antigos pareça contradizer a disposição da arte moderna, a reinvenção da tragédia foi decisiva para a afirmação da arte da encenação e para a renovação do teatro, pois, ao lidar com o teatro em sua origem, a própria função do encenador se radicalizou: a de ser o intérprete da obra e o criador de um código teatral que a torne legível para o espectador atual. Conforme observa Patrice Pavis[1], a arte da encenação rompe com certa forma tradicional de leitura dos clássicos em geral e da tragédia em particular, superando a tendência predominante que afirma a fidelidade ao texto. Talvez, devido a esta posição paradoxal da arte da encenação e à polissemia do texto antigo, a tragédia tenha se afirmado como um teatro experimental. Como vimos anteriormente, segundo Patricia Vasseur-Legangneux[2], tal experimentalismo envolve duas atitudes dominantes: a acentuação ou a redução da distância cultural e histórica entre o texto antigo e a sociedade atual. Por sua vez, num artigo intitulado "A Representação dos Clássicos: Reescritura ou Museu", Anne Ubersfeld, identificará no interior do processo de historicização da representação dos textos clássicos, três opções de leituras estéticas para o encenador:

a. a construção de uma espécie de arqueologia da representação, onde são reproduzidos o lugar cênico, os figurinos, o gestual etc. Uma variante dessa tendência seria a reconstituição de um quadro mimético do *referente histórico* dos textos clássicos, valorizando as relações sociais e os discursos ideológicos sob os elementos do passado;
b. o estabelecimento de um processo de dialetização entre a proximidade e a estranheza do texto clássico em relação ao receptor contemporâneo, perspectiva esta que estabelece uma tripla relação entre a história do autor, a história evocada pelo texto e a história do receptor, conduzindo a uma leitura universalista e humanista do texto clássico;
c. o remetimento a um referente histórico contemporâneo, ou seja, a ação de modernizar o texto antigo, ação que pressupõe a existência de uma identidade entre a situação evocada no texto clássico e a atualidade viva dos espectadores.

---

1 Cf. Algumas Razões Sociológicas do Sucesso dos Clássicos no Teatro da França depois de 1945, *O Teatro no Cruzamento de Culturas*.
2 Ver *Les Tragédies grecques sur la scène moderne*.

Estas opções estéticas que têm como fator central a relação entre a aproximação e o afastamento do texto clássico em relação à contemporaneidade, tornam-se presentes também na abordagem espacial. A cena contemporânea será marcada pela consciência radical da diferença entre o(s) seu(s) espaço(s) de representação e o espaço grego. A diferença mostra-se no caráter não representativo do espaço grego, que, como puro espaço de jogo, não contém referências a um universo trágico. Os elementos cênicos e cenográficos não buscam representar ideias associadas ao trágico, como o conflito insolúvel, a Moira, o destino, o erro, a instabilidade dos valores. Esta busca de adequação entre a imagem cênica e uma ideia do trágico diz respeito à poética teatral moderna. Numa tendência bastante diferente, a tragicidade da cena grega é dada pela existência de zonas de tensões e de conflitos entre as diferentes áreas do espaço, em particular, a tensão entre a área do interior do palácio e as áreas externas (a *skēnē* e a orquestra). A recriação dessas zonas na cena moderna está condicionada à evolução da cenografia[3]. Se, por um lado, a cenografia arquitetônica não representativa constituiu-se como a principal inovação da cena moderna, por outro, o questionamento do edifício teatral tradicional forma a outra face do modernismo. Esse questionamento conduzirá à criação de novas formas de espaços cênicos. Em consequência, conforme vimos anteriormente, os encenadores modernos irão dispor de uma multiplicidade de espaços para a tragédia, bem como para qualquer outra forma ou gênero teatral: o palco tradicional, os novos espaços cênicos e os espaços alternativos. Assim, numa vertente, a encenação da tragédia grega envolverá uma busca de novos lugares teatrais. Numa outra, com suas novas técnicas, tecnologias e materiais, a moderna estética cenográfica buscará criar um "espaço trágico" na caixa cênica tradicional. Como vimos na própria cena moderna brasileira, o universo trágico será, numa primeira fase, uma "indicação" do mundo grego e, numa segunda fase, a criação de um "mundo cênico" dotado de leis próprias e de tensões específicas, sem referência à Grécia Antiga, com cenografias despojadas, reduzidas, dotadas de

3 Sobre este tema, ver idem.

poucos elementos. A cena pós-moderna, por sua vez, parece fundir essas tendências.

A partir das décadas de 1980 e 1990, observa-se no Brasil e na cena mundial um crescente movimento de encenação dos textos antigos. Nelas, a diversidade de buscas espaciais se afirmará: ora se trabalhará no interior da caixa cênica; ora se questionará os limites entre o espaço tradicional e sua superação; ora se integrará cena e sala; ora se buscará sair do espaço tradicional, procurando espaços alternativos; ora se buscará novas arquiteturas cênicas, reconstruindo-se o espaço teatral; ora se afirmará o elemento sensorial. No que diz respeito aos elementos cenográficos, nota-se que, apesar de sua polissemia e abertura, talvez em função de seu caráter original e ritualístico, a tragédia grega parece delimitar um campo de materialidades. Por um lado, será recorrente nas encenações a presença de determinados materiais, temas e elementos: escadas e formas construídas fixas, relembrando as formas e a grandiosidade da arquitetura antiga, bem como a fachada do palácio como cenário tipo da tragédia grega; a referência ao elemento arqueológico; a presença de matérias naturais (pedra, terra, água, fogo) ou rústicas (tecidos crus, ferro, couro). Por outro lado, no contexto do pós-modernismo, a cenografia tenderá cada vez mais a trabalhar com a citação e o comentário. Nota-se, por exemplo, nas encenações de tragédias feitas por Antunes Filho: a referência a outro espaço cênico, como ocorre em *Medeia*; a referência a uma obra de arte, como ocorre em *Fragmentos Troianos*; ou ainda o comentário feito à própria operação de releitura do texto antigo, presente em *Antígona*. Outra montagem exemplar no sentido de explicitação do pós-modernismo na cenografia é *Medeia*, de Eurípides, com direção de Bia Lessa, realizada em 2004. Seu caráter exemplar ocorre na medida em que o espetáculo parece aglutinar vários dos aspectos próprios da cena pós-moderna: reconstrução do espaço teatral, afirmação do elemento sensorial, autorreferência, fusão de linguagens e estilos, busca de materialidades relacionadas ao imaginário da tragédia, entre outros. Esses espetáculos serão analisados pormenorizadamente na segunda parte deste estudo, de tal forma que me limitarei aqui a comentar brevemente os espetáculos cuja proposta cenográfica vai ao encontro destas reflexões sobre a cenografia e a cena pós-moderna.

Os espetáculos que comentarei agora brevemente foram selecionados de uma extensa lista de espetáculos[4] levantados ao longo de três pesquisas acadêmicas. Optei por priorizar as montagens que foram mais significativas do ponto de vista da cenografia.

Nesta lista, é notável o fato de que um aumento significativo das montagens de textos gregos começa a ocorrer a partir da virada do século XX para o século XXI. As encenações modernas tendiam a recuperar o texto antigo como forma de crítica indireta a uma situação local, isto é, a recuperação engendrava um discurso político que punha em questão as relações de poder e, por conseguinte, a luta e a guerra como dinâmicas de aquisição e de manutenção do poder. Deste modo, assim como as Grandes Guerras da primeira metade do século XX determinaram a montagem de textos antigos e propiciaram releituras das tragédias (basta lembrarmos Sartre, Eugene O'Neill, Bertolt Brecht, Jean Anouilh, entre outros), do mesmo modo, as guerras do final do século XX e as atuais aparecem como um fator codeterminante para a encenação das tragédias. Se, por um lado, a guerra vem colocar em evidência o problema da técnica científica como forma de dominação e de destruição, por outro, ela tanto revela a crueldade como dimensão fundamental da existência quanto evidencia brutalmente os processos de desumanização e de coisificação do homem. Se, por essas dimensões, a guerra pode ser vista em si mesma como o acontecimento trágico por excelência – visto ser o elemento gerador de um sofrimento excessivo –, pode-se pensar que ela, de um ponto de vista mais estrito, evidencia o trágico na medida em que comporta a dimensão da necessidade, pondo em questão o sentido da liberdade e os limites do homem. Peças como *Hécuba* e *As Troianas*, de Eurípides, são exemplares nesse sentido, possibilitando a construção de um discurso político e humanitário. Desta forma, é importante notar que nos depoimentos dados à imprensa pelos criadores dos espetáculos (diretores e atores), existe a tendência a se reforçar a "atualidade do texto", seja em função das questões políticas e sociais, seja em função da presença de questões referentes à condição humana. Observa-se,

---

4 Ver Anexo.

assim, a presença da referida flexibilidade do texto antigo, tal como indica Freddy Decreus. A questão da atualidade do texto antigo coloca o problema da necessidade ou não necessidade de uma "atualização" do texto antigo.

Em entrevista concedida durante a realização da pesquisa *A Encenação de Tragédias Gregas na Contemporaneidade*, o professor Ítalo Mudado, ao referir-se a uma montagem de *Édipo Rei*, de Sófocles, fala sobre este processo no qual o texto antigo aparece como um meio de se falar de uma realidade atual:

> Eu achava que era uma mutilação pegar o autor e tirar o que eu queria ou não da peça dele. Por exemplo: Édipo, eu acho que essa peça não precisa sofrer alteração nenhuma, porque o mito de Édipo é importante como ele é, como Sófocles o concebeu (Sófocles estava discutindo um problema que era muito importante e que é importante para nós hoje: quem não entendeu Édipo como ponto de partida para discutir o problema da condição humana, do livre arbítrio do destino, não adianta se atualizar). Eu acho que o texto grego te obriga mais a pensar no significado do mito e é a partir de então que você pode se aprofundar mais no tema. Nós não precisamos atualizar o Édipo, ele já está atualizado; nós só usamos o palavrório que não é grego, mas a tradução é do grego. Péricles e a guerra do Peloponeso é igual a Bush e ao Iraque, a corrupção na Grécia, que Sófocles denuncia em várias passagens de Antígone e no Édipo é atual[5].

Ora, textos como *Prometeu Acorrentado*, *Antígona* e *As Troianas* se prestam de modo exemplar a fazer este movimento de construção de um discurso crítico sobre a atualidade a partir da retomada de um texto antigo. Assim, seja no âmbito do discurso, seja no âmbito dos elementos visuais, a tendência dos espetáculos é de estabelecer uma relação direta e uma aproximação entre o texto grego e as situações políticas e sociais localizadas. Numa variação dessa tendência, os espetáculos buscam criar um discurso de caráter universalista a partir da justaposição de referências temporais e espaciais.

Em 1990, o grupo Ói Nóis Aqui Traveiz, de Porto Alegre, encena *Antígona – Ritos de Paixão e Morte*, baseada em textos de Sófocles e em fragmentos de diversos autores. A trajetória

---

5 I. Mudado, Depoimento.

do grupo é marcada não somente pelo engajamento político, mas também por um experimentalismo cênico. Assim, se do ponto de vista formal, o espetáculo se caracteriza por um forte anticonvencionalismo e pela influência das teorias de Antonin Artaud sobre a celebração primitiva, do espaço ritual, no tocante ao espaço, nota-se a presença de alguns elementos que se revelam típicos de uma poética teatral pós-moderna: o caráter interativo e provocativo do espetáculo ocorria não apenas por intermédio do trabalho dos atores, pelo caráter fragmentário da narrativa, pela polifonia do texto, mas também através dos deslocamentos espaciais do público, que – num espaço alternativo – era conduzido de um pátio externo para diversos espaços interiores, de forma tal que a noção de palco e plateia era abolida. Os estímulos sensoriais diferenciados também faziam parte do espetáculo, de modo a se buscar um envolvimento do espectador, a fim de lançá-lo numa atitude de participação e de não alienação. O espaço da representação simbolizava o deserto todo coberto de areia e complementado com alguns objetos cênicos, como cordas, escadas, entre outros. Segundo Cláudio Heemann, "A encenação acontece como missa bárbara que os atores oficiam como se estivessem em transe. Prisioneiros de um mundo selvagem e inescapável. As cenas não estão concatenadas de modo harmônico. Se sobrepõem de modo excessivo. Mostram um painel anárquico"[6]. O trágico aqui se afirma em dois níveis, no conflito entre o espaço da cidade – o espaço político – e o espaço do indivíduo, numa afirmação da soberania do indivíduo diante do poder do Estado, e também – graças ao modo como se fundem o espaço dos atores e o do espectador – no confronto entre o sujeito e suas limitações reveladas a partir do contato com o outro.

Enquanto o grupo gaúcho parte dos princípios de Artaud, um grupo carioca concentraria nas propostas de Brecht suas pesquisas para encenar *Antígona*, no Teatro Dulcina, no Rio de Janeiro, em 1995. O diretor Alexandre Mello buscava questionar os caminhos da cidadania num espetáculo marcado pelo despojamento, com uma linguagem cênica que procurava denunciar o jogo teatral. O visual do espetáculo não contava com referências à

6 Antígona, Impacto e Invenção, *Zero Hora*, 9 fev. 1990.

Figs. 15 e 16. Antígona – Ritos de Paixão e Morte. *Grupo Ói Nóis Aqui Traveiz. Direção e cenografia: criação coletiva, Terreiro da Tribo, 1993.*

cultura grega, ao contrário, focando sobre os arquétipos, os figurinos buscavam a atemporalidade, com um tratamento mais urbano às personagens. Segundo o diretor: "Queremos fazer uma ponte não exatamente com o Brasil de agora, mas com as questões que estão sendo pensadas no Brasil no momento. Queremos mostrar que a sociedade civil pode se organizar e ter voz"[7]. Nota-se, assim, que a finalidade de ambos os grupos é a mesma: acentuar no texto de Sófocles o discurso do indivíduo contra as estruturas do poder – um grupo toma o partido de um teatro ritual que valoriza os elementos arcaicos, enquanto o outro toma o caminho crítico, dialético, focando mais os elementos em consonância com a vivência contemporânea.

Com cenografia de Helio Eichbauer, Moacyr Góes encenou sua primeira versão de *Antígona*, em 1992, no Teatro Nelson Rodrigues, no Rio de Janeiro. Em 1995, o diretor realizaria a *Trilogia Tebana*, montagem que reuniu os textos *Antígona*, *Édipo Rei* e *Édipo em Colono*, de Sófocles, sendo este último texto um trabalho realizado em vídeo. Desta vez, a cenografia desses espetáculos ficou a cargo do cenógrafo José Dias. No

---

7 E. Orsini, Antígona num Caminho Incomum, *O Globo*, 7 fev. 1995, p. 4

que se refere à montagem de 1992, a crítica Bárbara Heliodora observa que a encenação consegue, pelo extremo despojamento, revelar conflitos e valores bastante provocadores para a experiência do final do século xx. As palavras do diretor no programa da peça, revelam, de um lado, uma pesquisa cênica centrada no trabalho do ator e, por outro, certa melancolia diante das incertezas e da ausência de parâmetros éticos na contemporaneidade. A cenografia de Helio Eichbauer retoma uma materialidade já presente em sua montagem de 1969, a areia, mas opta também por uma recordação do passado e pelo despojamento, conforme observa Heliodora:

Na encenação de Moacyr Góes, a sóbria e contida linha do espetáculo já transparece no belíssimo despojamento do cenário de Helio Eichbauer: duas velas e duas colunas, subindo de um chão de areia, deixam um espaço livre onde transitam, com a regularidade das ondas do mar cujo ruído abre o espetáculo, os três elementos do coro, vestidos com os mesmos tons de areia do cenário. Já os protagonistas da ação usam cores de terra, o que a um só tempo os integra e os destaca do quadro cênico[8].

8 B. Heliodora, O Brilho da Tragédia sem Maquiagem, O Globo, 11 jan. 1992.

Fig. 17. Trilogia Tebana, de Sófocles. Direção: Moacyr Góes. Cenografia: José Dias. Teatro Glória, 1995. Na fotografia, da esquerda para a direita: Julio Adrião, Teti Coube, Marta Metzler.

Fig. 18. Trilogia Tebana, de Sófocles. Direção: Moacir Góes. Cenografia: José Dias. Teatro Glória, 1995. Na fotografia, da esquerda para a direita: Floriano Peixoto (de pé, Creonte), Teti Coube, Júlio Adrião, Murilo Elbas (agachados), Gaspar Filho (sobre o caixote), Silamir Santos (abaixado, atrás do caixote), Flávia Guimarães (de pé), Carla Ribas, Leon Góes (ao fundo, à direita), Virginia Cavendish e Tatyana Paiva.

Já na montagem de 1995, Moacyr Góes muda radicalmente sua concepção, seja na visualidade, seja em termos de discurso político e ideológico, que se torna mais direto. Na encenação, o diretor buscava maior proximidade entre o texto e a realidade contemporânea e, para tanto, entre outros recursos, utilizou um coro de desvalidos e miseráveis para contar a história. Por esse trabalho, o cenógrafo José Dias recebeu o Prêmio Shell São Paulo de Cenografia. Em breve entrevista para o Jornal do Brasil de 10 de março de 1995, José Dias afirma que a cenografia possuía um caráter bastante funcional: feita de paus, cordas e tecidos, a cenografia rejeita o aspecto decorativo, servindo como suporte para a ação dos atores e criando um ambiente despojado que tinha por efeito a valorização do texto. A crítica de Macksen Luiz valoriza a beleza visual, assim como a "plasticidade impositiva"[9] dos espetáculos.

No ano de 2002, outra encenação de *Antígona* é realizada, desta vez com Os Satyros, de São Paulo. A montagem faz alusão ao conflito entre os EUA e o Iraque, como nota o diretor Rodolfo Garcia Vázquez: "A trajetória dessa personagem [Antígona] serve como uma janela para compreender o momento atual da Tebas universal, globalizada"[10]. O espetáculo faz uso de recursos tecnológicos, como o vídeo, possibilitando um jogo entre a imagem real dos atores e a imagem virtual. O personagem Creonte aparece diversas vezes sob a forma de projeções de vídeo, além disso, sua voz também é registrada em áudio. O efeito resulta bastante eficaz, propiciando correlações entre o universo do texto e uma sociedade altamente policiada. Além disso, de modo paradoxal, o próprio poder – ou a imagem do poder – torna-se mais familiar, na medida em que se revela distante, como uma transmissão de TV. Daí a associação entre o universo da peça e o da "era George Bush"[11]. Em contrapartida, no coro trágico – com suas máscaras, trajes que aludem ao teatro antigo e coreografias – o elemento arcaico permanece resguardado. Assim, em termos do trabalho dos atores, o que

---

9 Tragédia em Nova Roupagem, *Jornal do Brasil*, 15 mar. 1995.
10 Grupo Os Satyros Estreia hoje em São Paulo *Antígona*, *Folha de S. Paulo*, 13 mar. 2003.
11 Ver, por exemplo, os comentários de V. dos Santos, da *Folha de S. Paulo*, sobre o espetáculo *Antígona*. Ver: <http://www.satyros.com.br>.

se nota é uma interessante diferença entre as interpretações dos personagens Creonte, Antígona, Ismênia, Hêmon – em que predominam tendências naturalistas –, com uma marcada contenção, e o trabalho do coro. O movimento de queda do herói – uma das características centrais da tragédia – é feito de tal modo que a representação do patético, isto é, do sofrimento, tende a ser valorizada justamente pela contenção. Nessa montagem de *Antígona*, o trágico se revela como pertinente à própria estrutura do poder. Mais precisamente, na impotência do homem diante das forças históricas que o aniquilam e na própria possibilidade de o mais forte vir a causar uma catástrofe geral em função de sua cegueira, de sua intolerância com o outro. O personagem Creonte aparece, portanto, como a própria condição do homem moderno: ele é a representação do homem-ideia que, ao perder o contato com a vida, isto é, o coro trágico dionisíaco, mantém com a realidade uma relação determinada pela agressão, pela violência.

Este discurso de recontextualização mostra-se comum a diversos criadores e talvez não seja coincidência o fato de as encenações de tragédias terem aumentado após o 11 de Setembro. Essa recontextualização revela problemas complexos como o do estabelecimento de uma forma de comunicação eficaz com o público, isto é, o ato de relacionar o texto antigo à contemporaneidade. *As Troianas*, de Eurípides, é um texto que revela ser de grande mobilidade, permitindo o estabelecimento de vínculos entre o passado e o presente, a fim de denunciar a violência extrema como efeito da guerra. Singular é o fato desse texto de Eurípides ter sido montado cinco vezes, no período em que delimitei a pesquisa: em 1992, com o Grupo Mergulho no Trágico, do Rio de Janeiro; em 1994 e 1996, com o Grupo Bayu, direção de Cristina Tolentino, em Belo Horizonte; em 1998, com os alunos da Casa de Artes de Laranjeiras, direção de Luís Furnaleto, no Rio de Janeiro; em 2002, com a Companhia de Teatro, direção de Luís Paixão, em Belo Horizonte. Há ainda os *Fragmentos Troianos*, de Antunes Filho, de 1999.

Em *Fragmentos Troianos*, Antunes Filho sobrepõe contextos bélicos, apontando as contradições entre civilização e barbárie, democracia e autoritarismo, enfatizando a atualidade e a repetição do tema: "Troia é como tantas outras 'Troias' que se multiplicam no mundo de hoje, nesta explosão de conflitos étnicos, de fome, violência, de destruição do planeta"[12]. A multiplicidade determina a organização do espaço cênico, dando origem a um "espaço/tempo mágico, atemporal [...] pode-se falar de campos de concentração, presídios, aldeias sérvias, africanas ou de qualquer cidade do sertão brasileiro"[13]. Assim, o processo de recontextualização adquire caráter universal, não localizado. Nesse caso, o texto se desenraíza, passando por um processo de desterritorialização para alcançar um sentido múltiplo aplicável a contextos históricos diferentes. Retornarei a esse espetáculo de maneira mais aprofundada na segunda parte. Por ora, é importante observar que este movimento de aproximação de realidades culturais e espaciais distantes entre si e de desterritorialização do texto antigo deu origem a espetáculos caracterizados pela apropriação de elementos pertinentes ao imaginário da cultura popular brasileira, apropriação esta que vem ao encontro de um resgate da dimensão arcaica, sagrada e ritualística.

Em *As Troianas*, de Eurípides, com direção de Cristina Tolentino, o Grupo Bayu recorre às teorias de Artaud e resgata o elemento arcaico e primitivo a partir de referências à cultura africana. A cenografia de Raul Belém Machado era composta por materiais que reforçavam a busca pela valorização dos elementos da natureza, mais precisamente, o elemento arcaico relacionado aqui ao simbolismo do feminino, da Grande Mãe. Assim, os elementos formais do espetáculo tecem a aproximação do passado com o presente e da sensibilidade atual com o texto antigo, fazendo que, de um lado, o texto grego perca sua identidade, mas, por outro, insira-se em outro contexto cultural.

O mesmo ocorre com o espetáculo *Electra na Mangueira*, texto de Sófocles, com direção de Antonio Pedro, espetáculo interessante na medida em que foi apresentado em espaços absolutamente diferenciados, do ponto de vista formal, social, econômico e cultural. Originalmente, o espetáculo foi criado e apresentado na quadra do GRES Estação Primeira da Mangueira, no Morro da Mangueira, no Rio de Janeiro. Em seguida, também foi exibido no Teatro Municipal dessa mesma cidade, fato que

---

[12] R. M. Fernández, *Fragmentos Troianos*.
[13] Idem, ibidem.

implica um jogo com a diferença de recepção da obra em função do espaço apresentado, assim como, evidentemente, uma mudança radical sob o prisma da técnica do espetáculo. Os elementos da cultura popular e da cultura erudita eram aqui integrados, visto que a montagem possuía uma linguagem cênica e visual que se aproximava, inevitavelmente, do elemento carnavalesco. Assim, a imagem cênica era marcada pela presença de elementos rústicos e naturais, que remetiam às culturas primitivas, do mesmo modo como toda a performance dos atores era marcada pela presença da cultura afro-brasileira.

Uma aproximação semelhante foi feita na montagem *Antígone*, espetáculo de formatura dos alunos do Curso Livre de Teatro de Ouro Preto, em 2003, com direção de Juliana Capilé e cenografia e figurinos de Gilson Motta e Juca Villaschi. Enquanto a cenografia – feita por dois grandes grupos de praticáveis sobrepostos formando uma espécie de escada absolutamente irregular e instável – remetia a ruínas de antigas construções de estilo clássico, os figurinos faziam uma referência tanto às culturas africanas como também a elementos da cultura popular mineira, em especial, a congada. O espetáculo criava, portanto, uma imagem cênica onde diversas culturas e identidades se sobrepunham. Essa conexão com a cultura africana era reforçada pela presença de atores negros e mulatos no elenco. Verifica-se a partir desses exemplos é que nestes procedimentos de historicização, o texto grego aproxima-se do espectador por intermédio de uma roupagem que é totalmente diferente de sua forma original. Ao mesmo tempo, o elemento arcaico, ritualístico essencial ao texto antigo, é reforçado e atualizado por intermédio desta nova roupagem. Nota-se, assim, a presença de uma relação dialética em que os valores de proximidade e de distância passam a ser intercambiáveis.

Neste processo de deslocamento do texto grego para outros contextos culturais, é evidente que o próprio espaço ganha relevância na medida em que se torna elemento fundamental para a construção dos sentidos da encenação. Nesse aspecto, outra montagem de *As Troianas* que merece ser mencionada foi aquela realizada por Luiz Furnaleto com os alunos da Casa de Artes de Laranjeiras, no Rio de Janeiro. Com cenografia de Antonio Terra e Luiz Henrique, o espetáculo foi apresentado nos escombros do Teatro Casa Grande, no Rio de Janeiro, em 1998, um ano após o incêndio do teatro. Assim, aquele que era um espaço tradicional aparece como um espaço alternativo porque encontrava-se em vias de demolição, de tal modo que o próprio edifício é valorizado como signo cênico. De certa forma, embora seja feita num edifício teatral, o espetáculo parece realizar aquele procedimento poético designado por Hans-Thies Lehmann como "teatro específico ao local", já que o ambiente, a arquitetura local era condição indispensável para a construção do sentido do espetáculo. Em termos de disposição cênica, enquanto os atores ocupavam a área destinada originalmente à plateia, o palco era usado apenas para situar aquele que seria o monte Olimpo, habitado pelos deuses. Diversos elementos que não estavam totalmente destruídos com o incêndio foram incorporados à encenação. Esse espaço apropriado era complementado por alguns elementos como tendas, tecidos grossos e sucata. Todo esse visual de destruição era contraposto pelos figurinos que possuíam um estilo futurista. O contexto de destruição de uma importante casa de espetáculo parece ter servido de metáfora para se falar sobre a devastação, a guerra e, possivelmente, sobre a morte e o renascimento da tragédia grega. O trágico aqui é simbolizado pelo espaço em ruínas, memória que evoca as guerras, onde os espaços de cultura são destruídos; ou pela própria derrocada da arte teatral numa sociedade dominada por outros meios de comunicação de massa. Assim, o próprio teatro era, de certo modo, homenageado. Percebe-se aqui, portanto, aspectos típicos de uma poética pós-moderna: o diálogo com o passado, a apropriação do espaço, a utilização de materiais já prontos, o confronto de temporalidades, o uso do edifício como elemento de significação fundamental.

Nesta busca em tornar o texto grego acessível, as encenações nacionais recorrem não somente ao que poderíamos chamar de uma aproximação por intermédio do espaço, a partir da ação do deslocamento do contexto original, mas também a técnicas e linguagens cênicas de caráter popular, como o teatro de rua, os elementos circenses, o teatro de bonecos, entre outros.

Em *Antígona, o Nordeste Quer Falar*, com direção de Benvindo Siqueira, encenada no Rio de Janeiro, a referência popular

Fig. 19. Antígona, *de Sófocles. Os Satyros. Direção: Rodolfo Garcia Vasquez. Cenografia: Valrai. Espaço Satyros, 2003. Na fotografia: Ailton Rosa, Patrícia Dinely e Marco Moreira.*

Fig. 20. Antígone, *de Sófocles. Direção: Juliana Capilé. Cenografia e figurinos: Gilson Motta e Juca Villaschi. Teatro do Centro de Convenções da Universidade Federal de Ouro Preto, 2003. Na fotografia: Maira Lana e Bartira Fortes.*

Fig. 21. Electra na Mangueira, *de Sófocles*. Direção: Antonio Pedro. Cenografia: Anselmo Vasconcellos e Cachalote Mattos. Quadra do GRES Estação Primeira da Mangueira, 2002.

Fig. 22. Electra na Mangueira, *de Sófocles*. Direção: Antonio Pedro. Cenografia: Anselmo Vasconcellos e Cachalote Mattos. Teatro Municipal Rio de Janeiro, 2002.

era dada pela presença de elementos da cultura nordestina: folguedos, cordel, maculelê, bumba-meu-boi. Segundo Macksen Luiz, o texto escrito por Gisa Gonsioroski faz do mito de Antígona "a representação de uma cultura como parábola da resistência popular. Antígona se transforma em símbolo, que se confunde com figuras de folguedos nordestinos, e em porta-voz da 'pureza' e 'dignidade' dos 'excluídos'"[14]. Ocorre, assim, a junção entre as formas da cultura popular e o apelo ideológico do discurso político: as culturas populares, manifestações representativas da identidade brasileira, seriam as principais vítimas de um sistema que oprime econômica, política e culturalmente a grande massa da população. Observa-se, portanto, que, tal como ocorre em outros setores da cultura, sobretudo na música, o teatro recorre à cultura popular nordestina, simultaneamente, como forma de resistência cultural e política e como busca de uma linguagem espetacular marcada pelo elemento performático. Nesse processo, as formas do imaginário popular nordestino são postas em cena, rompendo com o referencial espacial e temporal do texto grego. Assim, a imagem cênica era marcada pela presença de elementos rústicos e naturais, que remetem às culturas primitivas, do mesmo modo como toda a performance dos atores era marcada pela presença da cultura popular brasileira.

É evidente que no teatro brasileiro tornou-se lugar-comum a operação de dar cor local ou regional aos textos clássicos. Assim, são incontáveis as encenações que tomam como referência a cultura local como uma espécie de moldura do texto grego. Se, de um lado, a diversidade cultural brasileira favorece esse tipo de abordagem, por outro, é importante notar que o próprio texto clássico, no caso o texto grego, tem como uma de suas marcas fundamentais a flexibilidade para se adaptar a diversos contextos sociais, culturais e políticos, propiciando uma reflexão sobre situações humanas complexas. Esta abertura de sentido aliada ao ressurgimento do relato mítico garantiria a atualidade da tragédia, conforme observa Freddy Decreus em *Le bruit court que nous n'en avons pas fini avec les Grecs*, texto em que o autor discute o significado do ressurgimento da tragédia grega na cena contemporânea. Segundo Decreus, na atua-

---

14 Parábola da Resistência Popular, *Jornal do Brasil*, 9 ago. 2003.

lidade, a tragédia pode ser o ponto de partida para se discutir questões de âmbito nacional, como conflitos sociais e políticos locais até questões de ordem internacional. Isto é, o que torna a tragédia grega atual seria o fato de ela poder se adaptar a vários contextos, em especial aqueles onde emerge uma consciência trágica. No que diz respeito à relação entre a tragédia e o relato mítico, Decreus observa que, se uma das características do teatro moderno é sua busca das fontes originais da cultura – o que se observa em Artaud, Peter Brook, Jerzi Grotóvski, por exemplo –, atualmente, em função do questionamento crítico em relação ao predomínio ideológico cultural europeu e, por conseguinte, do questionamento da herança grego-romana, a questão da busca das origens cede espaço à busca de lugares de irradiação cultural, quer dizer, a atualidade afirmando-se como pós-humanista e pós-colonial está mais aberta ao multiculturalismo. Esta mudança de hierarquia e de paradigma, que trouxe à tona novas tensões e oposições, gerou consequências imediatas para a encenação dos textos gregos. Assim, percebe-se que aquilo que o pensamento ocidental havia até então evitado – o confronto com Dioniso, a relação com o matriarcado, o olhar oriental, a perspectiva feminista – tende a ressurgir nas encenações atuais. Assim, se o ressurgimento da tragédia no contexto atual ocorre em função de um desejo de união, de uma busca por um centro mítico, de um retorno às origens, nas encenações brasileiras, uma das expressões dessa busca encontra-se na relação estabelecida entre o texto antigo e os elementos da cultura popular, de matriz afro-brasileira.

Considerarei agora as encenações realizadas em espaços alternativos ou não convencionais. *As Fenícias*, de Eurípides, com direção de Caco Coelho, realizada pela companhia Circo de Estudos Dramáticos, foi apresentada nos jardins do Museu da República, antigo Palácio do Catete, no Rio de Janeiro. Num espaço cênico em forma de arena, o espetáculo era construído com base em referências à linguagem circense, com a utilização do tecido, de números de pirófagos, entre outros. Por um lado, observa-se o acento num elemento arcaico, mas, por outro, a proposta de sonoplastia estabelecia um vínculo direto com a cultura urbana contemporânea, pois a trilha sonora era executada ao vivo, com a utilização de sucata industrial. O vínculo com a atualidade também estava marcado nos figurinos. O fato de o espetáculo ter sido apresentado originalmente nos jardins do Museu da República, lugar de forte poder simbólico, não somente por ter sido a sede do poder executivo até 1960, mas também porque foi o lugar do suicídio do presidente Getúlio Vargas, nos aponta para dois aspectos. Do ponto de vista da relação entre o texto e o espaço, a presença concreta do prédio revela-se fundamental na medida em que, assim como ocorre em muitos textos trágicos, e em particular nesse de Eurípides, o palácio do rei é um elemento essencial na construção das tensões trágicas. Além disso, o palácio invadido pelo elemento circense permite-nos contrapor aquele que seria o espaço destinado à elite, ao poder e ao exercício da razão política e aquele que seria o espaço destinado à fantasia, à irracionalidade, à poesia e às camadas populares. Ocorre, portanto, uma aproximação de espaços essencialmente diferenciados, aproximação esta que é típica da cultura pós-moderna. Assim, o espetáculo aponta não somente para a integração de elementos da cultura popular ou de massa à cultura erudita, como revela também que este nível de integração e de confronto se opera no nível espacial.

Outro espetáculo que se utilizava de técnicas circenses, só que, desta vez, de modo mais radical, foi *Prometeu*, com direção de Cristiane Paoli-Quito, realizado pela companhia Circo Mínimo, de São Paulo. O espetáculo, que é feito apenas por um ator, que fica durante todo o tempo da representação fazendo movimentos num trapézio, parece recontextualizar a própria linguagem circense, na medida em que não recorre a ela para a criação de um discurso sobre a cultura popular, mas, sim, para a construção de um discurso político sobre o homem contemporâneo. Isto é, o espetáculo parece construir uma parábola do homem contemporâneo, que sempre estaria preso a seus compromissos de produtividade e que seria vítima dos seus competidores. Nesse sentido, cabe lembrar as análises de Michel Maffesoli, que contrapõem o mito de Prometeu ao de Dioniso como formas diferentes de socialidade: enquanto a laboriosidade e engenhosidade de Prometeu se relacionariam às tentativas de dominação da vida, o dispêndio e a improdutividade de Dioniso apontariam para formas de socialidade menos agressivas do ponto de vista da dominação[15]. Desta forma, o espetáculo mantém a discussão central do texto – as relações de poder – deslocando-a para a atualidade, numa crítica ao sistema capitalista como fator de opressão e de violação do sujeito. A linguagem circense ganha uma ressonância contemporânea, na medida em que, por ser apresentado nas ruas, o espetáculo dialoga com o espaço público, adquirindo o sentido de intervenção urbana[16]. Assim, se fundem a tradição e a atualidade, o antigo e o contemporâneo, o popular e o clássico.

Numa perspectiva próxima a essa, a montagem de *A História Trágica de Édipo Rei*, realizada pelo Grupo Andante, com direção de Marcelo Bones, foi apresentada nas ruas e praças de Belo Horizonte e em espaços alternativos. Como elemento cenográfico, era utilizado um andaime, que possibilitava que a ação fosse desenvolvida em vários planos, viabilizando movimentos de ascensão e de queda. A estrutura cenográfica reforçava um elemento fundamental do texto com uma carga simbólica eficaz. O espetáculo contava com recursos narrativos e soluções cênicas que eram bem próximos à cultura popular (música executada em cena, influência da linguagem circense, contato direto com o espectador) e que, como tal, conciliavam-se com a ideia de divulgar o texto clássico às camadas da população que não frequentam as casas de espetáculo.

Notamos, portanto, que, numa tentativa de aproximar o texto grego antigo do público brasileiro contemporâneo, diversos realizadores recorrem ao movimento de apropriação cultural, de modo a construir o espetáculo a partir de um referencial imagético oriundo das culturas populares brasileiras. Essa aproximação e essa apropriação não se vinculam necessariamente a uma estética ou poética teatral de cunho político, ao contrário, elas se relacionam a diversas correntes estéticas, como a antropologia teatral, o Teatro da Crueldade, o teatro épico, o teatro ritual, a performance, entre outros. Mas é interessante notar que, no interior desta perspectiva de apropriação cultural, a qual caminha em par com um hibridismo estético, ocorre ainda a tendência a se fundir e confundir as matrizes

---

15 Ver M. Maffesoli, *A Sombra de Dioniso*.
16 Sobre a relação do espetáculo teatral com o espaço urbano como forma de intervenção, ver A. Carreira, Teatro de Invasão, em E. F. W. Lima (org.), *Espaço e Teatro*.

culturais e as linguagens artísticas, de modo que o popular se funde ao erudito, o urbano contemporâneo ao primitivo, a tecnologia ao ritual, entre outros. Muitos criadores teatrais irão se utilizar dos recursos de multimídia e da tecnologia, de forma que a relação entre o passado e a atualidade pode ocorrer tanto por intermédio da referência à cultura popular quanto por uma referência à cotidianidade contemporânea, marcada pela presença da tecnologia e dos meios de comunicação de massa como fatores determinantes do comportamento. O espaço da tragédia na pós-modernidade será marcado exatamente pela justaposição de elementos por vezes conflituosos, díspares, diversificados, num grande ecletismo formal, de sorte que a tragédia tenda a ser cada vez mais desterritorializada, perdendo sua identidade ou referência original para se imiscuir em outros espaços e contextos históricos.

Um espetáculo que se revela exemplar desse aspecto é *Itãs Odu Medeia*, com direção de Luciana Saul, realizado pela Companhia Arte Tangível. Assim como ocorre a outros espetáculos aqui citados, neste também há uma aproximação entre o texto grego e a cultura de matriz africana. Contudo, diferentemente dos outros espetáculos que construíam a proximidade a partir dos elementos visuais e da performatividade, aqui se observa um aprofundamento nas pesquisas sobre o ator, com base na antropologia teatral. Os rituais do candomblé, mais precisamente, são o objeto de estudo para a performance do ator. O espetáculo *Itãs Odu Medeia* é constituído por várias versões do mito de Medeia e por textos relativos aos orixás das religiões africanas, tendo sido apresentado no próprio galpão da companhia, na cidade de São Paulo. Observa-se, assim, a presença de elementos próprios das poéticas teatrais pós-modernas: a colagem de textos dramatúrgicos diversos, a valorização do processo de pesquisa, a relação com as teorias e práticas performáticas desenvolvidas a partir de Grotóvski, o resgate de elementos míticos e arcaicos, a existência de uma sede própria onde são realizadas as pesquisas e apresentações, a busca da interatividade com o público. Portanto, no que diz respeito ao espaço cênico e à cenografia, constituída por onze espaços cada um representando um orixá e, consequentemente, possuindo elementos cênicos próximos ao universo de cada um dos orixás, observa-se o diálogo com práticas artísticas contemporâneas que buscam a interação ativa dos espectadores.

Outra experiência interessante em termos de deslocamento do mito é a montagem *Medeia de Bandido*, espetáculo realizado em Ouro Preto pelo Grupo Ossanha, constituído por alunos dos cursos de teatro da Universidade Federal de Ouro Preto. A montagem tinha dramaturgia de William Neimar, direção e cenografia de Marcelo Costa. O espetáculo foi construído a partir de uma intensa pesquisa voltada para a ideia da "dramaturgia do ator" e para as teorias de Antonin Artaud sobre o trabalho do ator, como o tema do transe, o grito, a liberação das forças contidas a fim de alcançar um estado transcendente. Em termos dramatúrgicos, o espetáculo deslocava o mito de Medeia para o contexto de uma comunidade ou favela no interior de um grande centro urbano, de modo semelhante ao texto *Gota d'Água*, de Paulo Pontes e Chico Buarque. A encenação retoma a ideia do ciclo de vingança presente na tragédia grega, mostrando o desdobramento e a continuação de um mal entranhado na estrutura social, que leva a um ciclo interminável de violência, que aproxima o criminoso da vítima, o criminoso do inocente, o nascimento da morte. Se o ciclo ou repetição era reforçado pela presença de um objeto cênico, o liquidificador – cujos movimentos giratórios estavam presentes no movimento dos atores pelo espaço – a ideia da crueldade, da violência, do corpo esfacelado estava presente por intermédio de um pedaço de carne bovina. Segundo o diretor Marcelo Costa: "O uso da carne em cena além de empestear o ambiente funcionou como símbolo capaz de retratar o universo feminino em diversas imagens como: a menstruação, o estupro, a gravidez e o aborto. A carne era a verdadeira provocadora do espetáculo, sua energia catártica nos levava ao transe"[17]. Em termos de cenografia e espaço cênico, o espetáculo era construído numa grande área retangular, onde, sentados em caixotes, os espectadores envolviam três quartos da sala. A ambientação de caráter bastante soturno era complementada por tecidos manchados de sangue pendurados em varais. Em acordo como um dos temas capitais da *Medeia*, de Eurípides, o espetáculo *Medeia de Bandido* instaurava um mundo em decomposição, anárquico, onde

---

17 Depoimento.

as relações familiares encontram-se irremediavelmente desfeitas, um mundo cuja única lei parece ser a existência do mal.

A busca de uma experimentação no campo do espaço cênico e das artes visuais está presente também no espetáculo *Olhos Vermelhos – Um Tributo a Antígona*, do Grupo Pia Fraus, de São Paulo, com direção de Ione Medeiros. Aqui, distanciamo-nos do discurso e das práticas performáticas que resgatam elementos próprios das culturas populares para penetrarmos no campo da fusão das linguagens artísticas: o espetáculo fundia teatro, dança, bonecos, máscaras, circo, música e artes plásticas. O espaço cênico era constituído por uma espécie de passarela, com o público restrito a cinquenta pessoas, situado nos dois lados do corredor. Além dos diversos efeitos cênicos presentes no espetáculo, o interessante a notar aqui é que, no lugar de um cenário, tem-se uma instalação, a qual podia ser visitada pelo público independentemente do espetáculo. Assim, deparamo-nos com um fato estético que marca uma das tendências da cenografia contemporânea, a saber, a paradoxal autonomia da cenografia em relação à cena. Quer dizer, a cenografia serve como suporte para o trabalho da encenação, conforme é sua função tradicional, mas também pode, por suas características formais, assumir uma independência em relação à cena, estabelecendo com o espectador outras relações de significado e propiciando uma interação direta do público com a obra.

Ao tocar neste ponto da tecnociência fundadora da cultura de massa como fator determinante de nossa civilização, é possível também discorrer sobre outro espetáculo, também originário de uma escola de teatro: trata-se de *Édipo Rei*, dirigido por Diego Molina, em 2007, com alunos da Universidade Federal do Estado do Rio de Janeiro (UniRio). O projeto cenográfico foi desenvolvido por Anna Cecília Schurig e Julia Diehl. Conforme indica o programa da peça, ao se questionar sobre a atualidade do texto de Sófocles, o grupo teria optado por aproximar a montagem do universo grego e da contemporaneidade, enfatizando a crítica política:

> É por isso que o espectador não encontrará em nossa encenação de *Édipo Rei* a toga, o coturno, a máscara ou aquele coro uniforme do nosso imaginário do que seria uma tragédia. Encontrará signos

contemporâneos que revelam, antes de tudo, o mote de nosso estudo: a retórica, a política, os mecanismos de comunicação de massa, ferramentas de populismos. Elementos auxiliares de um governante que está mais preocupado em garantir a sua permanência no poder do que em promover a manutenção da vida na cidade.

A partir dessa perspectiva, o que se verifica no espetáculo é uma associação explícita entre o personagem Édipo e o principal representante do Poder Executivo. É assim que a abertura do espetáculo acontece ao som de *A Voz do Brasil*, com o personagem Édipo usando a palavra. Como ao longo do espetáculo todos os atores interpretam o personagem Édipo em figurinos totalmente contemporâneos, onde os traços de teatralidade foram apagados, o signo usado para a identificação do personagem é justamente a faixa presidencial. O espetáculo explora, assim, as relações de poder, de submissão, de autoridade. A presença concreta de cinco televisões reforça as relações de poder, na medida em que ela é o principal elemento de formação – e de manipulação – da opinião pública. Deste modo, a própria televisão – e a mídia de um modo geral – é alçada à condição de um "deus", isto é, torna-se uma representação contemporânea da ideia de destino, tão cara aos gregos e essencial para a determinação da dinâmica do trágico. As televisões, às vezes, multiplicam a imagem do representante do poder e, às vezes, apagam-na, fazendo-o desaparecer. Se, no interior desta sociedade-espetáculo, onde o próprio poder traz em si uma "teatralidade", isto é, a marca de um artificialismo, de falsidade, de jogo com a aparência, o destino dos governantes é ser seduzido pelo poder e, às vezes, sucumbir nas próprias entranhas dos sistemas de poder, seja por ignorância, seja por arrogância, seja por irresponsabilidade. Numa tal sociedade, o papel do coro – dos representantes do povo – será justamente o de ser massa de manobra. A constante troca do personagem Édipo entre os atores revela esta transitoriedade do poder, em sua dinâmica de ascensão e queda. A cenografia do espetáculo é fundamental para a determinação deste dinamismo, visto ser constituída de módulos que se compõem e se recompõem, propiciando a multiplicação dos espaços e gerando imagens e formas que representam os lugares do poder, por exemplo a rampa, como no Congresso Nacional; a alusão aos programas televisivos de entrevistas; e ainda os palanques. Muitas cenas são tratadas como programas jornalísticos, que implicam vários jogos de força, de afrontamentos, de resistências. Portanto, se, de um lado, o espetáculo possui um tratamento marcado pela ironia e pela distância, a qual é ressaltada com a referência à mídia, por outro lado, essa ironia e humor velam a dimensão trágica do poder, isto é, o espaço do poder é, por excelência, o espaço da tragédia, pois nele são desenvolvidas relações mutáveis entre dominadores e dominados, potentes ou impotentes, assim como relações de violência e de dor, de mando e de obediência. Mas, como observa Nietzsche e depois Foucault, essas relações não são unilaterais. "O poder está em toda parte; não porque englobe tudo e sim porque provém de todos os lugares"[18]. O espetáculo estabelece, assim, uma relação de proximidade entre os personagens da tragédia grega e os da atualidade, trazendo a temática do destino para o contexto da sociedade contemporânea por intermédio de imagens que mostram a onipresença do poder e a fragilidade do homem no interior dessa estrutura.

Após essa breve reflexão sobre as relações de poder e sobre o modo como os mecanismos de poder se instauram em nosso cotidiano, determinando todo modo de ser a partir dos veículos de comunicação de massa, abre-se espaço também para o pensamento acerca dos discursos estéticos que almejam as formas de liberação do sujeito das esferas de dominação. Nesse sentido, o trabalho de José Celso Martinez Corrêa é fundamental.

Em outubro de 1995, José Celso estreou o espetáculo *As Bacantes*, de Eurípides, projeto que o diretor vinha acalentando há muitos anos e para o qual o próprio Teatro Oficina havia sido projetado por Lina Bo Bardi. O espetáculo é construído com uma diversificada série de discursos e ideologias de caráter libertário, resistentes aos modos de opressão do indivíduo: a apologia ao homoerotismo; a crítica ao sistema capitalista e ao moralismo que nele se insere; a crítica ao poder público e sua relação com a cultura; a presença do teatro como forma de

---

18 M. Foucault, *História da Sexualidade*, 1, p. 89.

Fig. 23. Prometeu, de Ésquilo. Cia. Circo Mínimo. Direção: Cristiane Paoli-Quito. Cenografia: Atílio Beline Vaz e Catherine Alonso. Apresentação feita em Brasília, 1993. Na fotografia: Rodrigo Matheus.

Fig. 24. Édipo Rei, de Sófocles. Direção: Diego Molina. Cenografia: Anna Cecilia Schurig e Julia Dichl. 2007. Na fotografia: (da esquerda para a direita) Manoel Puoci, Marcio Freitas, Carolina Godinho, Ramón Gonçalves (centro), Peter Boos, Anna Esteves, Gabriela Estevão.

Fig. 25. Medeia de Bandido. *Grupo Ossanha. Direção e cenografia: Marcelo Costa. Universidade Federal de Ouro Preto, 2008. Na fotografia: Natuli Constantino.*

Fig. 26. As Bacantes. *Teatro Oficina Uzyna Uzona. Direção: José Celso Martinez Corrêa, Teatro Oficina, 1995.*

provocação, como liberação das forças instintivas, de expansão das forças criativas; a valorização do corpo, entre outros. Toda esta ideologia que encontra sua raiz na contracultura dos anos de 1960 vem à tona de modo radical em *As Bacantes* sob a forma de uma linguagem cênica que incorpora vários gestos próprios às poéticas teatrais pós-modernas: a mistura de referências culturais (o erudito e o popular); o hibridismo; a presença de elementos performáticos; a participação intensa do espectador; a presença do elemento primitivo ou arcaico; a interatividade; a descontinuidade da narrativa; a ruptura com os códigos tradicionais da representação; a busca de uma linguagem cênica brasileira fundada nas manifestações populares, como o carnaval; o uso de recursos tecnológicos; a valorização daquilo que é excessivo; e, por fim, a utilização de uma arquitetura cênica que propicia a participação do público e uma ocupação integral do espaço.

As Bacantes revela-se um espetáculo exemplar, já que funde o teatro ritual com diversas referências religiosas, o teatro político, a recuperação de tradições culturais e teatrais brasileiras e o uso de recursos tecnológicos. Esses elementos ordenam-se segundo uma perspectiva nietzschiana: o confronto entre Penteu e Dioniso é visto como uma metáfora da realidade social, política e econômica nacional, na medida em que as forças de conservação identificam-se à estabilidade econômica, às leis do mercado, à globalização, forças estas que oprimiriam ou obstruiriam as forças ascendentes da vida, cuja sede é o corpo, com seus instintos, seus desejos, sua imaginação, seu prazeres. O conflito entre Apolo e Dioniso é apresentado na forma de uma ópera brasileira de carnaval, na qual o desejo de encontro dos corpos de todos os que vivenciam o ato estético (atores e público) é assumido como uma espécie de orgia teatral. Segundo Ericson Pires:

> Desta maneira, torna-se perceptível a construção de uma experiência híbrida que se encontra tangenciada por pulsões de ordem religiosa e teatral, dando uma corporeidade ao espaço criado pelo acontecimento teatral. É a formação de uma espacialidade da existência corporal, ou seja, a possibilidade da coexistência de diversos devires corporais no mesmo recorte espaço-temporal[19].

---
19 E. Pires, *Zé Celso e a Oficina-Uzyna de Corpos*, p. 139.

No que se refere à criação da espacialidade da existência corporal, o próprio espaço cênico ganhará um valor fundamental, na medida em que é explorado em todas as suas potencialidades, em todas as suas dimensões: cenas são desenvolvidas no porão do teatro, nas partes mais elevadas da arquibancada, valorizando a verticalidade, cenas com integrantes da plateia ocupando a área de jogo, grandes cortejos de características carnavalescas. Os elementos cenográficos, como carros, fitas, objetos de cena diversos, tenderão a valorizar, tanto à verticalidade quanto à horizontalidade do espaço. Deste modo, o excesso que é experienciado no corpo também se desdobra materialmente no espaço cênico. O próprio edifício teatral adquire uma dimensão utópica, extraordinária, afirmando o seu caráter de heterotopia[20], quer dizer, uma utopia realizada concretamente. Nesse movimento, o conflito original entre Apolo e Dioniso parece se desdobrar no próprio espaço, alçando-se ao plano do espaço político, ou seja, o que se gera é um confronto entre as normas da cidade – que, com seus poderes públicos e privados, ordenam, disciplinam, coagem e deformam os corpos – e o espaço do teatro, que se afirma como espaço da criação, da liberação, da indisciplina, da subversão, do júbilo. Ora, no período em questão, o Teatro Oficina passava por um sério problema com um grande grupo empresarial, conforme comenta José Celso no programa da peça:

> Esta cidade vai ficar sabendo o quanto custa desprezar a orgya. É hilário. Cego. Em pleno século XXI, os secretários de cultura, desprezarem a interpretação de Lina Bardi presente nesta sua obra de arte, e materializada nas obras permanentes da ação do Oficina, e submeterem-se aos milhões que permitem bombardear o bairro do Bexiga na forma do Sonho Kitsch Americano, para as autoridades culturais constituídas da cidade; feudo urbano?[21]

Dois poderes, dois modos de vida, dois espaços afirmam uma relação absolutamente conflituosa; contudo, e de modo trágico, a luta parece ser desigual, já que os espaços de ordenação são muito mais amplos, muito mais articulados, muito

---

20 Ver M. Foucault, Outros Espaços, *Estética*.
21 *As Bacantes*.

mais presentes no cotidiano do que as formas de libertação. Conforme mais uma vez observa Ericson Pires, o atuador do espetáculo de José Celso, após viver a intensidade, a plenitude produzida no evento cênico, sofreria a obrigatória queda ou morte, dada aqui por seu retorno ao reino da norma. Renascer, como o faz o deus Dioniso, é retornar ao estado criativo experienciado em cada espetáculo, num espaço específico:

> Fazer teatro, nesse sentido, se transforma para Zé Celso em Uzyna de embriaguês, na possibilidade de alcançar vida experimentando toda sua potência. É escapar à condição trágica vivenciando-a. Converter o niilismo em vontade de potência, vencendo a morte com seu próprio corpo, sacrificando-o para entregar-se ao êxtase do acontecimento teatral, sempre reiniciado, morrendo e renascendo, sempre renascendo. A cada momento singular, renascer quando o carnaval cênico desponta nas pistas do Oficina, revelando, em toda sua potência vital e solar, os corpos e suas corporeidades[22].

Se, de um modo geral, esta queda ocorre em qualquer ato criativo, em toda atividade onde esse trânsito entre espaços radicalmente diferentes acontece, o que se nota é que, por suas características estéticas, o espetáculo *As Bacantes* parece radicalizar esse modo de vivência do teatro e de seu espaço. Assim, seguindo à risca a perspectiva nietzschiana, o espetáculo *As Bacantes* revela o trágico como uma forma de transgressão[23], a qual envolve luta, conflito, sofrimento, mas também júbilo, regozijo, plenitude. Aquilo que o mito de Dioniso narra é vivenciado pelos atores, pelo público e é corporificado no espaço. O pessimismo e o niilismo cedem, assim, espaço para o gozo do instante, para o efêmero e transitório, mas que parece ser muito mais real do que a própria vida em sua cotidianidade.

Pelas características aqui identificadas, *As Bacantes* parece apontar para uma forma de compreensão do trágico que se aproxima das teses desenvolvidas por Maffesoli[24], para quem o sentido pós-moderno do trágico está relacionado às ideias de

---

22 E. Pires, op. cit., p. 140.
23 R. Comodo, Orgia no Palco, *Isto É*.
24 Sobre o sentido pós-moderno do trágico, ver M. Maffesoli, *O Instante Eterno*. Ver também Entrevista, em V. E. Santos, *O Trágico e seus Rastros*.

intensidade, ao excesso, à vivência do instante, ao elemento festivo, ao afrontamento do destino de retorno cíclico:

> Por mais paradoxal que possa parecer, a acentuação do presente não é mais que outra maneira de expressar a aceitação da morte. Viver no presente é viver sua morte todos os dias, é afrontá-la, é assumi-la. Os termos intensidade e trágico não dizem outra coisa: só vale o que sabermos que vai acabar. Algumas épocas protestam contra isso e, então, a vontade, a ação, o sentido do projeto e do futuro predominam. Outras concordam, se ajustam, se acomodam à finitude, e concedem sua preferência à contemplação e ao gozo do mundo, ao presenteísmo que lhes serve de vetor. Mas é uma contemplação ou um gozo fugaz, penetrados por sentimentos de finitude. Consomem, com intensidade, tudo o que vivem[25].

À luz dessas reflexões, concluímos que o espetáculo *As Bacantes*, de José Celso, tende a ser exemplar porque contém diversos elementos formais que caracterizam a cena pós-moderna (performance, teatro ritual, teatro da crueldade, teatro político), por propor um tipo de espetacularidade que, fundada numa filosofia da cultura brasileira, isto é, a Antropofagia de Oswald de Andrade, transforma as relações entre espectador e cena, e ainda porque repercute as teorias contemporâneas sobre o trágico, que encontram sua matriz no pensamento de Friedrich Nietzsche: o trágico como afirmação plena da vida, em suma, o trágico como alegria.

O espetáculo *As Bacantes* afirma-se, assim, como um marco na trajetória de José Celso e do Teatro Oficina. As descobertas e inovações cênicas, assim como os questionamentos sociais e políticos presentes nesse espetáculo, terminaram por se constituir numa espécie de programa ou de fórmula estética que seria retomada e repetida em diversos espetáculos posteriores do Teatro Oficina Uzyna Uzona, embora, às vezes, sem a mesma força, brilhantismo e profundidade.

Na contramão desta tendência ao excesso, ao gesto barroco, estão justamente as encenações de características formais marcadas pelo minimalismo, pela contenção dos meios plásticos. Como veremos mais adiante, na segunda parte, Antunes

---

25 M. Maffesoli, op. cit., p. 58-59.

Filho será o encenador que, em *Medeia 2*, chegará ao extremo dessa tendência.

Ilustrando essa tendência, podemos citar espetáculos como *Troia*, texto baseado em Eurípides, com direção de Eduardo Wotzik e cenografia de Helio Eichbauer, em que um espaço negro era o fundo de onde pareciam emergir os atores em direção à luz. Em 2000, o diretor Marcio Aurélio tornou a encenar *Édipo Rei*, de Sófocles, numa montagem na qual o único elemento cenográfico presente num espaço cênico frontal é uma cortina branca, quase transparente, que cria uma cenografia de contorno, envolvendo os atores, além de algumas cadeiras. *Édipo Unplugged*, dirigido por João Fonseca, em 2004, com cenografia de Nello Marese, era um espetáculo realizado com uma extrema economia de meios, no qual os atores – vestidos com trajes cotidianos pretos – interpretavam o texto tendo como suporte apenas cadeiras e uma lousa, onde eram desenhadas a giz as trajetórias da trama.

Notamos, assim, que, no contexto da cena e da cenografia pós-modernas, a encenação de tragédias gregas apresenta uma diversidade de meios de construção do sentido do trágico. Observa-se também que, no interior de uma poética plástica e visual, algumas tendências são constantes desde o período moderno até a contemporaneidade. No que se refere ao uso dos materiais, há a presença de um tratamento rústico e de um uso de elementos que reforçam a ideia do passado, a dimensão temporal, os vestígios arqueológicos e as ruínas. Esse tratamento se concretiza com o uso de matérias como tecidos rústicos, areia, bastões, fragmentos de elementos arquitetônicos antigos – como colunas e estátuas. Informado por essas materialidades, o espaço cênico, em suas diversas configurações, assim como os recursos cenográficos, apresenta-se como peças primordiais na construção de um discurso cujo sentido é essencialmente político. Tragédia, política, poder e espaço estão sempre integrados. No contexto da cultura pós-moderna, essa integração aparecerá no modo estilístico, por meio do recurso: à justaposição; à citação; à ironia; à metaficção; ao teatro dentro do teatro; à afirmação das heterotopias; ao hibridismo; à fusão de referências culturais; à apropriação do espaço; e, por fim, à utilização dos meios tecnológicos. Se, neste capítulo, propus uma exposição generalizada das vertentes da cenografia e de alguns espetáculos que venham a exemplificar essas tendências, na segunda parte buscarei aprofundar a análise de alguns espetáculos.

Segunda Parte

Análise de Espetáculos

1. Antunes Filho
e a Tragédia Grega

Antunes Filho é um dos mais importantes diretores teatrais brasileiros. Atuando no teatro desde 1948, o diretor só viria a montar uma tragédia grega no final da década de 1990. Contudo o projeto de Antunes Filho de encenar um texto trágico já era antigo e havia sido empreendido sem êxito no início dos anos de 1990. Após cinquenta anos de carreira teatral, em 1999 Antunes Filho inicia uma fase em que serão realizados quatro espetáculos com autores gregos. Essa fase se estende até 2005, apresentando-se como um momento crucial da obra do diretor e um momento crucial do Centro de Pesquisa Teatral (CPT). Assim, a partir da trajetória do diretor e dos diversos textos trágicos encenados, podemos perguntar: que lugar a tragédia grega ocupa na pesquisa teatral de Antunes Filho? E, além disso, como a cenografia de suas tragédias estabelece o espaço trágico?

Antunes Filho encenou as seguintes tragédias gregas:

- *Fragmentos Troianos*, de 1999, com adaptação e direção de Antunes Filho, baseado em textos de Eurípides; estreou em 1999, no Festival Internacional de Teatro de Istambul, na Turquia, fazendo também apresentações em Tóquio. Em novembro de 1999, *Fragmentos Troianos* fez sua estreia nacional no Teatro Sesc Consolação, em São Paulo. A cenografia e os figurinos foram criados por uma equipe formada por Jacqueline Ozelo, Joana Pedrassoli Salles e Cibele Alvares Gardin. A iluminação foi criada por Davi de Brito e Robson Bessa. Por este espetáculo, Antunes Filho recebeu o Prêmio Shell de Direção.

- *Medeia*, de 2001, adaptado e dirigido por Antunes Filho, a partir do texto de Eurípides, estreou em julho de 2001, no Sesc Belenzinho, em São Paulo. A cenografia foi criada por Hideki Matsuka, a iluminação por Davi de Brito e Robson Bessa e os figurinos são assinados por Jacqueline Castro e Christina Guimarães. A montagem teve grande êxito de crítica e de público, apresentando-se em diversas cidades brasileiras e vindo a ser indicada e a receber diversos prêmios em São Paulo, como o Prêmio Shell de Melhor Atriz para Juliana Galdino.
- *Medeia 2*, de 2002, consiste em uma segunda versão do espetáculo *Medeia* e, como tal, não o considero como uma quarta realização, mas, sim, uma releitura do primeiro espetáculo. *Medeia 2* estreou em novembro de 2002, no Sesc Belenzinho, em São Paulo. A cenografia foi assinada por Anne Cerutti, os figurinos por Anne Cerutti e Jacqueline Ozelo, a iluminação foi assinada por Davi de Brito e Robson Bessa. Por este espetáculo, a atriz Juliana Galdino recebeu o Prêmio Shell de Melhor Atriz em 2002.
- *Antígona*, adaptação e direção de Antunes Filho, a partir do texto de Sófocles, estreou em 20 de abril de 2005, no Teatro Sesc Anchieta, no Sesc Consolação. O espetáculo possui cenografia e figurinos de J. C. Serroni, com as respectivas assistências de Flavia Moura, Roberta Tiburi e Natália Almeida Nascimento. A iluminação ficou a cargo de Davi de Brito e Robson Bessa.

Interessa-me aqui observar a imagem cênica dos espetáculos trágicos de Antunes Filho, neste percurso que vai de *Fragmentos Troianos* até *Antígona*, no qual a visualidade cênica e o espaço são problematizados de diversos modos. Esta reflexão sobre a visualidade envolve, naturalmente, uma reflexão sobre o modo como encenador e cenógrafo concebem a relação entre o passado e o presente, isto é, o modo como articulam o texto trágico grego com a época atual.

A partir de considerações gerais sobre a cenografia dos espetáculos, tentarei construir um discurso comparativo a fim de apreender os conceitos e princípios que regem o trabalho visual de Antunes Filho e, nesse movimento, tentar identificar o modo de criação do espaço trágico.

FRAGMENTOS TROIANOS

Fragmentos Troianos é não somente um momento importante na carreira de Antunes Filho, como também uma fase de transformação das atividades no próprio CPT. Idealizado por Antunes Filho e por J. C. Serroni, o CPT já havia feito cerca de 14 espetáculos, boa parte deles tendo J. C. Serroni como cenógrafo. No entanto, no contexto que envolve a criação de *Fragmentos Troianos*, o CPT vinha reorientando seus processos de trabalho: o método de trabalho com o ator parece já se consolidar e os elementos visuais do espetáculo passam a ficar a cargo de uma equipe de alunos do CPT, pois Serroni se afastara do grupo desde 1996.

Num artigo, Beth Néspoli descreve esta mudança, a qual se refletia no fato de, pela primeira vez, o CPT expor publicamente seus métodos de trabalho, inclusive com uma exposição de maquetes cenográficas:

> Com a tragédia [a autora se refere a *Fragmentos Troianos*], Antunes espera surpreender o público com o resultado de seu método de interpretação, fruto de uma árdua e longa pesquisa. Com a criação do método, ele busca um novo paradigma para o trabalho do ator. A encenação da tragédia inaugura ainda um processo de trabalho inédito no Centro de Pesquisas Teatrais (CPT), montado pelo Sesc e coordenado por Antunes. Figurinos e cenários, iluminação e sonoplastia da sua nova peça serão criados pelos alunos dos cursos realizados anualmente no CPT. Também pela primeira vez, Antunes mostra publicamente o processo de preparação do novo espetáculo, estimulado pela qualidade da pesquisa cenográfica e de figurinos realizada pelos alunos[1].

---

1 Antunes Filho Expõe os Bastidores de Seu Processo de Trabalho, *O Estado de S.Paulo*, 27 jul. 1998.

Esse entusiasmo é de fato registrado ao longo do artigo, no qual, em uma entrevista, Antunes afirma querer usar na cenografia "um tipo de tecnologia mais condizente com nossa época. Em nossa pesquisa, buscamos um novo paradigma de trabalho não só para o trabalho dos atores, mas também para a cenografia"[2]. Os espetáculos trágicos realizados por Antunes Filho estão, portanto, diretamente envolvidos com toda a problemática estética, técnica e ética desenvolvida pelo diretor no CPT.

Como vimos, montar uma tragédia grega era um projeto antigo de Antunes Filho. Em várias entrevistas, o diretor afirma, de um lado, que ainda não se sentia apto para montar um texto trágico e, por outro lado, que ainda não encontrara atores com a qualidade técnica necessária. Em crítica feita ao espetáculo *Medeia 2*, Sebastião Milaré afirma que o diretor já havia feito várias tentativas com diversos atores, mas o projeto não se desenvolvia, pois o conjunto dos atores ainda não estava preparado para a montagem de uma tragédia:

Ele [Antunes Filho] não queria atores repetindo coisas habituais nas encenações de tragédia, como voz projetada, quase sem nuances e com cantadinhas no final do verso, ou a gritaria interminável. Uma das suas preocupações foi pesquisar a técnica vocal plenamente vinculada à técnica corporal, de modo a tornar a voz instrumento de valor estético e não um obstáculo à expressão. Esse obstáculo aparece quando se usa músculos e nervos, quando se trabalha na projeção e, desse modo, importa ansiedade, eliminando a autoexpressão. Corpo e voz, uma só respiração, uma só pulsação. Nada deve ser projetado, mas lançado pela ressonância, propõe Antunes Filho. E mais: que tudo seja operado pela sensibilidade, nunca pela emoção bruta, ou pelo impulso, ou pelo raciocínio.

E quando, no trabalho com os atores, percebeu que a técnica já era dominada por quase todos, podendo agora a voz ser instrumento expressivo e não um estorvo, voltou a pensar na tragédia grega[3].

Assim, é ao fim de um longo preparo técnico que a possibilidade de encenar um texto grego torna-se mais concreta. A descoberta da ressonância como forma de enunciação seria,

2 Idem, ibidem.
3 Medeia 2, Revista Eletrônica Teatral Antaprofana.

portanto, a base para todo o trabalho com o texto grego, desde *Fragmentos Troianos* até *Antígona*. Este acento dado à fala, à elocução, está em consonância não somente com a dimensão musical presente no texto grego, mas também com a própria forma de atuação dos atores gregos que, como se sabe, eram atores-cantores[4]. Antunes Filho valoriza a tal ponto a criação desse método que chega a afirmar que: "O que há de mais importante neste meu espetáculo [isto é, *Medeia*] é a maneira como se fala"[5]. O diretor parece ter em vista um modelo negativo de montagem de tragédia grega, modelo este que ele quer romper em nome de uma compreensão do texto:

> Fiquei muitos anos trabalhando para encontrar um método. Foi ridículo! Tive de criar o método para poder fazer o espetáculo. Sempre que vou ver uma tragédia grega, nunca entendo por que as pessoas ficam gritando [...] Fico contente quando as pessoas assistem e entendem, isso que é o fundamental. Eu queria que as pessoas fossem e entendessem tudo do que é uma tragédia grega[6].

A partir desses depoimentos podemos pensar que, para Antunes Filho, a montagem da tragédia grega só foi possível em função do desenvolvimento de uma técnica vocal e corporal dos atores, técnica esta que tende a rejeitar os condicionalismos físicos e a romper com as formas do naturalismo, impondo uma artificialidade ao jogo dos atores. Essas técnicas se constituíram como um meio para atingir uma finalidade específica e, embora se presuma que tais técnicas possam ser aplicadas a outros materiais dramatúrgicos, entende-se que elas foram pré-orientadas pelo texto trágico. Compreende-se, assim, que, implicitamente, o texto trágico impõe uma forma, impõe aquilo que seria a necessidade de se descobrir um "tom trágico", mas, na visão de Antunes Filho, os códigos e formas teatrais utilizados tradicionalmente para se atingir esse tom não eram satisfatórios, daí a necessidade de se criar um outro método.

No que diz respeito à criação de um novo método ou um novo paradigma na criação cenográfica, parece-me que, na oca-

---

4   Ver P. Easterling; E. Hall, *Atores Gregos e Romanos*.
5   Entrevista Antunes Filho, *Revista E*, a. 8, n. 57.
6   Idem, ibidem.

sião em que preparava *Fragmentos Troianos*, Antunes Filho estava atento às novas tecnologias de produção da imagem, às novas técnicas propostas pelos alunos de cenografia do CPT, e buscava um meio de incorporar esses novos recursos em seus espetáculos. Além disso, parece que as pesquisas se encaminhavam para uma fusão maior entre o trabalho dos atores e a pesquisa plástica, conforme observa Néspoli ao comentar alguns dos processos criativos desenvolvidos no CPT para a criação de *Fragmentos Troianos*:

> A partir daí [uma ideia básica de criação para os atores onde a Guerra de Troia é associada com o extermínio dos judeus], o diretor pretende chegar a uma síntese que possa falar de todos os extermínios, sofrimentos e injustiças de todos os tempos. Pelo que se pode perceber nos diversos estudos desenvolvidos pelos alunos, as referências básicas tendem a uma fusão de imagens. Rainhas e princesas de Troia, levadas como escravas e amantes pelos soldados gregos depois de presenciar o assassinato de seus filhos, podem remeter tanto ao massacre dos judeus quanto aos trabalhadores sem-terra. Ou aos garotos de rua mortos na Candelária ou até mesmo aos escravos africanos trazidos à força para o Brasil em infectos porões de navio. Enfim, qualquer forma de injustiça social[7].

A partir desta "fusão de imagens", o diretor criava uma ligação entre o texto antigo e os tempos atuais e, de modo mais específico, com a realidade brasileira. O texto e o mundo grego constituem, assim, uma base sobre a qual irão se sobrepor e se associar outras camadas de significado e outras referências culturais e históricas. Farei agora uma descrição geral da cenografia discutindo, em seguida, o processo de fusão de imagens.

Fragmentos Troianos é um espetáculo construído num palco frontal. A cenografia conjuga formas pictóricas com elementos construídos, além de objetos de cena. Como forma pictórica, há um painel de fundo, inspirado na obra do pintor alemão Anselm Kiefer, com a imagem da deusa Palas Atena sobrevoando a pólis. Uma cerca com arames farpados divide o palco em dois planos, sendo o plano do fundo bastante estreito, assemelhando-se a um corredor, e o plano principal, bastante amplo. A cerca possui

---

7 B. Néspoli, op. cit.

cinco pilastras, cada uma delas contendo uma lâmpada, como postes de iluminação. Em torno a essa grande área principal, em cada uma das laterais do palco, há três estruturas rígidas, como se fossem grandes "pernas" do teatro. As seis estruturas reproduzem uma construção, em tons cinza e castanhos. Na esquerda baixa, há uma grande pilha de sapatos pretos, que adentram pelas coxias. Completam o ambiente alguns objetos móveis, como malas, um cesto com um bebê, uma carroça que traz corpos e bonecos que são manipulados pelos atores. Em termos de significado, a cenografia faz uma referência a campos de concentração, a uma estação de trem e a uma prisão. Em termos formais, o espaço possui forte verticalidade, dada tanto pelas estruturas laterais quanto pelo pano de fundo. Essa verticalidade contrasta com a grande área central, que é vazia. Trata-se, na verdade, de uma área livre para a evolução dos atores e para a composição das cenas. No que diz respeito à tonalidade, predominam os tons escuros, o cinzento e o castanho.

Nota-se, pelo programa da peça e pelas críticas do espetáculo, que Antunes Filho buscou criar um vínculo entre a Grécia antiga e a nossa época, mais precisamente, com os atos de genocídio do século XX, de tal modo que a cenografia e os figurinos remetessem às guerras de nosso tempo, como a Segunda Grande Guerra, Kosovo, entre outros.

Uma tal sobreposição e/ou associação sempre esteve presente nas atualizações de tragédias gregas. Se tomarmos como referência os comentários de Roland Barthes[8] feitos em 1955, a respeito da encenação de *Oréstia*, de Ésquilo, por Jean-Louis Barrault, já notaremos a fusão de referências e a presença de vários planos de temporalidade, fusão que o crítico vê com reservas. Para Barthes, o problema do modo de se representar o antigo coloca-se como um desafio permanente dos encenadores contemporâneos. Que estratégias devem ser adotadas para a construção de uma leitura por parte do espectador? Deve-se aproximar o texto antigo do contexto atual? Deve-se reforçar as suas semelhanças ou suas diferenças em relação ao tempo atual? Reconstitui-se a imagem da Grécia ou se faz uma transposição dessa imagem? Os comentários do crítico francês parecem iden-

---

8 Ver Comment représenter l'antique, *Écrits sur le théâtre*.

tificar certa confusão e uma contradição estilística na montagem de Barrault. Contudo aquilo que, na época, Barthes via como um elemento problemático passou a ser um fator constitutivo das encenações pós-modernas, onde se percebe a crescente presença de um multiculturalismo nas montagens, assim como a sobreposição de referências históricas e temporais. Ora, no contexto dos anos de 1960, Michel Foucault identificará exatamente a presença da justaposição e da simultaneidade como princípios do espaço pós-moderno, os quais rompem com a linearidade, a continuidade do espaço e do tempo modernos.

Ora, mesmo no contexto do teatro brasileiro, a fusão de referências não era, de modo algum, um procedimento inovador. A partir da década de 1960, a tendência na montagem de tragédias gregas é, cada vez mais, a ruptura com a representação do mundo grego a partir da inclusão de outras referências culturais. É o que ocorre, por exemplo, com a *Electra*, de Antonio Abujamra, com cenários de Anísio Medeiros. Outra tendência é a estilização ou simplificação a partir de um maior despojamento das características representacionais gregas, como ocorre, por exemplo, no *Édipo Rei*, de Flávio Rangel, e no *Agamêmnon*, de Amir Haddad, com cenografia de Joel de Carvalho. Em termos de linguagem cênica, esta conexão direta entre o texto grego e uma situação política contemporânea constitui uma das estratégias para se atualizar os clássicos, criando relações críticas entre o texto antigo e a contemporaneidade.

Esse procedimento foi usado por diversos encenadores europeus e norte-americanos. Em *How to Stage Greek Tragedy Today*, Simon Goldhill comenta uma montagem de *As Troianas*, de Eurípides, feita pelo National Theatre, em Londres, em 1995, dirigida por Annie Castledine. Semelhante à encenação de Antunes Filho, a montagem britânica transformava o coro das troianas em refugiados e vítimas da guerra de diversas partes do mundo, fato que, segundo Goldhill, não possibilitava a criação de uma identidade coletiva para o grupo, atenuando seu impacto. Além disso, os gregos apareciam nitidamente como soldados norte-americanos, os quais eram apontados como os responsáveis por toda a violência imperialista. Como tal, segundo os comentários do autor, o espetáculo não possibilitava a construção daquele movimento que, para ele, parece ser fundamental ao texto, a saber, o fato de o espectador ocidental poder reconhecer nos gregos seu próprio comportamento, seus valores, seus ideais e sua cegueira, assumindo, assim, uma postura de autocrítica. O espetáculo *Fragmentos Troianos* parece estar no limite entre distância e proximidade, entre identificação e não identificação porque trabalha não somente com a fusão de referências temporais e espaciais, mas também com a ambiguidade.

Se, por um lado, o fato de Antunes Filho fundir diversos tempos e espaços acaba reduzindo o impacto que uma referência mais direta a uma situação local teria, tornando, inclusive, a leitura do espetáculo mais didática e previsível, conforme observa a crítica Bárbara Heliodora[9], por outro lado, esse procedimento revela uma questão de fundo, de caráter universal, isto é, aquela relativa à natureza opressora da ideologia e do poder.

Retomando a temática que fornece toda força ao texto de Eurípides, a encenação de Antunes Filho mostra a história como uma repetição de atrocidades, guerras e crueldades e, nesse movimento, o valor de uma vitória na guerra é relativizado em função da carga de injustiça e sofrimento que essa vitória vem gerar naqueles que foram vencidos. Mas aquilo que fundamenta essa história e faz que ela possa se repetir é algo absolutamente próximo à experiência do homem moderno e contemporâneo. *Fragmentos Troianos* é um espetáculo que afirma a existência de uma proximidade entre a razão e o poder, como exercício da força, dominação e da violência. Essa proximidade encontra-se na raiz do pensamento ocidental, sendo parte constitutiva de nossa história e de nossa cultura. Como tal, esta *razão instrumental*[10] que viola os demais entes e a própria natureza manifesta-se nas grandes estruturas de poder político marcados pela opressão, assim como ocorre entre os gregos e, de modo mais evidente, nos movimentos totalitários do século XX e no sistema capitalista norte-americano. Mas é ainda mais contundente pensar que esta expressão mais perversa da vontade de poder nietzschiana é uma parte constitutiva de nosso modo de ser, de nossa própria subjetividade.

---

9   *Fragmentos Troianos*, O Globo, 20 nov. 1999, p. 2.
10 Ver M. Horkheimer, *Eclipse da Razão*.

Para Nietzsche, a vida é essencialmente imoral: a tendência ao poder, como motor central da ação humana, comporta a agressividade e a crueldade. Nietzsche pressupõe que o homem é, em essência, um ser agressivo detentor de uma animalidade que tende a ser ocultada pelos disfarces da moral, da civilização e do ideal cristão. A crueldade surge como consequência da liberação de um instinto agressivo que teve – necessariamente – de ser reprimido para que pudesse existir a cultura e a civilização. Contudo, numa situação de guerra, a civilização e o Estado devem reorganizar esse impulso cruel que é violentamente liberado em cada indivíduo, gerando uma crueldade coletiva. É nesse sentido que Nietzsche julga que as coletividades foram criadas para fazer aquilo que o indivíduo não tem coragem de fazer, isto é, as coletividades seriam mais sinceras quanto à compreensão da natureza do homem[11]. O Estado aparece para Nietzsche como uma "imoralidade organizada", a qual faz o homem agir a partir da introdução de valores, tais como a responsabilidade, a virtude, o dever, o amor à pátria, a soberania, entre outros, enfim, tudo aquilo que constitui as ideologias. Como tal, a ideologia manifesta-se como uma agressividade da razão como aspecto destrutivo da vontade de poder. Desta forma, podemos pensar que, assim como faz Eurípides, Antunes Filho opera uma inversão de valores em *Fragmentos Troianos*: o civilizado pode aparecer como bárbaro e vice-versa, o superior como inferior, a razão como forma de irracionalismo, o vencedor como derrotado, o modelo de humanidade pode se revelar como extremamente desumano. A história e a ideologia, graças à repetição de um mesmo sistema de injustiça e de violência, torna-se a-histórica e mítica, ou melhor, o histórico revela o trans-histórico e o universal. A violência, a crueldade e a desmedida da força presente entre os gregos que destruíram Troia revelam-se como uma motivação fundamental da história do Ocidente. É assim que se pode pensar que a montagem de Antunes Filho aponta para uma derrocada de todas as ideologias, conforme observa Mariângela Alves de Lima:

Fragmentos Troianos, espetáculo criado por Antunes Filho sobre *As Troianas*, avança além da crítica ao idealismo e celebra o

11 Ver *A Vontade de Poder*.

funeral de todas as ideologias tal como as concebemos até agora. Em um telão no fundo do palco, presidindo à desolação do pós-guerra está a deusa da razão. Não por acaso se confunde com o ícone do imperialismo que triunfou neste século[12].

Essa breve digressão de caráter filosófico constituiu uma base para a observação do elemento capital do ponto de vista da estética teatral: a imagem cênica e a cenografia. O procedimento de aproximar e fundir tempos e espaços diferenciados, de amalgamar referências visuais, gera tanto a multiplicidade quanto a ambiguidade dos signos, a qual se faz presente, sobretudo, no telão pintado ao fundo, que, de certo modo, domina a cena, apresentando-se como o foco central da composição. Por esse motivo, irei me deter mais atenciosamente neste painel.

O painel de fundo é inspirado na série Lilith do pintor alemão Anselm Kiefer. A série foi criada a partir da pintura sobre fotografias ampliadas de grandes cidades. A imagem da cidade, feita a partir de um plano aéreo, fornece certa profundidade ao quadro, criando uma situação plástica com três planos. O primeiro plano é composto por peças de roupas femininas que parecem flutuar ou sobrevoar a cidade; num segundo plano, na parte inferior da composição, aparece a cidade; e ao fundo, formando um terceiro plano, um espaço vazio que é preenchido com tons castanho-claro e de areia e com letras formando a palavra "Lilith".

A retomada da tradição da tela pintada envolve a presença de um espaço narrativo: a imagem representa o mito/deus e nos conta algo sobre ele. Ao mesmo tempo, o painel possui a função de ambientar os personagens no interior de um espaço-tempo. Como espaço-narrativo, o painel de fundo possui uma certa autonomia em relação à cena, sobretudo por ele ser uma tela constituída pela citação a outra obra. Isto é, o painel idealizado pela equipe de cenógrafos é uma citação à obra de Anselm Kiefer. Feito em tons de cinza-azulado, nele é representada a imagem da deusa Palas Atena que, com o corpo inclinado, parece movimentar-se da esquerda para a direita do espaço pictórico, como se sobrevoasse a acrópole grega. Por um lado,

---

12 M. A. Lima, Antunes Celebra o Funeral de Todas as Ideologias, *O Estado de S.Paulo*, 3 dez. 1999.

a cidade representada não é apenas a cidade grega, é também uma grande metrópole contemporânea. Por outro, tal como foi representada, a imagem da deusa Palas Atena possui certa semelhança com a Estátua da Liberdade. Ao mesmo tempo, por ser uma citação da obra de Anselm Kiefer, a deusa pode fazer referência ainda a Lilith. Além do mais, no que se refere ao movimento da deusa, esta possui uma inclinação que se assemelha a um sobrevoo, mas, ao mesmo tempo, seu movimento nos remete à queda, a deusa parece estar caindo sobre a cidade. Ascensão e queda se confundem. Nota-se, assim, que, no plano da narrativa, a imagem joga com o tempo e o espaço, com a justaposição, criando uma diversidade de sentidos e de leituras.

Considerando o simbolismo da deusa Palas Atena, figura central na derrocada de Troia, é possível pensar que, enquanto a queda da deusa pode indicar, obviamente, a derrocada da justiça, da razão, da sabedoria, a sua ascensão pode nos apontar para o triunfo da violência da própria razão, o triunfo da opressão do pensamento dominador. A conexão entre Palas Atena e a Estátua da Liberdade torna-se, assim, mais clara: a cidade ao fundo não é apenas grega, ela tanto é o símbolo do imperialismo norte-americano como pode ser também todas as grandes cidades que, em todo o mundo, são vítimas do sistema político e econômico dos Estados Unidos. Deste modo, a imagem da deusa parece conter uma série de termos dicotômicos, como ascensão e queda, construção e destruição, passado e presente, justiça e injustiça, liberdade e opressão. Assim, a imagem da deusa Palas Atena passa a associar-se também ao mito de Lilith, tal como este foi trabalhado por Kiefer.

Ora, na ocasião da elaboração da montagem, em 1998, o Museu de Arte Moderna de São Paulo e a Galeria Camargo Vilaça realizavam exposições com a obra de Kiefer. O tema da exposição era a cidade de São Paulo. Em artigo para a revista *Veja*, Ângela Pimenta expõe sobre a relação entre a obra do pintor alemão e a cidade de São Paulo:

> Misto de musa e vítima, a cidade retratada pelas lentes de Kiefer é um deserto calcinado, com as vísceras dissecadas e expostas — o retrato do horror. Vista a partir de fotos em preto-e-branco, tiradas

por ele mesmo de helicóptero numa segunda visita à cidade, no ano passado, São Paulo é comparada pelo pintor à personagem bíblica Lilith. De acordo com o Velho Testamento, Lilith foi a primeira mulher de Adão, que, além de abandoná-lo, era uma destruidora de bebês. Da alma feminina paulistana restam vestidos de boneca grudados no quadro, à maneira dos destroços de um acidente aéreo. Conforme nota o crítico Alberto Tassinari, a grandeza dos trabalhos do alemão sobre São Paulo está na crítica impiedosa que eles fazem à destruição permanente de um lugar supostamente partidário do progresso e da riqueza[13].

A referência ou citação à obra de Kiefer parece não somente sintetizar a duplicidade e as dicotomias, mas também resumir a temática explorada por Antunes Filho em *Fragmentos Troianos*, pois o pintor lida, de modo geral, com o passado, seja o passado recente da Alemanha, com o nazismo, explorando a memória coletiva e o sofrimento, seja por meio da mitologia egípcia, grega ou judaica. Alberto Tassinari expõe de modo brilhante a relação de Kiefer com o passado enquanto elemento constitutivo de uma poética:

A paisagem romântica – sua luminosidade centrada dirigida contra os olhos e que escurece regiões da pintura – ainda tremula nos quadros. Porém, já não é mais o que foi. A obra de Kiefer possui um valor inestimável apenas por tal retomada, em tudo inesperada, de um espaço perspectivo como que acendendo-se desde o passado em direção ao presente, em direção a um outro espaço, contemporâneo, onde a lei é colar, manusear e operar com as coisas e não mais figurar uma visão. Entretanto, uma visão da paisagem está ali, sua infinitude, sua glória e passado. E sentir o passado agora, não apenas referi-lo, como que implica transpassá-lo. Destruir uma vez mais o já destruído e já acontecido para quem sabe assim regenerá-lo move a poética de Kiefer[14].

Ora, a leitura empreendida por Antunes Filho do texto de Eurípides visa justamente lidar com representações gerais, com a diversidade de tragédias seculares e com a ideologia que as fundamenta. Assim, o imperialismo grego passa a ser também o imperialismo alemão e o norte-americano. As vítimas do

---

13 Â. Pimenta, Horror, Horror, *Veja*, n. 1.541.
14 A. Tassinari, *O Rumor do Tempo: Anselm Kiefer*, p. 11.

sistema são, ao mesmo tempo, os troianos, os judeus, os muçulmanos, minorias étnicas e povos dos países em desenvolvimento. Deste modo, o espetáculo lida com guerras e injustiças maiores e explícitas, e também com a violência das grandes cidades, com a guerra civil não declarada presente nas cidades brasileiras. Essa totalidade parece abarcar a intenção humanista de Antunes Filho, para quem o espetáculo é um manifesto: "É um manifesto. Quis mostrar o que o homem anda fazendo com a História, as tragédias que tem havido neste século"[15]. Assim, a justaposição de tempos e espaços sugere uma continuidade temporal dada pela repetição, quer dizer, sugere que a ação representada no texto de Eurípides transcende a seu campo histórico. Trata-se da introdução de uma estrutura de tempo cíclica: a história é a repetição do mesmo. O "mesmo", isto é, a história essencial do homem, como exploração e domínio, aparece diferenciado em seus diversos espaços específicos. Assim, de modo paradoxal, um texto que não possui uma ação progressiva – como é o caso de *As Troianas*, de Eurípides, já que nele tudo já aconteceu – transforma-se num espetáculo com uma ação dilatada, estendida.

A referência ao sistema capitalista aponta para o caráter cíclico da história: a história do homem é a repetição das atrocidades. "Troia é como tantas outras 'Troias' que se multiplicam no mundo de hoje, nesta explosão de conflitos étnicos, de fome, violência, de destruição do planeta"[16]. Nesse sentido, a encenação é permeada de referências a diversas guerras, seja às guerras declaradas de nível internacional, seja às guerras não oficiais, como as que existem no cotidiano das grandes cidades brasileiras. Deste modo, a cenografia – por intermédio do painel ou pelos demais elementos – remete a diversos extracênicos concretos: a Grécia, aos campos de concentração nazistas; às guerras de Kosovo, a presídios, à cidade de São Paulo, à Praça de Maio. Nesse movimento, conforme afirma Ricardo Muñiz Fernández, a encenação acaba criando "um espaço/tempo mágico, atemporal"[17], isto é, um espaço a-histórico.

---

15 I. Claudio, Milênio Trágico, *Isto é*, n. 1.573.
16 R. M. Fernández, *Fragmentos Troianos*.
17 Porque Humanos, op. cit.

A partir daí, pode-se dizer que o painel inspirado em Kiefer remete a vários espaços e contextos históricos, os quais situam tanto os personagens quanto os espectadores em diferentes espaços e tempos, possibilitando variadas leituras. Considerando a imagem representada, tecerei algumas conjecturas.

Tratando-se de uma citação da obra de Kiefer, o painel traz para a cena o universo desse pintor, o qual envolve necessariamente uma referência à Alemanha, ao nazismo, ao holocausto, às tragédias do século XX, mas também à mitologia, à cabala. Com isso, os personagens da tragédia original são deslocados de seu tempo histórico, tornando-se mais próximos do espectador, sobretudo em função dos trajes utilizados, os quais nos remetem para refugiados do Kosovo e da Bósnia. O universo do pintor alemão e o tipo de plasticidade que ele propõe (areia, terra, materiais de escombros, entre outros) parecem ser bastante condizentes com o ambiente de destruição presente no texto e na encenação, bem como com o caráter mítico do texto. O deslocamento para a atualidade, dado pela citação à obra de Kiefer, imprime ao espetáculo sua dimensão trágica. Segundo Albin Lesky, um dos requisitos para a constituição da experiência trágica é justamente a "possibilidade de relação com o nosso próprio mundo"[18]: somente quando o espectador sente-se atingido nas "profundas camadas" do ser é que se experimenta o trágico. Fundamental é a conexão entre a imagem das guerras antigas e as atuais para a construção dessa experiência. Assim como os espectadores de Eurípides vivenciavam o trágico por intermédio das possíveis relações estabelecidas entre a lendária guerra de Troia e as expedições que os gregos, na ocasião, organizavam contra a Sicília, que trariam a ruína da Grécia, do mesmo modo, a imagem das guerras passadas – e, consequentemente, das guerras futuras – gera no espectador atual um questionamento sobre os limites do homem, isto é, uma reflexão sobre as consequências desastrosas que os nossos valores e comportamentos estão gerando no mundo atual. No entanto o painel pintado não faz apenas uma conexão com a atualidade.

Ao representar uma acrópole e uma deusa grega, a imagem alude à Grécia antiga, de tal modo que os personagens são

---

18 Ver *A Tragédia Grega*, p. 33.

colocados em seu contexto histórico e fictício original. Assim, o espaço fictício proposto por Eurípides – a ação se passa na cidade de Troia, que foi destruída pelos gregos – acaba refletindo-se na imagem pintada. A imagem traz, assim, uma tensão fundamental para a criação do espaço trágico: a tensão entre o espaço dos deuses e o espaço dos homens. Essa tensão era fisicamente configurada na própria estrutura do teatro grego antigo, onde os deuses possuem um espaço específico para sua aparição: o *théologeion*. Esse espaço estabelece zonas de conflito entre o espaço dos homens – isto é, a cidade, representada pela *skēnē* e pela *orchestra* – e o espaço dos deuses. Segundo Jean-Pierre Vernant, o que é próprio da tragédia é justamente o estabelecimento de um confronto e de uma tensão crítica entre os espaços, quer dizer, um enfrentamento entre as "representações religiosas antigas com os novos modos de pensamento que marcam o advento do direito no quadro da cidade"[19]. Nesse enfrentamento, dá-se a construção da consciência trágica: "Há uma consciência trágica da responsabilidade quando os planos humano e divino são bastante distintos para se oporem sem que, entretanto, deixem de parecer inseparáveis"[20]. Esta mesma ideia de uma topologia do cosmo como elemento configurador do trágico é desenvolvida por Jan Kott[21]: a estrutura vertical do cosmos, presente em vários mitos da criação e transposta para a estrutura social e política, apresenta-se como elemento condicionador do trágico, na medida em que possibilitam a experiência da queda. É nessa perspectiva, ainda, que Albin Lesky retoma a ideia da "contradição inconciliável" formulada por Goethe como elemento fundador da tragédia: "a contradição trágica pode situar-se no mundo dos deuses, e seus polos opostos podem chamar-se Deus e homem, ou pode tratar-se de adversários que se levantem um contra o outro no próprio peito do homem"[22]. Importa, pois, pensar que, em *Fragmentos Troianos*, a retomada da representação do deus no painel pintado, num confronto com a cidade, reinstala as contradições

---

19 J.-P. Vernant, O Momento Histórico da Tragédia na Grécia, em J.-P. Vernant; P. Vidal-Naquet, *Mito e Tragédia na Grécia Antiga*, p. 4.
20 Idem, ibidem.
21 Ver Manger les dieux.
22 A. Lesky, op. cit., p. 31.

trágicas, as zonas de conflito que marcam a tragédia grega. A presença do deus e da cidade é fundamental para a compreensão de toda a tragédia e para o texto de Eurípides, em particular, pois, de acordo com o mito, a Guerra de Troia é um conflito que, envolvendo deuses e homens, mais precisamente o ódio entre os homens e a disputa feroz entre os deuses, traz a destruição da cidade. A destruição de Troia é a consequência dessa dupla motivação, em que os atos de uns repercutem sobre os outros, isto é, os atos dos deuses se infiltram nas ações humanas, trazendo a desgraça irreparável. Assim, o conflito entre deuses e homens instaura o espaço da tragédia, o conflito que encerra o trágico.

Porém, a presença do deus gera também uma distância crítica, um comentário irônico, pois a vida contemporânea é marcada justamente pela ausência de deus, pela perda da dimensão do sagrado em prol do prosaico, do cotidiano. O conflito entre deuses e homens pertence ao passado e não diz mais respeito à experiência do homem moderno e contemporâneo, no qual o sagrado foi substituído pelo materialismo, pela ambição do lucro financeiro. Como tal, a imagem da deusa associa-se à da Estátua da Liberdade e ao capitalismo norte-americano. Assim, de acordo com a situação dramática, os personagens podem aparecer tanto como as vítimas do sistema capitalista quanto como os representantes do imperialismo. Mas no interior da estrutura de repetição que o espetáculo propõe, permanece a sugestão de que todos os sistemas de opressão, toda ideologia dominadora tende também a vir "desmanchar-se no ar".

Contudo esta promessa de libertação, de redenção, pode assumir duplo sentido. Se de um lado o deus que sobrevoa a cidade é lido como a "ideologia da opressão", o seu retraimento – quer dizer, o seu ultrapassar a cidade e os homens – significa a libertação do homem. Por outro lado, a ultrapassagem pode também ter sido definitiva. Portanto a lembrança da experiência do retraimento do sagrado possui, assim, tanto um caráter irônico, como se lembrasse ao espectador que o conflito trágico essencial pertence a um passado, quanto um aspecto trágico, pois fala ao espectador de sua experiência niilista por excelência, quer dizer, a falência de todos os princípios, a afirmação da instabilidade de todos os valores, em suma, a ausência de fundamento da vida como elemento instaurador do trágico. Deste modo, a fusão e/ou sobreposição de imagens e de espaços referenciais gera, do ponto de vista cênico, outro espaço de jogo, cuja marca será a "teatralidade".

Para além deste nível representativo ou referencial da imagem cênica, podemos pensar também que o significado de um signo teatral é dado não apenas pelo conteúdo representativo ou referencial, mas também pela materialidade do elemento e pela técnica empregada. Isto é, existe uma grande diferença entre projetar imagens computadorizadas das telas de Kiefer e colocar um telão pintado citando a obra do pintor alemão. Este conjunto de gesto, material e técnica possui um sentido específico.

A tela pintada é um dos elementos mais tradicionais da cenografia. Mais precisamente, ela constitui uma ideia de cenografia que marcará toda uma tradição teatral vinculada ao palco frontal e às salas à italiana. A tela pintada é um elemento típico da cenografia que se estabelece a partir do Renascimento e perdura até o final do século xix. Somente a estética naturalista e as teorias de Adolphe Appia e Gordon Craig superariam definitivamente a prática do painel pintado como fundo da cena. A plasticidade da tela pintada e a imagem que ele propõe foi rejeitada pela cena moderna, de caráter tipicamente arquitetônico. O painel pintado aparece, portanto, como um signo de uma ideia de teatro já superado, como um signo do passado. Ao mesmo tempo, a presença da pintura na cena vem lembrar também o gesto moderno de reinserção da pintura na cena, tal como o fizeram os pintores Pablo Picasso, Francis Picabia, Fernand Léger, entre outros. Se com o advento da cenografia moderna – marcada pelos volumes arquitetônicos – a pintura e os pintores vieram a se afastar do palco, a montagem de Antunes Filho traz de volta a pintura pela citação a Kiefer. Assim, não é a pintura que se reinsere no espaço do teatro, mas a sua reprodução. A imagem passa a jogar com seu próprio sentido, ela é citação, pastiche, recusa a si mesma, num procedimento típico da poética pós-moderna.

Nesse caso, é importante lembrar que, segundo Arnold Aronson[23], boa parte da cenografia pós-moderna é realizada

---

23 A Cenografia Pós-Moderna, *Cadernos de Teatro*, n. 130.

nos palcos frontais, no quadro cênico e, além disso, boa parte dela recorre às telas pintadas como modo de estabelecimento da descontinuidade da percepção. Para Aronson, a cena pós-moderna requer uma distância, pede um observador, não um participante. O desenho pós-moderno é descontínuo e requer uma interrupção da percepção. Os elementos contrastantes, a mistura de referências, as justaposições devem se conectar na mente do espectador, na atividade perceptiva e intelectual. A cena pós-moderna parece jogar com os elementos anacrônicos, misturando estilos e referências, do mesmo modo como ocorre em *Fragmentos Troianos*.

Desta forma, assim como a história do homem parece repetir-se, retornando de um passado longínquo, igualmente o mesmo teatro trágico grego – já morto, já desaparecido – parece insistir em sua sobrevivência. Se a tragédia é a arte do passado, a presença do telão pintado reforça ainda mais o elemento arcaico da cena, de tal modo que os próprios personagens são transferidos para outra instância simbólica: eles representam a própria tradição teatral, são inseridos num "quadro cênico", transformando-se em signos de uma teatralidade já perdida. A cena instaura, assim, uma metalinguagem de caráter sutil. Esses elementos aparecem em *Fragmentos Troianos* de modo incipiente. A potencialidade destas ideias – a afirmação do passado e da morte como elementos propulsores da teatralidade, a metalinguagem e o jogo com o sentido da imagem – só seriam desenvolvidos com mais profundidade em *Antígona*.

MEDEIA E *MEDEIA 2*

Em geral, os espetáculos de Antunes Filho obtêm muita repercussão na imprensa. No caso de *Medeia* e *Medeia 2*, além dessa repercussão, verifica-se ainda a presença de trabalhos acadêmicos a respeito dos espetáculos. A obra *Medeia nas Malhas do Tempo*, de Daniel Martins Alves Pereira, é bastante significativa e abrange vários aspectos relativos aos espetáculos. Levo isso em consideração no presente ensaio e evitarei repetir descrições e discussões já devidamente abordadas na referida obra e buscarei tematizar mais diretamente a cenografia, valorizando

Fig. 27. Fragmentos Troianos, *de Eurípides. Centro de Pesquisa Teatral. Direção: Antunes Filho. Cenografia: Jacqueline Ozelo, Joana Pedrassoli Salles e Cibele Álvares Gardin. 1999.*

Fig. 28. *Cena de* Fragmentos Troianos.

Fig. 29. *Cena de* Fragmentos Troianos.

os seguintes aspectos: a relação entre estas obras e o conceito pós-moderno de cenografia proposto por Arnold Aronson, a relação entre os dois espetáculos e o modo como a cenografia cria ou não o espaço trágico.

Reunirei num único texto as análises de *Medeia* e *Medeia 2* visto que o segundo espetáculo é, na verdade, uma versão depurada e crítica do primeiro, uma evolução de um processo criativo que faz que a reencenação de *Medeia* seja, segundo Daniel A. M. Pereira, um processo de intratextualidade, quer dizer, o movimento pelo qual o autor reescreve sua própria obra[24]. Nessa reescritura do espetáculo, haveria a passagem de uma obra mais fechada para outra mais aberta. Em outro aspecto, menos conceitual, Antunes Filho declara que a nova versão ocorreu também em função de necessidades práticas, como realizar viagens e o tempo de montagem, fatores que levaram à subtração de elementos cenográficos, da iluminação e do próprio número de atores. Assim, a análise de *Medeia 2* subordina-se à de *Medeia*. A aproximação dos dois espetáculos

---

24 Ver *Medeia nas Malhas do Tempo*.

tornará mais clara as diferenças de abordagem cenográfica presente em cada um deles.

Medeia foi concebido para o palco frontal, mas rompe parcialmente com o estilo de sala à italiana, devido à pouca profundidade e à grande largura do palco, assim como pela proximidade da plateia com a cena. Essa configuração cria uma relação bastante intimista, como se o espectador estivesse dentro da cena. Ao ser perguntado sobre a opção de não usar um palco tradicional, Antunes Filho respondeu:

> É um palco meio como os de teatro nô (estilo de teatro japonês). Eu estou irritado com o palco italiano. Enjoei. Queria mudar. A gente quer mudar os espaços para conseguir algo novo. Se eu ficasse no palco italiano ficaria uma coisa repetitiva. Além disso, queria colocar a plateia junto com os atores. O que é uma experiência pós-moderna. Foi uma atitude meio crítica. Isso exigiu muito trabalho e exige uma técnica diferente de falar, o que também levou anos[25].

Dessa declaração de Antunes Filho, importa ressaltar dois aspectos. Em primeiro lugar, a presença de uma proximidade entre o espaço criado para *Medeia* e o espaço teatral do teatro nô; em segundo lugar, a tentativa de conceituar a experiência de aproximação de palco e plateia de uma estética pós-moderna.

No que diz respeito ao segundo aspecto, de fato, uma boa parte das experiências cênicas realizadas a partir da década de 1960 tem como característica o estabelecimento de novas relações entre cena e sala. Essas experiências encontram sua fundamentação ou formulação teórica em Antonin Artaud, cujos ensaios para a obra *O Teatro e seu Duplo* já propõem uma forma radical de reorganização da relação entre sala e cena. Mais precisamente, Artaud concebe justamente a ausência de separação entre os dois espaços, propondo um envolvimento sensorial mais direto. Com ou sem conhecimento das teorias de Artaud, muitos encenadores, cenógrafos e companhias teatrais formularam sua prática com base numa proposta de reformulação das relações entre sala e cena: isso ocorre, por exemplo, com Jerzi Grotóvski, no Living Theatre, no Bread and Puppet, com Eugenio Barba, René Allio, Jacques Polieri, entre

---

25 Entrevista Antunes Filho, op. cit.

outros. Todavia, seja do ponto de vista teórico, seja do prático, a ideia de reformular a relação sala-cena ou palco-plateia já se manifesta no final do século XIX e é determinante para as práticas estéticas do início do século XX, estando presente em Georg Fuchs, Appia, Craig, Meierhold, Max Reinhardt, Walter Gropius, entre outros. Neste movimento de busca de outras formas da relação cena-sala, muitos dos diretores, teóricos e cenógrafos adotam justamente a arte oriental como modelo, mais precisamente, o teatro nô japonês. Conforme observa Ana Mantovani[26], tanto Fuchs quanto Meierhold admiravam a relação entre público e ator presentes nos teatros antigos, elisabetanos e japoneses e optaram por valorizar menos a profundidade do que a largura do palco, assim como o uso de um proscênio que se estende para a plateia. Essas e muitas outras propostas constituem experimentações fundamentais para a modificação do modo de percepção do espectador. Desta forma, é possível dizer que a proposta de uma ruptura com a relação de frontalidade e, sobretudo, com as salas tradicionais acompanha toda a estética teatral moderna, sendo mesmo uma de suas características fundamentais. Além disso, seja no teatro, seja na pintura, o diálogo com a cultura oriental será decisivo para a busca de uma nova espacialidade ou visualidade. A conceituação estabelecida por Antunes Filho não seria, portanto, das mais corretas do ponto de vista histórico, embora seja legítimo pensar que, a partir da década de 1960, período em que começam a surgir as manifestações teatrais pós-modernas, houve crescente busca de novas relações entre sala e cena. A presença cada vez maior de espetáculos realizados em espaços alternativos, em espaços recuperados e em salas multiuso reflete essa tendência.

No que diz respeito ao primeiro aspecto mencionado por Antunes Filho, isto é, a presença de um espaço citado, embora a citação seja, de fato, um procedimento típico das poéticas pós-modernas, a argumentação anterior já nos lembra que a apropriação de espaços teatrais de outras culturas, em especial o teatro nô, está presente em toda a história do modernismo teatral. Essa aproximação ocorre em *Medeia*, sendo afirmada

[26] Ver A. Mantovani, *Cenografia*.

pelo próprio Antunes Filho como uma referência direta ao teatro oriental: "Penso nessa história contada sob a chuva, uma chuva constante no palco, signo da vingança da natureza por meio de temporais, tempestades, enchentes. Mas fiz isso como os japoneses. Com apenas alguns signos. Guarda-chuva, capa, um fio de água que escorre constantemente sobre a terra"[27].

Por sua vez, parte da opinião crítica reconheceu a relação entre a proposta cenográfica e o teatro nô. Para Luiz Fernando Ramos, a cenografia de Hideki Matsuka cita "o espaço cênico do teatro nô, com seus portais fechados por cortinas, que encaminham os atores à ponte que os levará à ação cênica, o cenário de Matsuka alonga lateralmente o palco, transformando-o numa extensa e larga ponte"[28]. Contudo Daniel M. A. Pereira mostra que, embora reconhecida pelos críticos, a referência ao espaço oriental não é admitida totalmente por Antunes Filho:

> Luiz Fernando Ramos ressaltou a referência que a cenografia fazia ao teatro nô. Ainda que Antunes tenha declarado que a sua conexão com o orientalismo não possui relação alguma com a forma – restringindo-se somente ao pensamento e à ideologia daquele ambiente –, o espaço construído para *Medeia* mostrava a sua profunda admiração por esta vertente teatral que permeia e influencia o seu trabalho. Os portais fechados por cortinas, utilizados no teatro nô – que encaminham os atores para a ponte onde a ação cênica vai ocorrer –, são, provavelmente referências para o trabalho cenográfico do CPT. Em *Medeia* eram observados esses mesmos portais e cortinas. A ponte estaria simbolizada pelo estreito palco-corredor, que se estendia lateralmente. Também a decoração do espaço fazia alusão a elementos orientais, além de constituir a artificialidade que conotava intervenção e controle humanos sobre a natureza[29].

Nota-se, assim, uma contradição entre a declaração de Antunes Filho para Néspoli, em que a redução dos elementos cênicos como elemento formal revelava uma influência do teatro japonês e essa afirmação de um vínculo de ordem ideológica com a estética oriental, vínculo este que recusa a influência formal.

---

27 Ver B. Néspoli, Antunes Filho Renova a Tragédia de Medeia, *O Estado de S.Paulo*, 25 jul. 2001, p. D3.
28 Síntese Iluminada, *Bravo!*, v. 5, n. 51, p. 143.
29 D. M. A. Pereira, op. cit., p. 95-96.

De minha parte, observo que, a rigor, o espaço criado para *Medeia* é bastante diferente do espaço do teatro nô, posto que este é constituído por três áreas, mais precisamente, uma área quadrada de cerca de seis metros de lado, que constitui o palco principal; uma área posterior, que forma o fundo do palco e uma ponte com cerca de dez metros de comprimento, que une esta área posterior à sala de espelhos. Por sua vez, a plateia encontra-se bastante próxima à área dos atores, envolvendo dois lados dessa área quadrada. A ausência de uma limitação precisa entre o espaço da representação e o espaço do espectador diferencia radicalmente o palco ocidental do oriental. Isto é, além da proximidade física, as convenções cênicas do teatro nô não estabelecem uma ruptura radical entre o mundo da plateia e o mundo da ficção cênica, entre interior e exterior.

Essa linha demarcatória incerta entre o palco e a plateia provavelmente se deve também à própria consciência tradicional japonesa da noção de espaço. Comparada à sala do tipo ocidental, que parece estar guardada numa caixa de concreto, os espaços que se localizam sob o beiral dos telhados das casas japonesas com varandas, não são rigidamente delimitados. Esses espaços pertencem ao "dentro" e ao "fora" das casas. Assim, são diferentes das paredes das casas do tipo ocidental, que determinam claramente o interior e o exterior. Ora, sobre o palco do nô existe um telhado cujo beiral se estende em direção ao público. O espaço do palco é diferenciado somente pela disposição dos pilares e possui apenas a parede de fundo. Cabe considerá-lo como aquele espaço que fica sob o beiral do telhado. Ele é a casa do daimio, um templo, a estrada para a capital ou uma metrópole[30].

Desta forma, a observação de Antunes Filho quanto ao fato de ter se inspirado no teatro nô só adquire sentido, por um lado, se for tomada em relação à quase integração da sala e da cena pelo viés da proximidade física e, por outro, se considerada como um procedimento de redução dos elementos cênicos, numa plasticidade que evoca o teatro japonês. Quer dizer, o espaço teatral japonês é, de certo modo, relembrado pela presença dos elementos simbólicos da cenografia, por meio da redução dos elementos cenográficos e pela presença

30 D. Y. Kusano, *Os Teatros Bunraku e Kabuki*, p. 69-70.

de cortinas pintadas. Uma descrição do cenário tornará mais clara a aproximação.

O espaço da representação é constituído de uma área retangular, metade dele sendo tomado por uma arquibancada destinada ao público e a outra metade formando um corredor longo e estreito. Nas extremidades deste corredor, duas passagens laterais destinadas à entrada e saída dos atores, cada uma destas passagens – feitas com batentes de madeira – é coberta por uma cortina, cuja pintura remete a elementos de vegetação: árvores derrubadas e em chamas, cenas de destruição da natureza. Ao lado da entrada da direita são colocados troncos cortados que formam algo semelhante a uma fonte, com um chuveiro ao centro, de onde sai água. Na lateral esquerda, ao lado do portal, também há troncos empilhados. No fundo, uma grande parede branca, com algumas manchas feitas de terra; ao centro, uma porta dupla, feita de madeira. A porta representa a entrada do palácio. Quanto aos elementos cenográficos propriamente ditos, na esquerda do palco, no proscênio, há um pequeno jardim japonês constituído por uma fonte feita de pedras, onde há velas acesas e uma torneira no centro, de onde escorre água no decorrer de todo o espetáculo. Para a cena final, o carro de fogo por onde sai Medeia, foi utilizado um segundo plano vertical, situado no lado direito do palco. Esse plano é preenchido com grande quantidade de velas. Nota-se, assim, que no cenário estão presentes os elementos da natureza: fogo, água e madeira, numa tentativa de dar tradução cênica para a proposta de encenação de Antunes Filho, que estabelecia uma relação entre o mito de Medeia e a devastação da natureza. Medeia aparecia como Gaia, como a Terra que se revolta contra sua própria criação, devido aos abusos cometidos contra ela. Em suma, a leitura que Antunes Filho faz do mito de Medeia parece ser baseada nos estudos de Olga Rinne sobre o mito[31].

Percebe-se, assim, que a cenografia possui um caráter minimalista, sendo dotada de poucos elementos. Com a presença da natureza a partir da referência aos quatro elementos, a presença do estilo japonês e a aproximação do palco e da plateia, o espaço cênico e a cenografia parecem nos remeter à sensibi-

---

31 Ver *Medeia*.

lidade e à espiritualidade orientais. Se, por um lado, o vínculo com o pensamento oriental e suas formas artísticas aparece como fator decisivo na elaboração do trágico em *Medeia*, por outro, ele vem ao encontro de uma necessidade de redução da plasticidade em prol da afirmação da força da palavra como elemento essencial. Deste modo, no momento em que é realizada *Medeia*, a redução dos elementos da cenografia, como afirmação de um minimalismo, está em profunda conexão com o apuro de Antunes Filho com a questão ética e técnica dos atores. O minimalismo e a crueza de *Medeia* são valorizados pelo diretor como elementos essenciais.

Sou minimalista nesse sentido. Você vê muito minimalismo em Medeia. Eu só uso o essencial, não tem penduricalho [...] Sem ornamentos idiotas [...] O negócio é na essência. Quando você assiste TV, cinema e teatro brasileiros, você fica poluído de tanta imagem. Eu concentro o olhar das pessoas, não as poluo com arabescos idiotas que não têm nada a dizer e cuja função é só ornamentar. E detesto ornamentos. Você conhece alguma poesia boa com ornamento? Não. Conhece alguma pintura boa com ornamento? Também não. A arte não precisa de ornamento. Tem de ir ao cerne, ir com fé, não ficar na periferia. Você precisa trabalhar no essencial. E é difícil chegar nisso.

De fato, ao se comparar a cenografia de *Fragmentos Troianos* à de *Medeia*, notar-se-á a presença de uma redução dos elementos visuais. E, além disso, numa tendência contrária ao entusiasmo inicial pela tecnologia na cenografia, o que se notará é uma tendência à redução, que chega ao máximo com *Medeia 2*, em que a cenografia é mais reduzida ainda, como veremos mais adiante.

Contudo, paradoxalmente, a redução dos elementos e a evocação do espaço oriental não constituem a única referência espacial do espetáculo. A redução dos elementos está presente também na própria cena grega antiga. Além disso, em *Medeia*, a presença de uma grande porta central num espaço de pouca profundidade e muita largura remete diretamente a uma estrutura do palco antigo e também a uma das principais convenções do teatro grego, relacionada à dinâmica espacial articulada entre espaço interior ou privado e espaço exterior ou público. Diferentemente de outras montagens teatrais que excluem a relação e a porta[32], Antunes Filho retoma uma forma espacial e propõe soluções cênicas que reforçam a interdependência original entre o texto e o espaço grego.

Para Goldhill[33], *Medeia* é uma peça exemplar quando se trata de mostrar essa interdependência. Nesse texto, a relação interior-exterior é essencial, na medida em que a peça desenvolve-se a partir de uma exacerbada tensão entre o interior e o exterior. O espaço privado é sugerido como um lugar marcado pela perturbação e pela dor e, ao longo da ação, é revelado como um espaço terrível onde as mortes são planejadas e realizadas. Entretanto, a personagem Medeia parece jogar com os dois espaços, como se ocultasse do público um plano terrível. Para o autor, a tensão entre interior e exterior nos coloca as seguintes questões: Podemos ver algo através das palavras de Medeia? Podemos saber o que realmente Medeia quer? Como a família de Medeia vive nesse ambiente? Além desta estruturação da peça dada pelo jogo espacial entre interior e exterior, o texto de Eurípides valoriza ainda o eixo vertical por intermédio da introdução do carro flamejante que vem conduzir Medeia e seus filhos para fora de Corinto, ao final da peça. O recurso ao *deus ex machina* afirma o triunfo de Medeia sobre Jasão: no texto, Jasão quer entrar na casa, mas não pode, assim como se vê impossibilitado fisicamente de tocar Medeia e reaver o corpo de seus filhos, pois o personagem se encontra num plano mais baixo do que ela. O eixo vertical afirma, assim, a transcendência de Medeia e a impotência de Jasão. Para Goldhill, a verticalidade é essencial para a compreensão da ambivalência moral do texto, pois a heroína matricida é divinizada e acaba por triunfar. Ora, na montagem de Antunes Filho, iremos perceber justamente uma hábil manipulação destes dois espaços: interior-exterior, eixo vertical. No primeiro caso, a porta central não somente é usada como Eurípides concebe (cenas simultâneas, criação de expectativa, lugar reservado ao assassinato, lugar inacessível a Jasão), como também cria um movimento longitudinal para a personagem Medeia, movimento que contrasta com a lateralidade dos demais personagens em cena. No que se refere ao eixo vertical, a fuga de Medeia é

---

32 Ver mais adiante as análises de *Medeia*, do Teatro do Pequeno Gesto.
33 S. Goldhill, op. cit.

realizada justamente num plano mais alto, à direita do palco, num pequeno espaço repleto de velas, resguardando a alusão ao carro de fogo e à distância entre Jasão e Medeia.

Em suma, no espetáculo *Medeia,* estão presentes duas matrizes espaciais: a da tragédia grega e a do teatro nô. Deste modo, percebe-se aqui a confluência e a sobreposição de dois espaços teatrais: o oriental e o ocidental. De acordo com Helene Foley, uma das tendências das encenações contemporâneas de tragédias gregas consiste justamente na junção de diferentes tradições teatrais num mesmo espetáculo. Exemplar desse aspecto é a encenação de *Os Átridas,* por Ariane Mnouchkine, no Théâtre du Soleil. Outra montagem que pode ser citada é *As Suplicantes,* de Ésquilo, com direção de David Wiles e Poh Sim Plowright, encenada num palco de teatro nô, na Royal Holloway de Londres, em 1995. Contudo, no espetáculo de Antunes Filho, não há essa junção, pois o diretor não retoma os códigos cênicos do nô, de modo que uma eventual citação da cena oriental permanece ao nível do espaço. Para Anne Ubersfeld, o uso deste recurso – a citação como presença num espetáculo de um outro espaço teatral – é mais interessante quando a natureza do texto e a do espaço citado são totalmente diferentes, de tal modo que o espaço modifica radicalmente o universo do texto[34]. No caso da *Medeia* de Antunes Filho, a presença espacial mais forte não é a do teatro japonês, mas sim a do teatro grego, em função, principalmente, da manipulação dos espaços interior-exterior e da presença do eixo vertical. Deste modo, o espaço não modifica a natureza do texto. Ocorre justamente o inverso: a cena grega predomina sobre a cena oriental, de modo que esta última parece apresentar-se como uma dissonância, como um elemento alheio que é evocado, aproximado. No entanto, não se pode deixar de ver que, além destas duas matrizes, uma outra referência espacial se apresenta.

Se considerarmos os objetos cênicos e a indumentária, o que se nota é a justaposição de uma terceira referência espacial e temporal: a contemporaneidade. A ligação do texto grego com a atualidade é feita por intermédio da presença de elementos como a cadeira de rodas de Egeu, os guarda-chuvas

[34] *Lire le théâtre* II.

e os sacos plásticos de lixo usados pelo coro, a serra elétrica, mochilas térmicas, entre outros. Pelo fato de não envolver a relação com uma imagem original e não se constituir como um comentário irônico, longe de ser um "pastiche pós-moderno", conforme julga Daniel M. A. Pereira, o enxerto de elementos da contemporaneidade é um procedimento típico das encenações de tragédias gregas, estando presente em toda a história do modernismo teatral. Assim, a encenação joga com a proximidade e a distância do texto em relação ao espectador, fazendo e desfazendo vínculos de identificação. Portanto a justaposição de espaços e tempos, num jogo de referências, estabelece uma imagem cênica de caráter atemporal, tal como ocorre em *Fragmentos Troianos*. O comentário da crítica Bárbara Heliodora parece-me bastante pertinente:

> O cenário de Hideki Matsuka, com poucos componentes de madeira, velas e água, remete a ação para um passado primitivo, enquanto os figurinos de Jacqueline Castro e Christina Guimarães evitam a cópia do grego mas, com total domínio do preto e do marrom escuro, evocam algo atemporal, porém devidamente remoto, fazendo uso interessante do plástico para o coro[35].

É exatamente no jogo de justaposições que se cria o espaço trágico. Segundo Vernant, os procedimentos cênicos gregos tendiam tanto a aproximar quanto a afastar o mito do espectador por intermédio de um jogo de linguagem. Em *Medeia*, o duplo movimento ocorre, de um lado, pela aproximação da imagem dos personagens à atualidade e, de outro, pela identificação da personagem Medeia ao símbolo de Gaia, simbolismo que é construído na relação com as doutrinas religiosas orientais. A mesma ambivalência ocorre com o espectador devido a sua proximidade com a cena, que o coloca também como agente, como participante da ação. Assim, o público tanto pode ser identificado ao agente destruidor (os personagens que possuem motosserras) quanto à personagem Medeia, não somente como elemento primordial, a natureza, mas também como ser oprimido, injustiçado, que pode, a qualquer momento, deixar aflorar sua revolta. O público é, portanto, lançado numa situa-

---

35 Uma Bela Montagem à Altura de Eurípides, *O Globo*, 28 ago. 2001, p. 8.

ção ambígua, em que é agente e paciente, inocente e culpado. O espectador é colocado, assim, no interior de um mundo antitético, que ganha força na justaposição do espaço grego, do espaço oriental e do espaço atual. A justaposição reforça dicotomias como imanência e transcendência, materialismo e espiritualismo, a ciência ocidental construtora do racionalismo e de uma visão mecanicista da natureza em confronto com uma visão monista, holista, própria ao pensamento oriental. Em suma, os gregos modernos entram em embate com as forças da natureza e com as tradições religiosas que tiveram que superar para afirmar sua própria identidade. Quer dizer, a justaposição pode evocar uma incompatibilidade de ordem trágica, que se constrói no jogo de oposições e de antagonismos, de identidade e distância. Ao confrontar esses espaços, *Medeia* nos lança no seio de um conflito radical: Antunes Filho aponta para uma cisão extrema que instaura a historicidade do homem ocidental, cujas marcas principais são dadas pelo conflito entre natureza e civilização, pela separação entre o eu e a psique grupal, pela superação da sociedade matriarcal pela patriarcal, pela abordagem racional do mundo em confronto com a abordagem mítica. Esses conflitos que se instauram no século v a. C. continuam presentes em nossa história, isto é, essa cisão original marca o destino do homem ocidental e está presente em todo o comportamento atual. Ao inserir a plateia praticamente no mesmo plano dos atores, a encenação nos lembra da natureza transgressora do homem, de sua arrogância e de sua desmesura (*hybris*), a qual se manifesta, por exemplo, na agressão do homem ao meio onde vive e na rejeição à ordem cósmica ou sagrada. O modo como esses atos de violação se voltarão contra seu agente é simbolizado pela aproximação entre Medeia e Gaia, ou Terra, cuja revolta pode trazer consequências funestas, catastróficas. Se, de um lado, por intermédio da cenografia, a encenação aponta para um controle da natureza por parte do homem – pela organização dos elementos naturais –, por outro, pelo simbolismo da personagem, a encenação nos revela o quanto esse controle é ilusório e perigoso. Deste modo, a cisão trágica original é recuperada pela justaposição espacial presente na cenografia do espetáculo. Percebe-se, assim, a continuidade das preocupações éticas de Antunes Filho, presentes em *Fragmentos Troianos:* a crítica ao modo de ação destrutiva do homem, a partir da razão instrumental, que leva a uma destruição da natureza.

Em *Medeia 2*, essa tensão original torna-se menos explícita, adquirindo um caráter mais aberto. Mais precisamente, os signos que justamente identificariam as matrizes espaciais anteriores praticamente desaparecem. A proximidade entre o público e a cena permanece, mas, em função da mudança do galpão antes utilizado, as paredes da construção deixam de ser utilizadas sendo substituídas por uma série de tecidos pretos que envolvem toda a área de atuação. Desta forma, no lugar da grande porta central e das cortinas laterais do espetáculo *Medeia*, há tecidos negros que, dotados de aberturas, formando passagens, determinam os limites entre o interior e o exterior. O jardim em miniatura que daria uma referência ao Oriente é substituído por um pequeno canteiro onde constam os quatro elementos. Segundo Daniel M. A. Pereira, são introduzidas luminárias que fazem uma alusão sutil ao mundo industrializado e um baú de madeira, que guarda as ervas de Medeia e o véu envenenado, numa referência ao caldeirão da bruxa. Essa retirada de determinados elementos possibilita maior desenvolvimento do jogo cênico, o qual se torna mais dinâmico pela maior utilização das passagens, que servem também para ocultar os atores, ou ainda pela utilização do plano alto, conforme ocorre na cena do Mensageiro e na cena final, do carro de fogo. A alusão ao teatro oriental está presente no coro, que, em vez de usar plásticos, agora usava uma maquiagem branca, com traços orientais. Nota-se, assim, que, em termos estilísticos, a cenografia parece seguir a tendência minimalista, oferecendo ao espectador maior multiplicidade de leituras. Conforme observa Daniel M. A. Pereira, nesta nova versão introduz-se a possibilidade de uma aproximação entre o texto grego e os rituais de candomblé e umbanda, de modo que Medeia se torna mais brasileira.

Para Antunes Filho, a afirmação de maior abertura de sentido da obra, isto é, o não fechamento numa determinada leitura da encenação marcaria o caráter pós-moderno do segundo espetáculo. Trata-se de uma espécie de autocrítica feita pelo diretor: enquanto *Medeia* seria moderno em sua busca de estabelecer um sentido unívoco para a leitura do espectador, *Medeia*

2 seria um espetáculo pós-moderno justamente porque oferece livre curso para a leitura e a interpretação do espectador, valorizando a diversidade de sentidos. Nesse aspecto, a ideia de pós-modernismo veiculada por Antunes Filho é equivocada, na medida em que, conforme observa Umberto Eco, esse tipo específico de abertura da obra está presente em várias fases da história da arte, mas, sobretudo, no modernismo e, no caso do teatro, em Bertolt Brecht. Ao contrário, na estética contemporânea, de natureza pós-moderna, o que marcará a abertura da obra será justamente o fato de o fruidor ou espectador colaborar para o próprio fazer, ou ainda o fato de a obra se afirmar como um campo de possibilidades, a acabar[36]. Além disso, convém notar que a tendência à redução dos elementos cênicos sempre esteve presente no decorrer da história do modernismo teatral, basta pensarmos em Jacques Coupeau, Charles Dullin, em Brecht e nas teorias de Artaud. Contudo, de fato, o aprofundamento das pesquisas teatrais centradas no trabalho do ator tendem a reduzir os meios plásticos de expressão cênica, como ocorre com Jerzi Grotóvski, Eugenio Barba, entre outros. Seguindo essa tendência, a cena contemporânea ou pós-moderna tenderá a acentuar o minimalismo cênico. Ora, as pesquisas do CPT, de Antunes Filho, em especial aquelas presentes nos espetáculos *Prêt-à-Porter*, tenderão a valorizar essa economia dos meios. Deste modo, se, por um lado, a conceituação de Antunes Filho sobre a abertura da obra revela certos limites, por outro, a ideia da economia dos meios plásticos de expressão cênica, o minimalismo cênico, é uma tendência própria ao pós-modernismo teatral. Além desse traço, é possível pensar que o processo de intratextualidade[37], que também se manifesta como típico das poéticas pós-modernas, revela-se como uma constante no trabalho do diretor. Em *Medeia 2*, o processo de retomada da própria obra vem radicalizar a dimensão da palavra no espetáculo.

Assim, em *Medeia 2*, tal intenção radical conduz justamente à redução dos elementos cênicos. A diferença entre a cenografia da primeira versão e a da segunda é melhor compreendida na crítica de Milaré:

---

36 Ver U. Eco, *A Obra Aberta*.
37 Ver D. M. A. Pereira, op. cit.

Na primeira versão, feita ano passado, a metáfora ecológica era explicitada desde o início do movimento cênico, que mostrava homens carregando troncos de árvores, num cortejo finalizado por um dos destruidores de florestas portando motosserra. O cenário acentuava a ideia da destruição da natureza de modo singelo: as entradas e saídas dos atores, à direita ou à esquerda, davam-se pelos portais cobertos de cortinas com pinturas de florestas incendiadas. Em outro ponto do palco, no proscênio, um minúsculo jardim japonês, com plantas, pedras e uma torneira que jorra água. O cenário traz à reflexão, por meio de elementos mínimos, essenciais, todo o drama do mundo atual, que repousa no sentimento autodestrutivo do ser humano.

Na segunda versão, em cartaz no Sesc Belenzinho, a metáfora não desaparece da tessitura dramática, desaparecem as referências explícitas, cenográficas. Já não entram os assassinos e carregadores de florestas assassinadas; já não existem as cortinas com florestas incendiadas, a história ficou restrita às palavras. O que não implica o desaparecimento da metáfora e sim a radicalização do minimalismo cênico.

Medeia continua sendo Gaia, a Mãe Terra, que se vinga dos ataques sofridos pela ação destrutiva dos homens matando os próprios filhos. Mas representa também, nos panteões da Antiguidade clássica, o momento de crise estabelecido pela queda do matriarcado. Um momento que se perpetuou no mundo ocidental até o século XX e que entra no século XXI ainda não solucionado. Esse aspecto da tragédia não contradiz a abordagem ecológica da encenação, pelo contrário, realça. Configura, igualmente, uma crise humana que pode ser paradigma da crise da humanidade[38].

As posições de Milaré reforçam o sentido da interpretação da cenografia de *Medeia* desenvolvido até aqui: a cisão original efetuada pelo pensamento grego aparece ainda como elemento determinante de nossa história atual, marcada também por uma perda da sacralidade, que é relembrada na referência ao Oriente. Se, por um lado, a montagem de *Medeia 2* reforça o gesto ético, sustentado no debate de ordem ecológica e política, por outro, ela reafirma o gesto ético-artístico que se instaura na busca de um radicalismo, de um levar ao extremo uma possibilidade, num processo de autossuperação. O próprio Antunes Filho comenta o sentido desta redução: ela visa a valorização da palavra e uma busca do essencial.

38 S. Milaré, Medeia 2, op. cit.

O que estamos procurando no momento é dar mais valor ao texto, fazer com que ele se sobressaia através da articulação perfeita, da eufonia, do valor musical [...] A cultura à nossa volta é tão recheada de coisas excessivas, supérfluas, instantâneas, que minha tendência é procurar o inverso: o simples, o profundo, aquilo que é realmente o mais importante e duradouro[39].

Mas, se desaparecem os signos cênicos que criavam o trágico pela justaposição dos espaços, cabe, então, perguntar como em *Medeia 2* o espaço trágico é configurado ou não. Quer dizer, se a imagem cênica deixa de ser uma metáfora do universo trágico, devido à redução máxima de seus elementos significativos, como ocorre em *Medeia 2* o espaço trágico? Pode o minimalismo traduzir ou estabelecer o sentido do trágico?

O trágico é sempre marcado por um conflito. Nas artes visuais, em especial na pintura moderna, o resgate ou afirmação desse conflito acontece, principalmente, nas estéticas marcadas por um forte elemento subjetivo, em que o humano pode ser colocado em questão. É assim, por exemplo, com o expressionismo, com o surrealismo e com o expressionismo abstrato. No século XX, as pesquisas plásticas voltadas para a exploração das relações objetivas e formais dos elementos da composição tendem a rejeitar a subjetividade em conflito, o aspecto emocional e expressivo da arte, afirmando a racionalidade da criação e da interpretação. O minimalismo é justamente o movimento artístico que impõe uma reação contra o aspecto subjetivo e trágico presente no expressionismo abstrato, seja através da afirmação das formas geométricas, seja com a redução do cromatismo, ou, ainda, pela valorização da materialidade dos objetos. Em termos de linguagem cênica, como elemento estilístico presente na cenografia, o minimalismo estabelece uma redução dos recursos cênicos e visuais, eliminando os grandes efeitos e a imagem discursiva, valorizando, principalmente, o jogo dos atores e a palavra. A tendência de se reduzir os elementos cenográficos tem se revelado como uma das mais presentes na cena contemporânea, pelo fato de condizer com as necessidades de redução dos custos de produção do espetáculo, ou, ainda, porque corresponde a novos modos de criação teatral,

---

39 J. A. Antunes Filho, Medeia 2, *Revista E*, ano 9, n. 67.

onde a ênfase é dada mais ao ator do que à imagem. Num outro nível, a redução dos materiais aparece como forma de se criticar o alto consumo e o desperdício presente na sociedade contemporânea. Como vimos, na ocasião em que encena *Medeia 2*, Antunes Filho parece estar em sintonia com essa linguagem teatral. Mas, na medida em que implica a eliminação dos signos que estabeleciam o conflito a partir da justaposição dos espaços, essa opção estética acaba retirando da imagem a possibilidade de exprimir o trágico.

Em suma, nesse movimento de redução, o trágico manifesta-se menos na imagem do que na palavra. O trágico parece insinuar-se no jogo entre o velado e o desvelado, entre o que Medeia revela e o que oculta em seu discurso, isto é, na dissimulação, no jogo ambíguo com as palavras. Como exemplo, podemos citar o modo como Medeia lida com Creonte e com Jasão quando eles estão em cena e quando saem de cena, ocasião esta em que a súplica, o aparente arrependimento, a postura submissa cede lugar ao ódio, ao desejo de vingança. Como vimos, Goldhill lembra que um dos aspectos fundamentais da tragédia *Medeia* encontra-se neste modo como os personagens e, por conseguinte, a plateia, podem ou não entrever o que está por trás de suas palavras. Nas palavras de Medeia, uma série de estratos se colocam, ora se percebe a mulher sofrida e injustiçada, ora a mulher vingativa e cruel, ou, ainda, a personagem mítica de ascendência divina, e, num outro significado estabelecido pela encenação, a mãe natureza. A personagem apresenta-se, assim, com uma dimensão enigmática e este enigma é colocado justamente pela palavra.

Mas é importante lembrar que a estrutura cenográfica, construída a partir de cenários cortinados, permite uma intensificação desse jogo de ocultar e revelar, por intermédio das saídas e aparições rápidas das personagens por entre as aberturas dos tecidos que delimitam o cênico e o extracênico. Essas cortinas são ordenadas com um certo rigor formal e, por sua serialização, tendem a fazer predominar o aspecto retangular e geométrico do espaço. As cortinas formam uma espécie de "caixa preta", um fundo sob o qual as paixões de Medeia se revelam e se ocultam. Em suma, o fundo negro estabelece uma situação de contraste em relação aos personagens. O jogo de contrastes, de ocultar e de revelar, tende a reforçar a teatralidade do texto e, ao mesmo tempo, mostrar o teatro se constituindo a partir de seus elementos minimamente necessários. A eliminação dos signos referenciais, históricos, temporais ou espaciais faz que a cena afirme seu caráter autorreferente, isto é, ela não é representativa ou metafórica, ela é assumidamente teatral. Mas essa teatralidade possui ainda um caráter mais radical.

Segundo Pierre Judet de La Combe[40], Eurípides é o primeiro autor a assumir radicalmente que não é a narração de uma história aquilo que distingue o trágico, mas a presença de atores que falam e cantam em cena. A ação fica num segundo plano em relação à linguagem, à medida que, em *Medeia*, Eurípides assume claramente a ausência de um além-mundo, pois nessa peça a única força divina é a própria Medeia e é esta quem diz, desde o início, aquilo que irá acontecer no decorrer da ação. Em suma, a palavra instaura o trágico: *Medeia 2* preserva a tensão entre o dito e o não dito, entre o revelado e o oculto pelas palavras, de modo exemplar, à proporção em que valoriza sobremaneira a palavra por intermédio da técnica vocal dos atores.

A encenação de Antunes Filho e as considerações de La Combe nos lembram das palavras de Nietzsche sobre o antinaturalismo do teatro grego, mais precisamente da desnaturalização e do artificialismo da cena grega promovidos, sobretudo, por meio da palavra e de sua musicalidade[41]. Mas este acento sobre a palavra, como elemento invisível do espetáculo, marca a essência da teatralidade como ato de pôr/em/cena, conforme afirma Denis Guénoum[42]. "O pôr/em/cena é a arte de colocar diante dos olhos a linguagem, o verbal, o textual. O teatro só é fiel a sua essência na medida em que coloca a anterioridade de um texto, distinto do ato da representação e cuja representação é a passagem ao visível"[43]. A teatralidade aparece como a vinda do texto ao olhar, o processo através do qual as palavras saem de si mesmas para produzir o visível. O corpo do ator, em sua materialidade, apresenta-se como o lugar dessa passagem para o visível. Texto e ator formam, portanto, os polos fundadores do teatro. Dado que

---

40 Ver Médée, quelqu'un, *Études Théâtrales*, n. 21.
41 Ver F. Nietzsche, *A Gaia Ciência*.
42 *A Exibição das Palavras*.
43 Idem, p. 54.

essa passagem é também operação criadora da espacialidade, o teatro revela-se como espaço, como observa Ubersfeld[44].

Pode-se dizer que a concentração naquela que seria a matéria-prima do teatro – o ator e a palavra/texto – implica a afirmação de uma espécie de crueldade, compreendida aqui de acordo com Clement Rosset[45] como a realidade manifesta desprovida dos valores que a mascaram como tal ou ainda como a natureza intrinsecamente dolorosa e trágica da realidade dada através da insignificância e do caráter efêmero de toda coisa no mundo. A redução radical dos elementos cênicos é bastante apropriada a uma estética que incide sobre a crueza essencial da arte teatral, quer dizer, a afirmação de seus elementos essenciais. No que tange à cenografia, a própria estrutura cenográfica contribui para acentuar essa crueza à proporção em que afirma intensamente sua própria materialidade e apresenta os elementos básicos que, dando suporte para o ator, revela-se fundamentais para a construção do ato teatral.

Deste modo, esta afirmação de uma teatralidade erigida a partir de seus mínimos elementos, tal como ocorre em *Medeia 2*, adquire maior profundidade na medida em que possui como objeto um texto fundador da tradição teatral ocidental. Ou seja, o discurso sobre a origem – como elemento determinante da teatralidade – constrói-se a partir de um texto arcaico, como o de Eurípides. Em *Medeia 2*, por intermédio do texto antigo, como texto de origem, Antunes Filho apresenta, concomitantemente, o teatro em seu manifestar-se originário.

ANTÍGONA, DE SÓFOCLES

Vimos até o momento que a presença de um conceito pós-moderno de cenografia aparece nos espetáculos anteriores a partir do procedimento de citação, de justaposição espacial e de redução dos elementos cênicos. Neste percurso, a ideia de um espaço trágico criado pela imagem cênica ora aparece com vigor, ora termina por se anular.

---

44 Ver op. cit.
45 C. Rosset, Le Principe de cruauté.

Fig. 30. Medeia, de Eurípides. Centro de Pesquisa Teatral. Direção: Antunes Filho. Cenografia: Hideki Matsuka, 2001. No primeiro plano, o coro junto ao altar. No plano intermediário, a porta de entrada para o interior do palácio. Ao fundo, a personagem Medeia encostada na parede, junto às cortinas e às toras de madeira situadas nas laterais da cena.

Fig. 31. Medeia, de Eurípides. A imagem mostra a porta central sendo utilizada para a entrada de uma atriz. Medeia (Juliana Galdino) ao fundo. No primeiro plano, à esquerda, atrizes que compõem o coro.

Fig. 32. Medeia 2. *Centro de Pesquisa Teatral. Direção: Antunes Filho. Cenografia: Anne Cerutti, 2003. Observa-se aqui a modificação radical na concepção cenográfica, feita com cortinas. Na cena: Jasão (Ailton Guedes) à direita e Medeia (Juliana Galdino) ao fundo.*

Fig. 33. Medeia 2. *Cena final: Medeia (Juliana Galdino) num plano superior, atrás da estrutura de cortinas. O coro ao centro, próximo ao altar.*

Do mesmo modo como ocorreu nos espetáculos anteriores, em *Antígona*, Antunes Filho propõe uma leitura bastante pessoal do texto de Sófocles. Os textos do programa da peça apontam para alguns eixos temáticos e para algumas questões formais e estéticas presentes no espetáculo. No primeiro caso, aparece a valorização do debate sobre a condição humana, a interdependência entre vida e morte, a valorização do tempo cíclico, do tempo sagrado, do tempo imemorial das origens, segundo a concepção do mito do eterno retorno analisada por Mircea Eliade[46]. No segundo caso, aparece a ambiguidade do coro, a valorização da palavra, a presença das teorias de Lionel Abel, a influência da poética teatral de Tadeusz Kantor, a introdução de um coro de bacantes, a concepção do rito como representação física e como forma de atualização dos mitos.

Em depoimento dado para Daniel Schenker Wajnberg[47] na ocasião em que quatro espetáculos do CPT estavam sendo apresentados no Rio de Janeiro, Antunes Filho afirma que havia acrescentado uma nova leitura a *Antígona*. Essa leitura, cuja natureza seria mítica, associa-se à valorização do arquétipo da liberdade, conforme o diretor revela numa entrevista para a *Revista Época*: "Quero que o público vá se identificando com o arquétipo de um conflito experimentado constantemente pelos homens, da dialética entre liberdade e sobrevivência"[48]. Numa entrevista cedida a Néspoli, Antunes Filho declara que o fundamental nessa dialética é a antecedência do primeiro termo em relação ao segundo:

O instinto de liberdade antecede o da sobrevivência. A gente vê isso diariamente, as pessoas se explodindo por uma causa. É terrível, mas é bonito também que os ideais possam levar a isso. Há uma espécie de neorromantismo, bonito, o sacrifício por uma causa nobre. É isso *Antígona* para mim. Não quero discutir, quero esse grito sufocado. Age assim, companheiro, age pela liberdade![49]

---

46 *O Mito do Eterno Retorno*.
47 Ver Entrevista, *Revista CAL Digital*, a. 1, n. 1.
48 A. Aranha, Trindade Irreverente, *Época*, n. 367.
49 B. Néspoli, Antunes Filho Estreia Sua Montagem de "Antígona", *O Estado de S.Paulo*, 18 maio 2005.

Nessa mesma entrevista, o diretor revê os princípios conceituais das tragédias anteriores e reforça a ideia da liberdade como tema central de *Antígona* e também como fator que reforça a atualidade do texto:

> Sempre procuro vender uma ideia. Em *Fragmentos Troianos* eu falava das lutas étnicas da Europa; não consegui atingir a tragédia, fiquei no drama, sei disso; *Medeia* era Greenpeace, as queimadas, as fogueiras, a destruição do planeta. Dei um passo adiante, era um drama radicalizado. Com *Antígona* falo da liberdade. Como falar em cidadania, sem o princípio da liberdade? Liberdade exige responsabilidade, não é libertinagem. Autocrítica é fundamental. Se não tiver autocrítica e souber receber crítica fica autoritário, como o Creonte. Só o homem que critica, faz autocrítica e recebe crítica é livre e pode respeitar os outros[50].

Contudo o foco na liberdade não pode ser considerado como uma nova leitura do mito, ao contrário, ele se mostra o mais vinculado à tradição. De acordo com Goldhill, *Antígona* é uma das tragédias que mais dialoga com a atualidade justamente porque traz um debate político radical em torno do conflito entre o indivíduo e o Estado, discutindo as obrigações legais do cidadão. Conforme observa Vernant, ao tratar do confronto entre duas esferas do direito, *Antígona* revela-se um texto que possibilita criar um discurso político não localizado, demonstrando grande maleabilidade e intensa capacidade de adaptação a outros contextos[51]. A origem desta interpretação essencialmente política de *Antígona* remonta a Hegel, que formulou uma das interpretações mais marcantes do texto de Sófocles. Essa interpretação, concebendo o equilíbrio do embate entre duas formas de direito, exerceu grande influência nos diretores teatrais ao longo do século XX, servindo como forma de construção de um discurso político, no qual a liberdade se opõe à tirania e ao arbítrio. Ora, no contexto do terrorismo internacional, observa-se justamente o movimento de emergência de um estado autoritário que, em nome da contenção à ameaça terrorista, restringe a liberdade, pondo em risco os

---

50 Idem, ibidem.
51 J.-P. Vernant, Tensões e Ambiguidade na Tragédia Grega, op. cit.

valores democráticos. Essa vertente temática foi valorizada, por exemplo, na montagem de *Antígona*, pelo Grupo Os Satyros, em 2002.

Talvez o elemento radical da leitura de Antunes Filho encontre-se no modo como o diretor trata o tema, o que se dá por uma atenuação deste embate central em prol de uma valorização do mito do eterno retorno, o que acarreta uma aparente despolitização do texto, quer dizer, uma relação não imediata entre o texto de Sófocles e o contexto atual. A entrevista concedida a Néspoli é esclarecedora porque revela a influência das teorias de Brecht sobre Antunes Filho e mostra uma intenção do diretor de, mais uma vez, criar uma leitura pós-moderna:

BETH NÉSPOLI: De acordo com esse seu raciocínio, quem não é livre é Creonte. Antígona é livre.

ANTUNES FILHO: Sim, ela é livre, mas veja bem. Tem uma lei não escrita e uma lei escrita. E a plateia tem de tomar partido. Aí eu estou usando a verdadeira dialética do Brecht e não como fazem por aí: olhem, esta é a verdade! O Brecht não faz isso, ele deixa a plateia concluir, essa é a verdadeira dialética. Brecht sempre disse: "o teatro épico que escrevi é para ser mudado a toda hora". Os atores pensam que afastamento é o quê? Para entender, é preciso ter um conhecimento histórico e social imenso, porque cada plateia é diferente. É preciso se perguntar como lidar com aquela plateia específica, com suas contradições, para que ela consiga julgar por si mesma. Eu, como diretor, não posso dizer isso é bom, isso é mau; se eu fizer isso estou perdido. Tenho que mostrar situações e o espectador concluir. A cabeça do espectador é o espetáculo. Mas geralmente vejo espetáculos didáticos do Brecht: faça isso, faça aquilo. É antidialético e antipós-moderno além de tudo. O pós-moderno cria desvios para surgirem novos pontos de vista; você não deve se deter em nada. Tem uma ideia? Foge. Tem outra ideia? Foge. Se não vai dar no modernismo, que é de cima para baixo, a ordem, e resulta em Auschwitz[52].

Sugere-se, assim, um tratamento épico e dialético na tragédia, assim como a presença de uma abertura de sentido na obra, conforme as teorias de Umberto Eco. O pós-modernismo da obra se sustentaria, pois, neste deixar em aberto a interpretação

---

52 B. Néspoli, Antunes Filho Estreia..., op. cit.

da obra, como ocorre em *Medeia 2*. Nesse aspecto, a posição de Antunes Filho se coaduna com a de Simon Goldhill, para quem a tragédia antiga teria a capacidade de tocar sob a pele do público, expondo a fragilidade de todas as certezas. Essa dinâmica se perderia quando os diretores buscam ser muito claros na tentativa de transmitir uma mensagem objetiva para a plateia. Nota-se que entre *Fragmentos Troianos* e *Antígona* existe um movimento de autocrítica por parte de Antunes Filho, o que faz que ele negue o fechamento da obra numa determinada leitura, privilegiando a abertura do sentido do texto e da encenação. Esse trajeto marcaria a diferença entre uma estética moderna e uma estética pós-moderna.

Onde se encontraria, então, a originalidade da leitura de Antunes Filho acerca de *Antígona*? Sugiro aqui que o tratamento épico dado à tragédia é que estabelece a distância da leitura de Antunes Filho em relação à interpretação tradicional ou hegeliana do mito. Esse tratamento se revela, sobretudo, na relação entre vida e morte, tal como é estruturada cenicamente (e cenograficamente) no espetáculo.

Conforme pode-se observar nos textos elaborados pelos criadores do espetáculo e pela própria recepção crítica, a leitura de Antunes Filho distancia-se da interpretação tradicional na medida em que parece atenuar o conflito central do texto. Segundo Mariângela Alves de Lima, "nesta concepção tudo está necrosado e o cansaço do combate milenar se imprime sobre todos os aspectos do espetáculo"[53]. Justificando a ausência de *páthos* presente no espetáculo de Antunes Filho, a crítica completa:

> Para os que se habituaram a ler essa tragédia sob a ótica do impulso libertário, é certamente um choque a paisagem pessimista que Antunes Filho delineia por meio da ironia das imagens, da repulsa e da descrença introjetadas na protagonista e da instalação de uma dor sem fim e sem remédio que recobre as atuações de Arieta Corrêa e de Rodrigo Fregnan[54].

Em artigo para a *Revista Bravo!*, Jefferson Del Rios corrobora a peculiaridade da interpretação do diretor: "Antunes Filho

---

[53] A Visão Aterradora de "Antígona", *O Estado de S.Paulo*, 10 jun. 2005, p. D 7.
[54] Idem

buscou outra dimensão, a do limiar entre a vida e a morte – 'se é que são mundos realmente separados' –, tema que preocupa desde os místicos, religiosos até os cientistas. A montagem é feita como se Sófocles observasse os fatos da peça antes de escrevê-la"[55]. A crítica de Milaré também é, mais uma vez, esclarecedora do sentido do espetáculo:

> O cenário de J. C. Serroni materializa a ideia na magnífica representação vertical de um cemitério, com gavetas e nichos onde repousam os restos mortais dos heróis de todas as tragédias gregas conhecidas. Na verdade, sabe-se que na Grécia antiga, como no Império Romano, os túmulos ficavam em locais de grande visibilidade, contribuindo para o embelezamento das cidades, ostentando em autorrelevo cenas mitológicas, muitas vezes cenas dionisíacas que celebravam o papel funerário de Dioniso.
> No entanto, apesar de realista, o cenário não é uma alusão arqueológica, mas o indutor da ideia de que a tragédia transforma em metafísico o espaço físico (nisso está a essência do metateatro). O ambiente da ação é ao mesmo tempo a ágora de Tebas, no plano da realidade histórica, e uma espécie de pátio de Hades, a região dos mortos, no plano metafísico. Não há meio de separar cartesianamente o mundo físico do metafísico no sítio onde vivem promiscuamente os deuses e os mortais – sítio que conhecemos por "tragédia"[56].

Sebastião Milaré nota ainda que uma das chaves de compreensão do espetáculo encontra-se na ideia do "metateatro". Uma primeira acepção de metateatro é aquela formulada por Lionel Abel[57], na qual a vida aparece como uma representação e a tragédia é considerada do ponto de vista da expressão da totalidade do homem, isto é, na relação direta que estabelece com o divino. Esta ideia da vida como representação torna-se concreta a partir da opção do diretor de usar o "teatro dentro do teatro" como recurso narrativo, visto que na montagem a ação dramática central é conduzida pelo deus Dioniso, que, aparecendo como um misto de mestre de cerimônias e diretor do espetáculo, comanda a ação dos personagens, fazendo mais

---

55 Morte e Vida Segundo Antunes Filho, *Bravo!*, 1º jun. 2005.
56 S. Milaré, Antígona, op. cit.
57 Ver *Metateatro*.

uma vez que eles venham fazer o ritual da encenação, num movimento que retoma o rito de nascimento e morte e relembra a própria origem do teatro. A ideia do metateatro se manifesta ainda no sentido de autorreferência, isto é, como forma de intratextualidade, na qual o encenador dialoga com sua própria obra. A concepção cenográfica é um elemento fundamental para revelar e determinar o jogo que se estabelece entre vida e morte, entre dois registros da ação teatral, ou seja, o épico e o dramático.

Em suma, a leitura de Antunes Filho funda-se na afirmação de uma convergência inseparável entre a vida e a morte como dinâmica do eterno retorno e, no interior dessa dinâmica, estabelece-se a ironia e o descrédito em relação aos valores humanistas, o que lança o espetáculo numa atmosfera profundamente pessimista e niilista. Veremos agora, mais precisamente, como a cenografia colabora para construir essa visão.

Se em *Medeia 2* percebe-se a tendência a eliminar os elementos cênicos em prol do trabalho do ator, o que se nota em *Antígona* é uma retomada de uma monumentalidade visual que de modo algum retira o foco dos atores. Essa retomada talvez ocorra em função do retorno do cenógrafo J. C. Serroni à criação cenográfica do CPT. Nesse processo, a cenografia de *Antígona* aparece como uma realização onde alguns aspectos das montagens precedentes parecem se condensar.

Concebida para o palco frontal, a cenografia de *Antígona* é constituída por uma grande estrutura situada ao fundo do palco, com forte verticalidade e grande largura. A estrutura é composta por três planos verticais, os quais formam três andares que representam paredes dotadas de uma série de grandes gavetas enfileiradas verticalmente. Além das gavetas, existem três estátuas gregas em nichos. Sobre cada uma dessas gavetas consta um nome de um personagem da mitologia grega (Édipo, Hipólito, Sêmele, Páris, Cassandra, entre outros), de modo a lembrar lápides ou gavetas de necrotério. Essas três paredes formam dois planos superiores, como grandes passarelas que dão acesso às lápides e às estátuas. Essa grande estrutura possui cores em tons de castanho, bronze e amarelo escuro, e uma textura que remete a materiais como pedra e areia. Duas escadas móveis na cor vermelha, como as que são usadas em bibliotecas e arquivos, quando manipuladas pelos atores, possibilitam o acesso do palco ao primeiro plano e do segundo para o terceiro plano. Nos lados direito e esquerdo, formando uma linha perpendicular a esse fundo, encontram-se duas grandes paredes, cuja textura é a mesma do fundo, e nestas laterais há uma coloração mais acinzentada. Assim, entre as duas paredes laterais e o fundo, formam-se duas grandes passagens, do lado direito e do lado esquerdo do palco, destinadas à entrada e saída dos atores. No conjunto, a composição é marcada pela simetria. Além disso, de modo surpreendente, um grande tubo de ar condicionado na cor vermelha, cuja parte principal encontra-se suspensa sobre a estrutura do fundo, já na altura das bambolinas, complementa a composição. Esse tubo cruza toda a largura do palco e se estende pela parede lateral direita, chegando ao piso do palco. Na cena são utilizados ainda objetos, tais como cadeiras brancas usadas pelo coro, duas mesas brancas, uma cadeira de rodas, um livro, uma garrafa de vinho sobre uma mesa e esqueletos na cena final. Conforme depoimento dado por J. C. Serroni para a elaboração deste trabalho, a estrutura pode remeter a um cemitério vertical e a uma ágora grega, de forma que o espaço parece sugerir uma espécie de escavação arqueológica. Mas, além disso, graças à presença do tubo de ar refrigerado, das mesas e das escadas, a estrutura assemelha-se também a um grande arquivo contendo uma diversidade de documentos, a um necrotério, a um cemitério vertical ou até mesmo a uma galeria de arte, como sugere J. C. Serroni.

Notável no projeto cenográfico é a justaposição de dois espaços incompatíveis, criando uma imagem cênica ambígua, onde o espaço exterior e o interior se confundem. Mais precisamente, o olhar do espectador se confunde e se surpreende ao perceber que o espaço do cemitério pode situar-se no interior de um outro espaço (do museu, da galeria de arte). Deste modo, o tubo de ar refrigerado tende a criar um efeito de estranheza para o espaço, subvertendo a representação. Portanto, a imagem cênica trabalha com a ambiguidade espacial: é interior e exterior, dentro e fora; é destinado a uma atividade cotidiana e burocrática, mas contém ainda uma dimensão metafísica dada pela presença da morte e do ritual aos mortos; é o espaço do encontro público, mas também o espaço do isolamento e da solidão; é o espaço onde a vida se perde, mas onde a memória se preserva; é um espaço de clausura, que propicia o sufocamento, mas é também o lugar climatizado artificialmente; é o espaço antigo, primordial, unido ao espaço moderno, contemporâneo; é o lugar da eternidade, mas também o do presente, do instante, de forma tal que a ambiguidade espacial se desdobra também numa sobreposição temporal.

Conforme comentário de Sebastião Milaré, além da ambiguidade, a ideia da autorreferência está presente também na cenografia:

> Os figurinos remetem a montagens anteriores, mantidas a liberdade com as identidades dos sexos, a obsessão pelos trajes negros e a subversão de época. A área de representação é, uma vez mais, ocupada por grupo de atores, que se movimenta em massa, em sentido horizontal, num mesmo balé de formas que lembram o clássico *Macunaíma*. A volta de J. C. Serroni ao Centro de Pesquisa Teatral reforça referências a outras montagens, com sua ambientação pétrea de cemitério-palácio e de caixões que se tornam vitrines, como em *Gilgamesh*, mas agora como quadros de exposição da morte[58].

Em seu depoimento, J. C. Serroni afirma que a autorreferência ocorre, de certo modo, em dois níveis distintos: num primeiro nível, a solução espacial presente em *Antígona* tende a retomar uma tendência estilística própria a Serroni e a Antunes Filho, a saber, a de conceber uma cenografia de contorno, na qual a área central da cena é deixada livre para o jogo dos atores e para a criação de marcas coreografadas; ocasionalmente, a grande área livre é ocupada por mesas, cadeiras para o coro e por outros objetos cênicos. Num segundo nível, a autorreferência se estabelece na medida em que algumas propostas presentes em outros espetáculos, como *Drácula* e *Gilgamesh*, tendem a reaparecer em *Antígona*. Uma das soluções já presentes nas outras tragédias encontra-se na atualização do figurino, isto é, na conexão entre o figurino dos personagens trágicos e a época atual, e na presença de objetos cênicos estranhos ao universo da peça, como é o caso, por exemplo, da cadeira de

---

58 S. Milaré, Antígona, op. cit.

rodas, também presente em *Medeia* e *Medeia 2*. Se a cena é organizada segundo um princípio no qual a monumentalidade da cenografia se contrapõe à presença de uma grande área central que é deixada livre para a atividade dos atores, tal como ocorre em *Fragmentos Troianos*, em *Antígona*, o procedimento é retomado com maior propriedade e intensidade. Assim, entre um espetáculo e outro percebe-se o aperfeiçoamento de uma poética cênica, a qual envolve a retomada e a referência a algumas soluções anteriores. Uma referência direta encontra-se na cena final do espetáculo, que parece repetir a cena final de *Fragmentos Troianos*: se neste espetáculo as personagens do coro entravam com bonecos-cadáveres fazendo uma dança, em *Antígona* a mesma dança é repetida, mas no lugar dos bonecos há esqueletos que são carregados pelos atores.

O conceito da encenação é exposto na primeira cena do espetáculo, em que os atores utilizam o segundo e o terceiro plano, acendendo uma vela na frente das estátuas gregas, ao mesmo tempo em que um outro grupo de atores faz arrumações nos elementos cenográficos (cadeiras e mesas) para, em seguida, retirarem dois caixões que revelam dois corpos. Um grupo de mulheres vestidas de preto entoa um choro, semelhante ao de carpideiras, para em seguida serem seduzidas e enfeitiçadas por uma espécie de mestre-de-cerimônias vestido com fraque branco, que, na verdade, é o deus Dioniso. Após a entrada de Dioniso e de suas bacantes-carpideiras, entra o coro dos anciãos, tal como no texto original. As duas atrizes saem do interior do caixão e tem início a fala das personagens Antígona e Ismêne. O elemento épico se instaura: Dioniso é o condutor do jogo do espetáculo, no qual se dá o diálogo entre a vida e a morte, o "ressuscitar" das personagens – que simbolizam todo o passado e a tradição – para, mais uma vez, no jogo do eterno retorno, contarem a mesma história, já conhecida por todos. Conforme afirma Antunes Filho:

> É inescapável a representação de Antígona. Sou pós-modernista, quero ver de viés. Estou fazendo uma revisão crítica da obra do nosso amigo Sófocles, aquilo que o pós-modernismo faz. É preciso reviver sempre a história, porque é exemplar. Conta de novo, conta de novo, e de novo, através de séculos. A gente conta essa

história para ver se o homem se modifica. A cada geração tem de repetir. É conto de crianças para adultos[59].

Retomando a análise da cenografia, observamos que, por suas dimensões, a monumentalidade do cemitério vertical, como tema central da imagem cênica e da encenação, tende a se impor ao espaço interior, a que chamarei de espaço do museu, conforme sugestão de Serroni. Ao usar o cemitério vertical como imagem principal, a cenografia põe em cena aquele espaço em torno do qual gira todo o conflito da peça, a saber, o espaço de sepultamento, o lugar dos mortos na sociedade. Mas, como vimos, o cemitério que se impõe pelas suas dimensões parece confundir-se com o espaço do interior de um museu. Isto é, existe a possibilidade de este cemitério ser uma obra de arte exposta num museu. Desta forma, parece-me que o próprio espaço da arte – e mais especificamente, do teatro – é questionado. O museu, a galeria de arte, aparece justamente como o lugar onde a obra de arte é sacralizada, revelando-se como um espaço que, por suas características físicas, se encontra separado da vida para que a obra possa existir. O espaço do museu seria também o espaço da morte da arte, quer dizer, de sua separação radical em relação à vida. As análises de Brian O'Doherty vão ao encontro dessa perspectiva:

> A galeria ideal subtrai a obra de todos os indícios que interfiram no fato de que ela é "arte". A obra é isolada de tudo o que possa prejudicar sua apreciação de si mesma. Isso dá ao recinto uma presença característica de outros espaços onde as convenções são preservadas pela repetição de um sistema fechado de valores. Um pouco de santidade da igreja, da formalidade do tribunal, da mística do laboratório de experimentos junta-se a um projeto chique para produzir uma câmara de estética única[60].

O autor nos lembra ainda do modo como a galeria de arte impõe uma espécie de atemporalidade: "A arte existe numa espécie de eternidade de exposição e, embora haja muitos 'períodos' (último modernismo), não existe o tempo. Essa eternidade

---

59 B. Néspoli, Antunes Filho Estreia..., op. cit.
60 *No Interior do Cubo Branco*, p. 3.

dá à galeria uma condição de limbo; é preciso já ter morrido para estar lá"[61]. Se esta sacralização do espaço da obra de arte constitui uma das vertentes do modernismo, a corrente contrária da arte moderna, em suas tendências mais radicais, buscou justamente sair de seus espaços tradicionais –galerias, museus, teatros, etc. –, para ir ao encontro de outros espaços, de outros modos de interagir com o público. Mas, em *Antígona*, de Antunes Filho, esse lugar permanece necessariamente como o lugar tradicional: o palco frontal. Assim, em *Antígona*, a representação do lugar dos mortos se alia à representação do espaço da morte da arte. Se os personagens – cujos nomes estão escritos nas lápides – contêm esta aura de eternidade, dada pela morte ou pelo fato de terem se tornado clássicos da literatura universal, para que essa atualidade seja reforçada, assegurada, torna-se necessário o ato da repetição, isto é, de seu retorno ao palco. Ora, por estar estritamente associada à origem, ao passado, à memória, à tradição, a tragédia associa-se também, de maneira simbólica, à morte, afirmando-se, segundo a célebre sentença hegeliana, como uma "coisa do passado". O espaço da morte é, portanto, criado pela cenografia do espetáculo.

Assim, em *Antígona*, a arte reafirma ironicamente tanto seu vínculo com a tradição, com o passado, quanto com a atualidade, com o presente e seu caráter fugaz. Essa afirmação ocorre a partir da justaposição de espaços. No movimento de justaposição, a cenografia de J. C. Serroni parece dialogar, conscientemente ou não, com as teorias de Foucault a respeito do espaço pós-moderno.

Segundo Foucault[62], o espaço pós-moderno é marcado pela simultaneidade, pela justaposição, onde o mais próximo se une ao mais distante, tratando-se de uma época da dispersão. Em seu breve ensaio sobre o espaço, Foucault encontra no conceito de posicionamento, entendido como as relações de vizinhança entre pontos e elementos, o fator que caracteriza o problema do espaço na atualidade. A partir daí, o autor focaliza sua atenção num tipo específico de espaço: a heterotopia. O conceito designa os lugares abertos sobre outros espaços, os lugares cuja missão é fazer que dois espaços se comuniquem entre si. Diferente das

---

61 Idem, p. 4.
62 *Estética*.

utopias, que designam lugares inexistentes, as heterotopias são lugares que, embora reais e existentes, parecem estar fora de toda a realidade, isto é, as heterotopias são utopias realizadas efetivamente. São lugares que contestam a nossa realidade pelo modo como invertem, neutralizam ou suspendem as relações sociais. O filósofo busca, então, fazer uma descrição sistemática das heterotopias, desses "espaços diferentes, estes outros lugares, uma espécie de contestação simultaneamente mítica e real ao espaço em que nós vivemos"[63]. Em nossa sociedade, há um predomínio das heterotopias de desvio, isto é, dos lugares destinados a abrigar pessoas que se desviam de um comportamento padrão, como é o caso das clínicas psiquiátricas, as prisões, as casas de repouso e os asilos. Mas é importante notar aqui que, dentre as heterotopias descritas por Foucault, encontramos justamente aqueles três espaços que constituem a cenografia de *Antígona*: o cemitério, o museu e o teatro.

Segundo Foucault, o cemitério seria um outro lugar em relação aos espaços culturais ordinários, é um espaço com o qual toda sociedade e toda cidade mantêm um tipo de relação. Mas o espaço do cemitério se transforma radical e paradoxalmente a partir do século XVIII, de forma que é justo no momento em que a civilização e a cultura perdem a dimensão do sagrado que se inaugura o culto aos mortos. A partir do momento em que não se tem mais a certeza de se ter uma alma e que o corpo ressuscitará é que se torna necessário maior cuidado com o corpo, que é finalmente o único traço de nossa existência no mundo, isto é, a morte se individualiza. O cemitério também passa a ocupar outro lugar na cidade, situando-se no limite das cidades e não mais no centro. Isto é, de modo correlativo à individualização da morte e à apropriação burguesa do cemitério, nasce também uma repulsa à morte, considerada como uma proximidade não desejável, como uma doença que deve ser afastada a fim de evitar sua propagação. Nesse movimento, os cemitérios passam a ser "outra cidade", onde cada família possui sua negra moradia. Mas essa outra morada, sendo a morada eterna, mantém uma relação de oposição ao tempo tradicional.

---

[63] Idem, p. 416.

Às análises de Foucault sobre os cemitérios, pode-se acrescentar o fato de que, no contexto atual, os cemitérios verticais apresentam-se como um modo de integração do espaço dos mortos ao espaço da cidade: são lugares climatizados, com lanchonetes, estacionamento, áreas verdes, etc., de modo a se eliminar a ideia depressiva da morte e, ironicamente, de resolver o problema da falta de espaço no tecido urbano.

Prosseguindo, nota-se haver uma relação íntima entre o espaço do cemitério e o espaço do museu. Assim como as bibliotecas, o museu se enquadraria no grupo daquelas heterotopias que são, ao mesmo tempo, heterocronias, quer dizer, são lugares onde o homem pode manter uma relação de absoluta ruptura com o sentido ordinário do tempo. Museus e bibliotecas, por exemplo, seriam heterotopias onde o tempo se acumula ao infinito, onde o tempo não cessa de se juntar, de se empoleirar. Esta ideia de organizar uma espécie de arquivo geral, de constituir um lugar de todos os tempos que seja em si mesmo um lugar fora do tempo, um lugar de acumulação perpétua, seria própria da modernidade. O museu e a biblioteca são heterotopias próprias à cultura ocidental do século XIX. Ora, em *Antígona*, o grande arquivo geral é constituído pelos personagens das tragédias antigas, são eles que – como fator de origem do teatro ocidental – constituem a nossa cultura teatral.

Foucault sugere ainda que o próprio espaço do teatro seria também uma heterotopia: "A heterotopia tem o poder de justapor em um só lugar real vários espaços, vários posicionamentos que são em si próprios incompatíveis. É assim que o teatro faz alternar no retângulo da cena uma série de lugares que são estranhos uns aos outros"[64]. Foucault parece se referir aqui ao fato de o teatro se constituir como um espaço destinado puramente à ilusão, ao jogo, à representação e que, como tal, pode criar – com a cenografia – pequenos mundos absolutamente reais, dotados de regras próprias, mas cuja existência é fictícia. Assim como os museus e as bibliotecas, o teatro aparece como um mundo à parte, que rompe com a temporalidade cotidiana, e diferentemente dos dois primeiros, ele celebra não o acúmulo de tempo e a eternidade, mas, sim, a fugacidade da vida, o elemento transitório, a

---

64 Idem, p. 418.

vida como ilusão. Paralelamente, como vimos ao fazer a análise de *As Bacantes*, esse outro espaço pode ser um lugar onde a vida em sua potência é exaltada ao máximo, mostrando-se mais real que a vida cotidiana. O teatro pode ser, portanto, um espaço de exceção, de diferença radical.

A cenografia de *Antígona* representa, assim, duas heterotopias – o cemitério e o museu – considerados aqui como espaços de afirmação da presença da morte, concreta ou simbólica. O cemitério, como morada da morte, é o espaço dos personagens e dos atores. É possível perceber um gesto ambíguo: a ideia de uma sacralização do trabalho do ator fulgura como uma necessidade do teatro atual ou apresenta-se também como uma coisa do passado? A essa ambiguidade e ironia acrescenta-se uma outra: se, ao ser colocado num museu, o trabalho do ator é igualmente visto como uma obra de arte, a arte, por sua vez, aparece desprovida de valor, posto que o espaço igualmente sacralizado não comporta mais a arte. Observa-se assim que, ao lidar com heterotopias, com espaços permeados pela morte, a cenografia põe em questão justamente aquele elemento fundador do teatro: o ator. Como tal, a cenografia e a encenação reforçam o olhar sobre o ator, aspecto que, tanto para Antunes Filho quanto para J. C. Serroni, se apresenta como alicerce para o fazer teatral. Quer dizer, assim como ocorre nas montagens anteriores, em *Antígona*, acentua-se o valor do trabalho dos intérpretes.

Além disso, pelo fato de a encenação trabalhar com a ideia do metateatro, ocorre, de um lado, que a duplicação do teatro reforça seu caráter de heterotopia e, de outro, que a própria ligação do teatro com a morte também se aprofunda, pois, se a afirmação da fugacidade e da transitoriedade da vida acentua a presença da morte, de outra parte, também é verdade que a intensificação da vida, da ilusão e da representação tende a indicar que, por se contrapor à intensidade vital, à exuberância própria do ator, a vida cotidiana, a vida ordinária revela-se como uma vida atenuada, decadente, sendo contaminada pela morte. A arte e o teatro aparecem, assim, como forças de contraposição às energias da decadência, às formas de decomposição e de negação da vida, tal como formula Nietzsche.

De modo paradoxal, a arte do passado por excelência que é a tragédia grega ainda tem o poder de tocar profundamente o homem contemporâneo. Daí a justificativa de sua constante repetição num gesto ritualístico. Por sua vez, a repetição aparece sob o signo do cansaço, do esgotamento, como se o espetáculo questionasse intimamente sua real necessidade no contexto atual. Dioniso, o deus do teatro, é o elemento que traz à vida estes seres mortos, caídos no esquecimento, cuja única marca de lembrança ocorre através do nome, da palavra. Dioniso é o deus que, segundo Heráclito, é o mesmo que Hades. A cenografia joga assim com dois registros semiológicos: o personagem aparece como elemento gráfico, letra morta numa lápide, e também como corporeidade, presença viva do ator que, num gesto paradoxal, traz a morte para a cena por intermédio de seu próprio corpo. Ao colocar o túmulo como o lugar do personagem e do ator, a cenografia dá concretude a este jogo entre vida e morte. Daí a presença fundamental de Dioniso como o deus condutor do rito de vida e morte. Ao desenterrar os personagens, trazendo-os de volta à vida, ao fornecer comandos para que as personagens ajam, ao fazer personagens entrarem e saírem de cena, ao "soprar" as falas do coro, ao conduzir Antígona em sua cadeira de rodas, Dioniso reforça a consciência da teatralidade, pela duplicação do próprio teatro. A cenografia, portanto, por sua estrutura, colabora para a acentuação desse gesto, na medida em que os personagens/atores são retirados de dentro das tumbas, saindo do espaço da morte para a vida, quer dizer, para sua vida teatral. O crítico Macksen Luiz também identifica a presença desse recurso, denominando-o de teatralidade:

> No cenário de um cemitério, os cadáveres insepultos de Etéocles e Polinices são revelados por Dioniso, um deus que exuma a tragédia de seus arquétipos para, reduzida a sua ação essencial, desmontar os mecanismos do teatro. A teatralidade assume deste modo, mais do que os cânones trágicos, o centro da cena nesta versão de Antunes Filho para *Antígona*, de Sófocles. O ato de desafiar o interdito e as tragédias desencadeadas a partir da intolerância se transformam em exercício sobre a conexão vida e morte, em especulação sobre o mistério do sagrado, revivificados pelos rituais da encenação[65].

---

65 M. Luiz, Conexão Vida e Morte, *Jornal do Brasil*, 3 ago. 2001, p. 2

Fig. 34. Antígona, *de Sófocles*. Centro de Pesquisa Teatral. Direção: Antunes Filho. Cenografia: J. C. Serroni. 2005. Plano geral do cenário. Cena de Antígona (Juliana Galdino) e Ismêne (Arieta Correa). Ao fundo, Baco (Carlos Morelli).

Fig. 35. Antígona, *de Sófocles*. Cena final: À esquerda, Creonte (Rodrigo Fregnan) e sua sombra sobre o corpo do filho morto. De pé, à esquerda, Baco (Carlos Morelli). O coro executa uma dança carregando esqueletos.

O espaço de *Antígona* reforça o caráter do metateatro, reafirmando um jogo de ambiguidades. O espaço do teatro não é somente a representação do espaço da morte – do cemitério e do museu –, mas ele é em si mesmo um espaço onde a vida brota da morte e, por sua vez, onde a morte, desde sempre, perpassa a vida. O teatro – a tragédia grega – aparece, pois, como o espaço da morte. Por sua vez, *Antígona* é o texto que tematiza de modo radical esta fusão da vida e da morte, pelo fato de a personagem central ser enterrada viva, por escolher a morte e, com ela, a liberdade.

Em suma, por intermédio da justaposição dos espaços, a cenografia tende, portanto, a reforçar o jogo de ambiguidades próprio à tragédia. Este jogo de ambiguidades, no qual polaridades são reunidas (interior-exterior, passado-presente, vida-morte, físico-metafísico, entre outras) parece se desdobrar na ideia do teatro dentro do teatro, ideia que se desenvolve a partir da autorreferência, da metalinguagem, da recuperação do passado, da citação e, por conseguinte, da paródia. Nota-se, assim, que a cenografia de *Antígona* tende a incorporar conceitos e elementos próprios de uma poética teatral contemporânea e que, além disso, nos quatro espetáculos encenados por Antunes Filho está presente, em níveis distintos, a ideia de uma cenografia de características pós-modernas.

2. A Tragédia e a Cidade:
Medeia, de Eurípides

O mito de Medeia serviu de tema para diversas obras artísticas e literárias ao longo da história da arte ocidental. O texto de Eurípides foi escrito e encenado em 431 a. C. e desde então foi retomado por diversos autores teatrais. Em *Medeia: Dois Momentos de Um Percurso Trágico*, Lílian Lopondo e Maria Luiza Guarnieri Atik nos lembram deste percurso:

> Entretanto, é com Eurípides que o mito da conquista do Velocino de Ouro e os amores de Jasão e Medeia se perpetuam no universo da tragédia clássica, tornando-se a versão mais conhecida e cotejada ao longo dos séculos em numerosas adaptações teatrais, tais como: *Medeia*, de Corneille (França, século XVI); *Medeia*, de Giovanni Battisti Niccolini (Itália, século XVIII); *Medeia*, escrita por Franz Grillparzer (França, 1822); *Medeia*, de Hippolyte Lucas, representada em Paris, em 1855; *Medeia*, de Jean Anouilh (1953); ou ainda, uma de suas variantes, *Gota d'água* de Paulo Pontes e Francisco Buarque de Holanda, tragédia ambientada na periferia carioca, da década de 1970[1].

A essa lista de obras realizadas a partir do texto de Eurípides, pode-se ainda acrescentar outros títulos. Por exemplo, na arte

---

1 L. Lopondo; M. L. G. Atik, *Medeia*.

da ópera, o mito de Medeia inspirou diversas obras, como *Medeia*, de Marc Antoine Charpentier, de 1694; a ópera *Medeia*, de Luigi Cherubini, de 1787; e *Norma*, de Vicenzo Bellini, escrita em 1831; *Medea*, de Giovanni Pacini, de 1843, entre outros.

No século XX, o mito recebeu diversas versões cinematográficas[2]: a *Medeia*, de Píer Paolo Pasolini, produção de 1969, com Maria Callas no papel principal; Jules Dassin realizou, em 1978, o filme *A Dream of Passion* (Um Sonho de Paixão), inspirado no mito de Medeia; em 1987, Babis Plaitakis produziu *Summer of Medea* (Verão de Medeia); já em 1988, o diretor dinamarquês Lars Von Trier dirigiu também sua versão do mito, intitulado *Medeia;* em 2005, em *Inferno*, o cineasta Danis Tanovic fez uma atualização do mito de Medeia; em 2007, uma adaptação do mito para os dias atuais foi dirigida por Tonino De Bernardi, cujo título é *Médée miracle* (O Milagre de Medeia). Na televisão brasileira, o mito foi, inicialmente, adaptado pelo dramaturgo Oduvaldo Vianna Filho e realizado sob direção de Fabio Sabag, em 1973. Foi este trabalho de Oduvaldo Vianna Filho que, por sua vez, viria a inspirar Paulo Pontes e Chico Buarque para a criação do espetáculo *Gota d'Água*, em 1975, com direção de Gianni Ratto.

Já no teatro propriamente dito, vários mitos gregos foram revistos e levados à cena ao longo do século XX, com autores como Jean Giraudoux, André Gide, Bertolt Brecht, Jean-Paul Sartre, Anouilh, Jean Cocteau, Heiner Müller, entre outros. Na cena brasileira em particular, observa-se que a partir dos anos de 1990, o mito de Medeia passou a ser revisitado, dando margem a diversas releituras, o mesmo ocorrendo com o texto *Medeia*, de Eurípides, que foi encenado por diversos criadores teatrais.

Em 1995, Denise Stoklos fez sua leitura do mito num espetáculo chamado *Des-Medeia*. Em 1997, Jorge Takla realizou uma colagem de vários textos sobre o mito de Medeia, com dramaturgia de Consuelo de Castro. Em 2003, o diretor Nivaldo Franco apresentou uma versão do texto chamada *7 Vezes Medeia*, que foi encenado nos jardins do Museu da República, no

---

2 Sobre as produções cinematográficas baseadas nos textos trágicos gregos produzidos a partir da década de 1980, ver P. Michelakis, Greek Tragedy in Cinema, *Dionysus Since 69*.

Rio de Janeiro. Em 2004, a diretora Regina Galdino encenou o texto de Consuelo de Castro *Histórias do Mar Aberto: Medeia Conta a Sua História*, no Teatro Sérgio Cardoso, em São Paulo. Em 2007, o Grupo Odradek encenou o texto *Traço – Observações sobre Medeia*, com direção de Fábio Ferreira, espetáculo apresentado no Teatro de Arena do Sesc Copacabana, no Rio de Janeiro. Neste mesmo ano, outra adaptação do mito foi levada à cena, desta vez numa colagem de textos de Eurípides, Sêneca, Heiner Müller e Paulo Pontes. Trata-se do espetáculo *Itãs Odu Medeia*, com direção de Luciana Saul, que também assina o roteiro com Thomas Holesgrove. O espetáculo foi apresentado no Viga Espaço Cênico, em São Paulo. No âmbito do teatro universitário, foi realizada no ano de 2008, na Universidade Federal de Ouro Preto, a montagem *Medeia de Bandido*, com direção de Marcelo Costa.

No que diz respeito às encenações do texto de Eurípides, observa-se que, ao se tomar como referência os principais centros de criação teatral, isto é, as cidades de São Paulo e Rio de Janeiro, desde sua primeira encenação – em 1948, com direção, cenografia e figurinos de Ziembinski e com Henriette Morineau no papel central –, *Medeia* foi um texto pouco encenado. Somente em 1970 outra grande atriz encarnaria a personagem de Eurípides: Cleyde Yáconis, na encenação de Silnei Siqueira, apresentada em São Paulo e em diversas cidades brasileiras. Contudo o quadro começa a se reverter com a chegada do novo milênio. Em 2001, o texto de Eurípides foi retomado por Antunes Filho, que realizou duas versões, intituladas *Medeia* e *Medeia 2*. No ano de 2003, o texto foi montado pelo Teatro do Pequeno Gesto e, no ano seguinte, por Bia Lessa, ambas encenações realizadas no Rio de Janeiro.

Nota-se que, a partir de meados da década de 1990, o mito de Medeia passa a ser retomado com maior frequência, talvez em virtude de as questões que ele envolve apresentarem uma relação mais direta com o contexto social e político do novo milênio, no qual temas como a relação entre bárbaro e civilizado, a convivência tensa com as diferenças culturais, a valorização da ótica feminina, a emergência de um pensamento anticolonialista, entre outros, ganham maior espaço e relevância. É nesse processo por meio do qual o próprio mito revela conexões às vezes inesperadas com a contemporaneidade que se fazem releituras e adaptações cênicas do texto clássico.

Medeia, de Eurípides, é um texto cuja estrutura implica relação direta com alguns problemas espaciais colocados pelo espaço cênico grego. Como disse antes, o trágico se constrói, por um lado, a partir da dinâmica entre o espaço interior e o espaço exterior e, por outro, a partir de uma valorização do eixo vertical. Enquanto as duas versões do texto realizadas por Antunes Filho construíram-se a partir da valorização da frontalidade espacial, as montagens que veremos agora, a do Teatro do Pequeno Gesto e a de Bia Lessa, propõem outro modo de relação com o espaço, isto é, ambas trabalham com uma forma de espaço cênico que recusa a dinâmica presente no texto em seu vínculo com o espaço grego original, justamente por estabelecerem outra organização do espaço cênico.

A montagem do Teatro do Pequeno Gesto estreou em maio de 2003, no Teatro Maria Clara Machado, com adaptação de Fátima Saadi e Antonio Guedes, que também assina a direção do espetáculo, cenografia de Doris Rollemberg, figurinos de Mauro Leite e iluminação de Binho Schaefer.

Vimos anteriormente que a encenação de tragédias gregas sempre envolve uma relação entre o teatro e sua origem: não somente os problemas de uma poética teatral, mas também elementos formais e temáticos são recolocados pelo texto grego para o encenador da atualidade. Malgrado a distância histórica e a diferença de contextos estéticos, estes elementos ainda se fazem repercutir quando se trata de um autêntico questionamento acerca do sentido do teatro em nossa sociedade. O texto de Antonio Guedes e Fátima Saadi exposto no programa da peça é esclarecedor nesse sentido:

> Se a tragédia, em sua época, já lidava com a simultaneidade de dois mundos – o da pólis e o do mito – o trabalho sobre ela, nos dias de hoje, confronta-nos novamente com a simultaneidade. Ao mesmo tempo em que temos nas mãos um pouco da origem do teatro, esta origem nada tem a ver, em princípio, com a inserção social do teatro hoje. Estamos, portanto, de novo entre dois mundos: o antigo e o atual. E estamos também diante de um desafio: qual o sentido da tragédia na contemporaneidade? [...] O fato é que, hoje, trazemos a Grécia em nós de uma forma apenas latente. Esta cul-

tura está perdida [...] Está para ser redescoberta. E, na tentativa de construção de um sentido, acabamos sendo levados a perceber que preocupações estéticas atuais – como o uso da construção épica e sua convivência com a construção dramática – encontram eco na estrutura da tragédia, em que se articulam as odes corais e as falas dos personagens. Percebemos também que preocupações sociais prementes em nossa época – tais como a relação com o outro, o diferente – estavam sendo colocadas em jogo no texto grego. Pensando por uma certa perspectiva, observamos que as diferenças culturais são agora, como foram no passado, um embate em que se alternam diálogo e intolerância[3].

Desde o início do teatro moderno, o ato de pensar o sentido da tragédia na atualidade envolve sempre o ato de estabelecer um confronto entre os valores culturais, políticos e artísticos vigentes nos textos antigos e aqueles que vigoram na época contemporânea. Se, do ponto de vista artístico ou estético, um dos problemas que chama a atenção dos criadores do Teatro do Pequeno Gesto é o da convivência entre o épico e o dramático na poética teatral contemporânea, do ponto de vista cultural ou político, um dos problemas emergentes da atualidade seria o da relação com o outro, com o diferente. No contexto da globalização, o tema da relação com o outro ou a relação entre o mesmo e a alteridade encontra-se em evidência, possuindo um desdobramento que toca dimensões éticas, psicológicas, sociais, culturais e políticas.

Segundo David Harvey, por exemplo, a cultura pós-moderna se funda numa exacerbação da experiência da "compressão do tempo-espaço"[4] proporcionada pelas tecnologias de informação e comunicação. Essa experiência aponta para uma estrutura social de caráter multicultural e multiétnico, na qual as diferenças culturais e ideológicas tendem a se confrontar, seja nas práticas artísticas, seja ainda no plano do comportamento. Nesse processo, a relação com o outro adquire novos contornos, pois modos diferenciados de vida – dados pelas minorias de toda ordem – são revelados como legítimos, como passíveis de aceitação. Mas essa emergência do outro tem como contrapartida a criação de reações diversas, sejam as manifestações

---

3   A. Guedes; F. Saadi, *Medeia*.
4   Ver *Condição Pós-Moderna*.

de caráter racista, seja a xenofobia, seja a segregação e a discriminação, ou ainda as guerras étnicas. Em suma, se, de um lado, no contexto da pós-modernidade, o diálogo com o outro pode acompanhar-se de um maior grau de violência e de intolerância, por outro, o diálogo pode se construir numa relação assimétrica de poder, como observa David Harvey:

enquanto abre uma perspectiva radical mediante o reconhecimento da autenticidade de outras vozes, o pensamento pós-moderno veda imediatamente essas outras vozes o acesso a fontes mais universais de poder, circunscrevendo-as num gueto de alteridade opaca, da especificidade de um ou outro jogo de linguagem. Por conseguinte, ele priva de poder essas vozes (de mulheres, de minorias étnicas e raciais, de povos colonizados, de desempregados, de jovens, etc.) num mundo de relações de poder assimétricas[5].

Percebe-se, assim, que o problema do outro, do diferente, apresenta-se como um dos temas mais prementes da contemporaneidade. Em *Homo Aestheticus*, Luc Ferry faz uma descrição das três eras da ética, apontando para o fato de que na era da "autenticidade contemporânea", cujo início ocorre na década de 1960, o foco do comportamento se concentra na "expressão de sua própria personalidade", no desabrochar de si mesmo. Longe de ser meramente uma exacerbação do individualismo, a autenticidade envolve também um aumento da ideia de tolerância, de respeito ao outro. "A 'alteridade', em nossos dias, tornou-se o mais seguro de todos os valores, a palavra de ordem incontornável e incontestável"[6]. Autenticidade e alteridade implicam, assim, o convívio das diferenças. Provavelmente, porque traz à tona o debate acerca do outro, que, por sua vez, irá envolver uma discussão sobre a relatividade de valores como "barbárie" e "civilização", o mito de Medeia passou a ser bastante valorizado nos últimos anos.

Outro aspecto que Antonio Guedes e Fátima Saadi destacam encontra-se na valorização do tema da escolha, da liberdade da personagem Medeia, o que significa que Eurípides desloca o sentido do trágico da esfera do divino para a esfera

---

5 Idem, p. 112.
6 L. Ferry, *Homo Aestheticus*, p. 358.

puramente humana, superando a ambivalência entre os atos dos deuses e dos homens como motor da ação trágica. "Nas tragédias, em geral, há sofrimento do personagem trágico quando ele é atingido pelo destino; mas, em Medeia, como o destino é desenhado passo a passo pela protagonista, o sofrimento passa a ser também uma escolha"[7]. Ao contrapor gregos e bárbaros, o texto de Eurípides colocaria em confronto dois *ethos*: "Se, para um grego, o cuidado consigo próprio, o equilíbrio emocional, enfim, a justa medida são o horizonte almejado, para uma estrangeira como Medeia, a vingança só se conclui quando o inimigo está aniquilado. Mesmo que isso envolva um profundo sofrimento"[8]. Nessa perspectiva em que dois valores éticos se confrontam e, por conseguinte, a relação com o sofrimento se diferencia culturalmente, os autores traçam um paralelo entre a ação de Medeia e a fusão entre sacrifício religioso e combate presente em certas ações de ordem bélica: "Somos levados a pensar no *kamikaze* que se lança contra o inimigo para alcançar a glória ou nos guerreiros de Alá, que apressam sua entrada no paraíso pela luta contra os infiéis"[9]. Veremos, a seguir, como a montagem de Bia Lessa valoriza os mesmos temas e, curiosamente, traça o mesmo paralelo.

Medeia, de Eurípides, com tradução de Millôr Fernandes e direção de Bia Lessa, estreou em abril de 2004, no Teatro Dulcina, no Rio de Janeiro. A cenografia é de Gringo Cardia, a iluminação de Maneco Quinderé, os figurinos são de Sylvie Leblanc.

A montagem dirigida por Bia Lessa aponta também para a problemática do outro e a da responsabilidade. Tomando como base o programa da peça, nota-se na apreciação de Roberto Machado, por exemplo, um questionamento sobre o que o texto nos permite pensar na atualidade. A crise profunda na civilização grega, de que Eurípides é testemunha, se evidenciaria "na crítica da concepção tradicional de divindade, na valorização da responsabilidade e da decisão, na relevância do domínio privado com relação ao domínio público, na denúncia da guerra e na defesa da paz"[10]. Essa mesma perspectiva é reforçada por

---

7 A. Guedes; F. Saadi, op. cit.
8 Idem, ibidem.
9 Idem, ibidem.
10 R. Machado, *Medeia, de Eurípides*.

Ângela de Almeida: "Adepto do racionalismo nascente, Eurípides funda uma nova visão da tragédia, em que a responsabilidade pelos acontecimentos históricos e pelo destino de cada personagem deixa de ser uma atribuição dos deuses para ser outorgada ao homem"[11]. Assim, a leitura de Bia Lessa e dos demais criadores do espetáculo parece privilegiar este aspecto subjetivo da personagem Medeia, isto é, a dissociação clara entre os atos da personagem e a dimensão divina, dissociação que, valorizando a ideia da responsabilidade, enfatiza a modernidade da personagem Medeia e do texto de Eurípides. Mas, além disso, o texto de Roberto Machado lembra-nos ainda da temática da alteridade, da crítica ao imperialismo grego e da valorização da perspectiva feminina. O filósofo observa que, na vingança mitológica de Medeia, haveria, de um lado, um questionamento da "arrogância hegemônica da Grécia em relação aos outros povos"[12] e, de outro, a valorização da "condição desventurada da mulher ao viver numa sociedade sob o comando do homem"[13]. É possível perceber aqui a presença de alguns dos temas mais marcante nos debates culturais da atualidade: a valorização da perspectiva feminina, a crítica às formas de hegemonia cultural e política, a elevação do senso de responsabilidade.

A questão da condição feminina na Grécia Antiga havia sido apontada também por Antunes Filho, contudo, na montagem de Bia Lessa, o problema parece aliar-se à crítica da hegemonia grega e, por conseguinte, à crítica às diversas formas de opressão presentes na atualidade, que negam, justamente, a ótica dos oprimidos e dos excluídos de toda ordem, isto é, cultural, social, econômica e politicamente. Essa perspectiva coaduna-se com a de alguns estudiosos, como Rush Rehm[14], para quem, por exemplo, o medo de ser desterrado, de ser exilado, de perder os bens, que estaria presente nos textos gregos, encontraria eco no mundo contemporâneo, no qual existe um grande número de refugiados de guerra, de exilados políticos, de imigrantes, enfim, de pessoas que, à exemplo de Medeia,

---

11 Â. Almeida, O Último Grande Poeta Trágico, *Medeia*.
12 R. Machado, op. cit.
13 Idem, ibidem.
14 *The Radical Theatre*.

perderam o vínculo com seu território de origem, mas que não encontram lugar no novo espaço que ocupam. Essa situação coloca reflexões acerca dos direitos humanos, da instabilidade política e da falência do capitalismo global.

Tanto a montagem do Teatro do Pequeno Gesto quanto a de Bia Lessa apontam para aquilo que Helene Foley chama de discurso político não tópico[15]. Mas, no lugar de tomar uma situação fictícia do mundo antigo para lidar com uma situação política local ou regional, estes espetáculos apontam para problemas relativos à ordem política internacional contemporânea. É nessa ótica que a atriz Renata Sorrah – intérprete da personagem Medeia na montagem dirigida por Bia Lessa – descreve a atualidade do texto de Eurípides, evocando a universalidade da situação colocada no texto: "Vivemos em plena tragédia. Medeia está no Brasil, no muro das lamentações, no muro de Berlim, em Nova York como estrangeira. Vieram à tona as imagens de minha avó e dos meus pais, imigrantes judeus"[16]. Numa outra entrevista publicada no *Jornal O Dia*, a atriz reforçará esses aspectos, lembrando-se das relações entre civilização e barbárie:

> Acho Medeia atualmente a cara do mundo. Estamos vivendo um momento muito dramático, de lutas por ideais, e a peça fala sobre isso. Fala sobre o estrangeiro, o que não é igual a todo mundo e que as pessoas rechaçam, sobre o civilizado e o não civilizado. Medeia é uma exilada. E é considerada bárbara porque vai contra as leis estabelecidas. É quase uma terrorista[17].

É possível pensar que toda a discussão sobre esse choque de valores ganha corpo não somente em função de uma transformação estrutural, identificada aqui como a experiência da compressão espaço-temporal, mas também porque essa transformação caminha lado a lado com a própria decadência do humanismo ocidental. Após traçar a origem e o sentido histórico do humanismo, identificando um ideal de civilização aí presente relacionado à criação do "homem interior" como modo de superação da barbárie, Jean-François Mattéi afirma que:

---

15 Ver *Modern Performance and Adaptation of Greek Tragedy*.
16 D. S. Wajnberg, Medeia em Todos os Lugares, *Tribuna de Imprensa*, 24-25 abr. 2004, p. 1.
17 Mergulho no Trágico, *Jornal O Dia*, 22 abr. 2004, p. 1.

O paradoxo de nosso tempo é que essa interioridade da alma humana, conquistada sobre a exterioridade da barbárie, por seu turno degenerou e permitiu que surgisse uma nova barbárie, uma "barbárie interior" que se desenvolveu com o advento do Sujeito dos Modernos[18].

Segundo o autor, essa nova barbárie estaria associada ao processo de autoprodução do Sujeito que se separa de Deus, do mundo e dos outros para se voltar para o egotismo do Eu. Trata-se, portanto, de uma regressão do Eu na deserção do outro, quer dizer, um não reconhecimento das diferenças e dos valores alheios. Podemos pensar que, na peça *Medeia*, o personagem Jasão pode ser visto como uma espécie de concretização da imagem do despotismo do sujeito moderno, um sujeito fechado em sua interioridade que desenvolve mecanismos de dominação e de exclusão do outro em vista de seus próprios interesses. Deste modo, em suas leituras contemporâneas, a peça *Medeia* põe em confronto duas formas de barbárie, aquela que é determinada em função do exterior, pelo pertencer a outra cultura e aquela que se enraíza na própria interioridade, relacionando-se ao advento da racionalidade e do Sujeito moderno.

Em suma, *Medeia* é um texto que revela um choque de valores, entre dois modos de racionalidade, um choque entre bárbaros e civilizados. Mais precisamente, o texto nos faz refletir sobre a autenticidade de valores como civilização e barbárie. É nesse sentido que a imagem do terrorismo tende a perpassar o imaginário dos criadores dos dois espetáculos em questão, remetendo a um problema central do contexto político atual.

Mas é importante notar que na mesma matéria publicada no *Jornal O Dia*, a diretora Bia Lessa, por sua vez, lembra do movimento dialético que torna o texto antigo totalmente estranho à nossa época e, ao mesmo tempo, extremamente próximo.

Montar Medeia num momento em que o mundo tem uma linguagem absolutamente fragmentada e o discurso está completamente desvalorizado é uma aberração. Ao mesmo tempo, é absolutamente necessário no sentido de que aponta para uma questão

---

18 Civilização e Barbárie, *Ética e Estética*, p. 79.

fundamental, a dos limites. Faz pensar sobre quem somos nós diante desse universo todo que se apresenta para a gente agora[19].

Deste modo, se Antonio Guedes aponta para a continuidade de elementos formais que permitem a retomada da tragédia grega na pós-modernidade, Bia Lessa tende a enfatizar justamente a distância e a diferença entre os aspectos formais do texto grego e as formas da sensibilidade e das estruturas estéticas de nossa época. Essa diferença de abordagem será determinante do sentido de cada um destes espetáculos e, evidentemente, de sua configuração espacial. Se considerarmos a opinião da crítica, notaremos com mais precisão esse aspecto. No caso da montagem de Bia Lessa, observa-se uma boa aceitação por parte da crítica, enquanto a montagem do Teatro do Pequeno Gesto foi recebida com certas reservas, em função de um suposto predomínio da forma épica sobre a forma dramática.

Estabelecidos esses pontos em comum, assim como os pontos de diferenciação, abordarei agora os dois espetáculos isoladamente, valorizando, em especial, a cenografia de cada um deles. Para isso, tomarei como ponto de partida a opinião da crítica sobre a *Medeia* do Teatro do Pequeno Gesto.

MEDEIA, PELO TEATRO DO PEQUENO GESTO

O que se nota nos textos de Bárbara Heliodora, Lionel Fischer e Macksen Luiz sobre *Medeia*, do Teatro do Pequeno Gesto, é certa restrição aos resultados obtidos na pesquisa da Companhia em função de um predomínio do épico sobre o dramático, que atenuaria o efeito trágico e comprometeria sua comunicabilidade. Macksen Luiz, por exemplo, parte do princípio de que a busca de uma linguagem cênica que permita que o texto grego venha a ter uma "ressonância atual" consiste no principal problema que envolve a encenação da tragédia grega na contemporaneidade. A própria contenção que parece marcar a estética da companhia já seria, na opinião do crítico, um modo de impor limites prévios

[19] Mergulho no Trágico, op. cit.

a essa busca, pois o paroxismo dos sentimentos, tão próprio aos personagens trágicos, seria "revisto" e "ajustado ao elenco". Em suma, o "ajuste cênico da tragédia" que enfatizaria menos o elemento dramático do que o épico faz o espetáculo obter menor poder de comunicabilidade.

A contenção e a simplicidade que estão na base da adaptação e da montagem se mostram hábeis instrumentos para marcar a empreitada, mas demonstram, por outro lado, os limites dentro dos quais o espetáculo se realiza. O jogo cênico se concretiza, mas o seu desenvolvimento esbarra num enquadramento que anuncia um salto que não cumpre a sua trajetória. O drama se cria, mas o trágico fica encoberto, e a ausência de impulso mais ousado que insufle força mantém morna a comunicabilidade da montagem[20].

No que diz respeito ao espaço cênico e à cenografia, Macksen Luiz observa que: "A aparentemente simples cenografia de Doris Rollemberg cria um círculo giratório com alavancas, espalhando vasos de barro pela área de representação, que adquire eficiente efeito dramático, entre o inóspito e o atritante"[21]. Em relação aos figurinos, haveria uma tendência ao compromisso histórico.

Lionel Fischer reconhece a expressividade da cenografia de Doris Rollemberg, assim como o impacto visual da encenação, mas observa que a montagem tende a atenuar a dramaticidade do texto.

Se é verdade que o espetáculo exibe soluções criativas e de grande impacto visual, ao mesmo tempo ele não consegue emocionar como deveria, já que todos os embates praticamente se resume a duelos verbais, como se o corpo dos atores estivesse dissociado das emoções que explicitam. Em nosso entendimento, tal opção esvazia muito a dramaticidade do texto, além de comprometer a atuação do elenco, sobretudo a dos protagonistas[22].

Bárbara Heliodora aponta também para esse predomínio do épico sobre o dramático e para uma "frieza" do espetáculo.

20 M. Luiz, Seriedade não Garante Sucesso, *Jornal do Brasil*, 7 jun. 2003, p. 8.
21 Idem, ibidem.
22 L. Fischer, Medeia, *Tribuna de Imprensa*, 9 abr. 2004, p. 2.

A encenação é visualmente atraente, pela simples cenografia de Doris Rollemberg e pelos lindos figurinos do coro de Mauro Leite (os dois principais não são tão felizes). Mas a direção de Antonio Guedes parece preocupada com alguma ideia de ritual, onde o dramático acaba derrotado pelo narrativo épico. As marcas acabam muito repetitivas: tudo começa com o coro carregando as ânforas de lá para cá, sem razão de ser; o tom é ressaltado pelo uso pouco variado do espaço circular, com marcas perfeitamente arbitrárias para os cinco elementos do coro e desnecessário uso de tambores e batidas, que parecem irrelevantes para a ação da peça. A repetição de marcas tira a ideia de crescimento e de tensão e faz com que não haja impacto com as mortes de Gláucia e seu pai, ou dos filhos de Medeia e Jasão. O resultado de tudo isso é que a encenação resulta um tanto fria e distante[23].

Embora a crítica considere que a predominância do elemento épico tenda a atenuar a dramaticidade do texto, impondo certa "frieza" ao espetáculo, é importante observar, em contrapartida, que essa mesma predominância é justamente o elemento valorizado por Flora Sussekind[24]. Segundo a autora, a montagem aponta precisamente para a dissolução do elemento dramático na poética teatral da atualidade, para o crepúsculo do diálogo, do conflito. Isto é, no contexto do teatro pós-dramático, a tragédia grega apresenta-se como um lugar de reflexão sobre os limites da teatralidade, tal como esta é construída pelo diálogo dramático tradicional. Nesse movimento, o próprio trágico se dilui. Em suma, a encenação do Teatro do Pequeno Gesto põe em questão a própria morte da tragédia. Dessa ótica, a "frieza" do espetáculo e a ausência de dramaticidade seriam absolutamente adequadas para a discussão estética que o espetáculo coloca.

É a partir dessa divergência de opiniões críticas que podemos pensar no modo como o espaço cênico e a cenografia constroem o espaço trágico. Para isso, torna-se necessário considerar a ótica dos criadores do espetáculo, mais precisamente, do diretor e da cenógrafa. Em depoimento dado para esta pesquisa, Antonio Guedes reforça o fato de que, contrariamente à recepção da crítica jornalística, o que se buscava no espetáculo não

---

23 Narrativo Épico Derrota o Dramático, *O Globo*, 16 jun. 2003, p. 3.
24 Cf. Nós, Só Vemos Morte, *Folhetim*, n. 24.

era contar um mito já suficientemente conhecido por todos, mas justamente questionar a sua teatralidade a partir desta valorização do épico.

Uma frase de Walter Benjamin, que acho que se encontra na Introdução feita por Rouanet para *Origem do Drama Barroco Alemão*, serviu de orientação para a criação da cena: "a tragédia é um fato linguístico". Essa frase, associada a um capítulo do *Mito e Tragédia na Grécia Antiga*, do Vernant, no qual ele compara a linguagem do coro com a linguagem dos personagens, me levou a pensar na estrutura do espetáculo: o coro teria a função de presentificar a história e os personagens se mostrariam como imagens dessa história. Assim sendo, não trabalhamos no sentido de criar nenhum suspense em relação à história. Procuramos não transformar a peça numa novela. E, deste modo, o ponto que a crítica viu como negativo, era exatamente a intenção da nossa montagem. Tem uma frase do Nelson Rodrigues que, acusado de construir diálogos pouco nobres e de ter empobrecido as falas dos personagens, respondeu que ninguém imaginava o trabalho que deu empobrecê-las. Pois é [...] Os críticos não imaginam o trabalho que deu destituir *Medeia* de dramaticidade[25].

Observa-se, assim, que a pesquisa desenvolvida em *Medeia* encontra-se em profunda sintonia com as realizações anteriores da companhia. Ao mesmo tempo, é importante lembrar que a concepção do espaço cênico parte de uma elaboração feita em conjunto e envolveu o diretor, a cenógrafa e a dramaturgista, conforme lembra Doris Rollemberg em depoimento feito para esta pesquisa:

Algumas questões foram surgindo nos nossos encontros: a síntese que o texto propunha era imperativa para que a cena também buscasse uma solução sintética, tanto na resultante formal do dispositivo cênico, como também no desenho que seria traçado a partir da ocupação dessa cenografia.
O deslocamento e o percurso da personagem principal, estrangeira, que vem de um lugar e seguirá, depois para outro, sugeria a necessidade de pensarmos a cenografia como um espaço onde o movimento se impõe, tanto na forma em si do dispositivo, como também no traçado das marcações. Esse mote determinou a configuração de

---

25 A. Guedes, Depoimento.

uma diagonal que corta o espaço central da cena. Os atores deveriam percorrer essa trajetória ao entrar e ao sair do espaço cênico.

O centro do espaço foi projetado a partir da configuração do espaço teatral grego. Um esquema simples. Um plano claro e sintético, uma forma de fácil reconhecimento[26].

A cenografia é constituída basicamente por dois discos circulares de dimensões diferentes colocados sobre um mesmo eixo. O primeiro disco forma um plano circular de cerca de cinco metros de diâmetro e, sobre esse plano, encontra-se um disco menor, de cerca de oitenta centímetros de diâmetro. Enquanto o primeiro disco é fixo, o segundo é móvel ou giratório, sendo sua rotação dada por quatro alavancas manipuladas pelas atrizes que formam o coro. Presas ao disco menor, as quatro alavancas repousam sobre o disco maior, dividindo-o visualmente em quatro segmentos de círculo de noventa graus. Assim, para girar o disco menor, as atrizes que compõem o coro precisam suspender as alavancas na altura de suas cinturas e caminhar em torno do disco maior. É importante ressaltar que, no projeto original, duas rampas fariam a ligação entre o primeiro plano (situado ao nível do solo e esta grande área circular), formando a referida "diagonal" proposta por Doris Rollemberg; contudo as rampas não foram utilizadas no espetáculo final, restando assim somente os dois círculos. Essas diagonais seriam uma representação da cidade, contendo mapas, um esquema de ruas, entre outros.

Os espectadores situam-se em seis arquibancadas que envolvem a estrutura cenográfica, configurando uma cena em arena circular. Desta forma, em função da ausência das rampas de acesso, entre as arquibancadas e o plano circular abre-se um espaço que se apresenta também como área de atuação. A área de jogo dos atores é, portanto, constituída de três planos: o plano A, situado em torno ao grande disco, ao nível do solo; o plano B, que é a área interna do disco maior e que está situado num nível um pouco mais elevado, mostrando-se como a área principal dos atores; e o plano C, na área restrita do disco menor e igualmente mais elevado que o plano B. Na ausência das rampas, o acesso às áreas de jogo ocorre através de corredores

26 D. Rollemberg, Depoimento.

que ligam o plano A aos demais e a própria direção do movimento valoriza a diagonalidade, compensando a ausência material do elemento cênico. Complementam a cenografia – ou, mais precisamente, o dispositivo cênico – diversos vasos ou ânforas de cerâmica situados ao longo do plano A.

A partir dessa descrição geral, passo a analisar a cenografia e a cena de modo mais especulativo, isto é, a partir de uma reflexão sobre as formas cenográficas, com base na linguagem visual; e sobre a escrita cênica, compreendida aqui como a relação entre o espaço gestual dos atores e o espaço cênico.

A configuração em arena, as ânforas, assim como os figurinos parecem evocar a presença do passado, seja um espaço de caráter ritual, seja a iconografia e o imaginário gregos. A organização cênica em arena remete o espectador para uma das práticas mais arcaicas do homem: a ação ritualística ou cerimonial com pessoas em torno a um elemento de culto. Além dessas duas referências ao passado, a presença dominante da forma circular na cenografia estabelece também uma relação com o tempo. De um lado, apesar da diferença formal, a circularidade do espaço cênico em arena relembra um lugar teatral que é o teatro grego. Esse procedimento também esteve presente no projeto de José Armando Ferrara para *Medeia*, dirigido por Silnei Siqueira. De outro lado, a figura do círculo possui forte caráter simbólico, remetendo a uma diversidade de ideias, como as de totalidade e perfeição, a de infinito, a continuidade e a eternidade, bem como à ideia do cíclico, do retorno, do passageiro, do transitório. É importante notar que o círculo simboliza também o sol e, consequentemente, uma sucessão temporal, relacionado ao percurso do dia, às estações do ano, às fases da vida, entre outros. Observa-se, assim, que, embora não possua uma função representativa, o conjunto de discos remete a diversas imagens ligadas à ideia do tempo e do movimento, tais como as de um relógio de sol, a de uma espécie de embarcação e ainda a uma roda de moer, sugestões estas que se revelam no movimento das atrizes de girar o disco. Algumas dessas imagens estão diretamente associadas a elementos espaciais e visuais presentes no texto, como o carro de sol, a viagem dos argonautas, os deslocamentos de Medeia e de Jasão, a brevidade e as transformações da vida.

Além desses fatores, vale notar também que, num espaço cênico estruturado como uma arena, a presença das formas circulares tende a concentrar a atenção na área central do círculo, concentração que se reforça ainda pela presença do círculo giratório de menor diâmetro. Assim, as ações passadas no círculo menor tenderão a ganhar em valor, sendo uma área de peso da cena.

Ora, a presença do tempo é fundamental não somente por sua carga simbólica, mas também para o desenvolvimento da trama, na medida em que a personagem Medeia encontra-se na situação de ter que decidir sobre o seu destino num curto intervalo de tempo, mais precisamente, em um único dia ela deve tramar e executar a vingança contra Jasão, para, em seguida, poder deslocar-se para Atenas. O conflito de Medeia desenvolve-se na tensão entre a perda do espaço (familiar, matrimonial, social, político) e a necessidade de conquista de outro espaço, isto é, a acolhida em outro país. Esse movimento implica também a necessidade de romper o passado e projetar o futuro.

Ora, seguindo a ordem espacial, a encenação parece explorar o centro da cena, isto é, o círculo menor, justamente nos momentos em que um acontecimento dramático decisivo se revela. Nota-se que a personagem Medeia tende a ocupar esta região do espaço cênico em quatro momentos:

a. após o primeiro diálogo com Jasão, quando a personagem revê suas escolhas e avalia o futuro de seus filhos; neste momento, Jasão e Gláucia evoluem pelo espaço, em torno a Medeia;
b. Medeia ocupa de novo esta área central da cena no segundo diálogo com Jasão, quando a personagem o ilude acerca de seus planos. Esta cena conclui-se com um longo beijo entre os personagens;
c. depois de elaborar a vingança, isto é, a série de assassinatos, Medeia decide que não pode voltar atrás de sua decisão e toma consciência da necessidade da morte dos filhos como forma de vingança perpétua em relação a Jasão;
d. o último momento é justamente o da morte dos filhos, que é realizado com as ânforas. Nesta cena, o disco gira, pela primeira vez, em sentido horário.

É evidente que o coro também se utiliza dessa área central em importantes passagens da ação, mas se valorizei aqui as marcações da personagem Medeia foi apenas com o intuito de mostrar a relação entre os movimentos principais e a disposição espacial da ação dramática.

A partir dessa perspectiva, podemos questionar acerca do significado destas ações: dirigir-se ao centro do espaço cênico é, ao mesmo tempo, um gesto de elevação, já que o plano menor se encontra num nível um pouco mais elevado que o disco maior, e de movimentação, visto que o disco menor é giratório. Em suma, a pouca elevação desse plano superior não nos impede de ler o deslocamento como uma atitude de ascensão. A ação de se elevar pode apontar, assim, para uma espécie de reafirmação da ascendência divina da personagem Medeia, como se a ascensão correspondesse a uma conscientização do poder da personagem de agir, a partir de suas ações mágicas, sobre o plano da realidade humana. Desta forma, fica-nos a sugestão de que, ao estabelecer uma sobreposição de círculos, a cenografia/encenação parece sugerir a presença de duas formas de temporalidade que se unem e confrontam-se no espetáculo. Uma seria o tempo da cotidianidade, o tempo dos homens, e outra seria o tempo dos deuses, o tempo mítico. Ora, a duplicidade do tempo está presente entre os gregos, correspondendo exatamente ao conceito de *Chronos*, referente à sequência de instantes homogêneos que se sucedem sem interrupção, e ao conceito de *Kairós*, que designa o tempo pensado não como continuidade, mas, sim, como ruptura, dimensão em que o divino toca no humano. Visto dessa ótica, o tempo revela-se como um acontecimento significativo que marca decisivamente um antes e um depois. Como tal, a vivência dessa temporalidade é marcada pela incerteza e imprevisibilidade, trata-se de um futuro desconhecido, de um desafio, no qual a experiência central é a abertura intensa e plena do indivíduo para aquilo que é essencialmente novo e transformador. Verifica-se, deste modo, uma correspondência entre os momentos decisivos da trama e a disposição espacial dos atores/personagens.

Assim, embora não possa ser considerada a mais forte do ponto de vista plástico, a ação de ascender possui um sentido importante para a determinação do espaço trágico, na medida em que, paradoxalmente, prepara a queda do personagem, isto é, ela o lança na experiência do sofrimento radical.

Do mesmo modo, a rotação do disco possui grande importância para a construção do sentido do trágico. A rotação desloca-nos do eixo vertical, alto e baixo, para o horizonte da mutação, da transformação. Nos quatro momentos citados, em que a zona central da cena é utilizada, nota-se a presença de formas diferentes de rotação. Enquanto três rotações são feitas no sentido anti-horário, é exatamente a última – relacionada à morte dos filhos – que se dá no sentido horário, isto é, no sentido cronológico, indicando a consolidação das ações de Medeia no plano da temporalidade física, de forma tal que o destino parece cumprir-se. É nesse momento que acontece a famosa cena do carro de fogo, quando Jasão retorna à cena e não consegue alcançar Medeia, nem tocar nos filhos. Se, de um lado, na montagem do Teatro do Pequeno Gesto, a cena perde o impacto não somente por causa da inexistência real de uma impossibilidade de contato físico entre as personagens, mas também graças à não utilização do eixo vertical do espaço, por outro, a encenação nos mostra outra impossibilidade vivida pelo personagem Jasão (e, por extensão, para todos os mortais): a impossibilidade de fazer o tempo retornar, isto é, a insignificância e a fragilidade do ser humano diante do tempo. O personagem tenta girar o disco no sentido horário, como se quisesse assumir de algum modo o controle dos acontecimentos, mas essa tentativa é inútil.

É no interior dessa temporalidade que se dá o trágico da condição humana. Isto é, se, segundo a sabedoria de Sileno, o bem maior seria não ter nascido, seria o estar fora da temporalidade, o fato de o ser humano ser essencialmente temporal reveste a existência de um desconforto metafísico radical. Ao atribuir ao viver a dimensão de um mal incomensurável, esse ponto de vista vem afirmar um pessimismo radical. É no confronto entre estas duas experiências de temporalidade (*Chronos* e *Kairós*) que se inscreve o trágico. Desta forma, ao configurar o tempo, o espaço dá uma forma sensível e concreta ao trágico. Mais precisamente, ao configurar as temporalidades, torna visível o trágico como espaço de confronto, onde se esgarçam os limites entre o caos e a ordem, entre o instante e a eternidade, entre o humano e o divino.

Em suma, a cenografia e a encenação põem em cena o próprio tempo. Seja em termos de um diálogo com o passado (a cena em arena, as ânforas, a imagem arquetípica e simbólica do círculo, a referência a instrumentos ou técnicas já ultrapassadas, o tempo cíclico); seja em termos de criação de um jogo com a temporalidade estabelecida pela própria dinâmica da encenação (rotações em diferentes sentidos de acordo com a ação, deslocamento entre os planos). Ora, é importante notar que o ato de pôr em cena a própria temporalidade radicaliza o elemento épico da encenação, pois, segundo Anatol Rosenfeld[27], uma das características da encenação ou do texto épico reside justamente no ato de "materializar" o próprio tempo, de modo a estabelecer uma distância entre o espectador e a representação. A própria estruturação do espaço cênico em forma de arena tende também a reforçar o elemento não ilusionista da cena. Além disso, conforme observa Francis Hodge, em *Play Directing* (Dirigindo Peças), a diferença de nível entre os atores e os espectadores numa cena em arena é um elemento fundamental para se estabelecer, por exemplo, uma passagem entre a ação ilusória do ator (ilusória visto que, estando mais próxima do espectador, possibilita maior nível de percepção da realidade da atuação ou performance do ator) e uma ação de caráter não ilusionista, justamente por elevar o ator acima da vida comum. Desta forma, observa-se que o projeto cenográfico corresponde perfeitamente às intenções dos criadores do espetáculo, na medida em que reafirma o elemento épico da encenação.

Além dessa simbologia relacionada ao elemento temporal, a forma circular nos lembra ainda a própria configuração de uma cidade, reforçando a questão política presente em todo texto trágico antigo. Isto é, conforme observa Jean-Pierre Vernant, o "momento histórico" da tragédia grega envolve um confronto entre os valores da aristocracia antiga em dissolução e um pensamento político em construção, no qual são criadas instituições e práticas sociais que delimitam as esferas dos direitos, dos deveres e os modos de comportamento. A tragédia

---

27 Ver *O Teatro Épico*.

é uma instituição social que põe em cena este mundo dilacerado, marcado por contradições e antagonismos, de forma a questionar radicalmente a própria realidade.

A tragédia nasce, observa com razão Walter Nestle, quando se começa a olhar o mito com os olhos do cidadão. Mas não é apenas o universo do mito que, sob esse olhar, perde sua consistência e se dissolve. No mesmo instante o mundo da cidade é submetido a questionamento e, através do debate, é contestado em seus valores fundamentais[28].

É a dissolução de duas ordens, a revelação de um terreno de ambiguidades e de incertezas que instaura a própria "consciência trágica". Esse fenômeno está intrinsecamente vinculado ao contexto histórico grego, ao seu *ethos* original, de tal forma que a própria cidade parece contemplar a si mesma por intermédio da tragédia, conforme observa Rachel Gazolla:

> É a tragédia uma espécie de tribunal coletivo, um silencioso tribunal que aprende sobre si mesmo no ritual pedagógico que é a encenação de uma saga heróica. Essa tribuna não é a instância legítima para julgar, mas é o lugar onde se movem potencialmente as leis e auxilia a formar o que, hoje, chamaríamos de "consciência" do cidadão[29].

Partindo dessa mesma perspectiva, Simon Goldhill lembra ainda que o fato de a tragédia ser uma instituição em que a própria cidade se vê projetada e questionada só era possível devido à própria democracia grega[30]. É nesse sentido que se pode afirmar que, em sua origem, a tragédia é essencialmente política.

A partir dessa ótica, podemos pensar que a forma circular presente na cenografia se apresenta, portanto, como um símbolo, como uma metáfora do tempo e também como uma alusão ao espaço da cidade. Nessa dupla referência, o espetáculo do Teatro do Pequeno Gesto estabelece um vínculo com esta matéria-prima radical da tragédia, quer dizer, sua instauração de um mundo marcado pelo conflito.

---

28 J.-P. Vernant, Tensões e Ambiguidades na Tragédia Grega, em J.-P. Vernant; P. Vidal-Naquet, *Mito e Tragédia na Grécia Antiga*, p. 10-11.
29 Tragédia Grega, *Revista Philosophica*, n. 26, p. 7.
30 Ver *Amor, Sexo e Tragédia*.

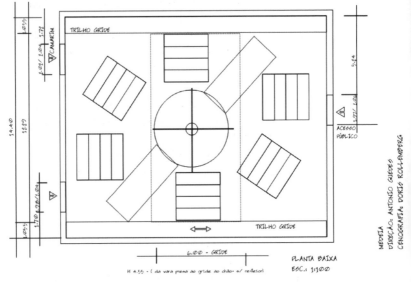

Fig. 36. *Planta baixa do cenário. Projeto de Doris Rollemberg. Acervo: Doris Rollemberg.*

Mas, se no contexto grego, aquilo que caracteriza o gesto político é justamente o trazer para o presente este passado mítico confrontando-o com o presente, do ponto de vista da própria história da encenação teatral, aquilo que marca na atualidade a prática teatral é também uma intensa consciência da própria história da arte, da diversidade cultural e do próprio teatro, em sua tradição, em suas novas propostas e em sua constante crise. O espetáculo do Teatro do Pequeno Gesto parece percorrer o movimento feito pelos gregos de confrontar o seu passado, a sua história, com as formas de sensibilidade atuais. De um lado, a encenação afirma-se como um "rito" que atualiza ou que efetiva a sua própria história, lançando a pergunta sobre o modo como a cultura atual pode ainda encenar e receber os textos antigos. Isto é, encenar tragédias gregas é estabelecer um diálogo com a origem e com a tradição teatral ocidental, em suas potencialidades, seus limites, seus problemas e seu acabamento. De outro lado, o espetáculo do Teatro do Pequeno Gesto parece relembrar o próprio rito original, isto é, o teatro como um rito, sobretudo por causa da presença do espaço em arena e das formas circulares. Mas a ritualização não opera pela via de uma afirmação dos elementos dionisíacos, como ocorre,

Fig. 37. Medeia, de Eurípides. Teatro do Pequeno Gesto. Direção: Antonio Guedes. Cenografia: Doris Rollemberg, 2003. Na fotografia: as personagens Medeia e Jasão ao centro, junto do pequeno disco, o coro movimenta-se sobre o disco maior.

Fig. 38. Medeia, de Eurípides. Na fotografia: a personagem Medeia está de costas, voltada para o coro. Ao lado, fora do grande disco, junto às ânforas, estão Glaucia, e Jasão.

por exemplo, em *As Bacantes*, com direção de José Celso Martinez Corrêa. Ao contrário, a memória desse rito aparece filtrada pela distância imposta pelos elementos épicos da encenação. A desmedida própria de todo o texto trágico é aqui submetida à contenção. Enfim, o ritual que se estabelece é de natureza essencialmente apolínea, quer dizer, ela implica uma contenção da força e um "desdobramento do olhar" que impõe a distância, isto é, a afirmação daquele "terceiro olho"[31] que Nietzsche dizia ser fundamental para a existência do acontecimento teatral. A cenografia de Doris Rollemberg é um elemento essencial na construção dessa distância, dessa construção de um olhar histórico sobre a tragédia.

MEDEIA, DIREÇÃO DE BIA LESSA

Considerarei agora os comentários dos críticos teatrais Bárbara Heliodora, Lionel Fischer e Macksen Luiz, assim como o ensaio de Filomena Yoshie Hirata a respeito do espetáculo dirigido por Bia Lessa. De um modo geral, observa-se que os dois primeiros consideram que os problemas da acústica do teatro impuseram restrições técnicas ao espetáculo, estabelecendo um volume de voz demasiado alto, no qual as sutilezas do texto se perdiam. Já Macksen Luiz elabora seu texto considerando aspectos da concepção cênica, como veremos mais adiante. Por sua vez, a autora do ensaio *Medeia de Eurípides e de Bia Lessa* discute a ausência do coro trágico no espetáculo.

No que se refere à concepção visual do espetáculo, os três críticos reconhecem o impacto visual da montagem, estabelecendo uma leitura uniforme acerca do sentido da cenografia. Lionel Fischer interpreta o espaço cênico como uma "terra devastada":

> Com todo o chão coberto de terra, mais adiante parcialmente banhada por imprevista chuva, e todo o espaço visível sugerindo uma espécie de decrepitude, a ideia predominante é a de um tempo em franca decadência, evidentemente que em termos morais. Neste sentido, a ambientação está em perfeita sintonia com o texto, que

---

31 Ver F. Nietzsche, *Aurora*.

basicamente gira em torno de traições movidas por interesse e vinganças inconcebíveis[32].

Os comentários de Bárbara Heliodora não acrescentam nada de significativo acerca da cenografia do espetáculo, cuja leitura de Bia Lessa seria "razoavelmente rotineira":

A cenografia de Gringo Cardia (afora o saibro, suas áreas de folhas e seus alçapões) consta de um barquinho que, supõe-se, remete a ação à busca dos Argonautas pelo Velocino de Ouro, quando Jasão conheceu Medeia e ela cometeu uma série de crimes para facilitar a tarefa dele, e, principalmente, uma chuva prolongada e provavelmente de intenção alegórica, que transforma em lama um quadrilátero onde os personagens se atiram[33].

O texto de Macksen Luiz aborda o espetáculo com maior profundidade, considerando a relação entre o texto e a concepção da diretora. Após apontar para o aspecto volitivo do sofrimento da personagem Medeia, o crítico do *Jornal do Brasil* observa que:

A tragédia de Eurípides pode adquirir ressonâncias diversas nas encenações contemporâneas pela forma como se empregam os signos e os sinais de permanência que a narrativa traz como fundamentos da cena. Bia Lessa, numa montagem que procura criar aspereza na arquitetura de um teatro tradicional, expõe as entranhas dessa tradição, explorando, metaforicamente e através de elementos vitais (água, terra, fogo e ar) a essencialidade de sentimentos tão remotamente perdidos no mítico, no ancestral, na atualidade.

A diretora, ao reconstruir cenograficamente o Teatro Dulcina, devassa o antigo palco, engole plateia e camarotes, aproximando a cena do espectador, envolvido pela mesma matéria que respinga do texto. *Medeia*, nesta versão, cria uma estrutura até certo ponto imperiosa para alcançar o essencial, transfigurando nas formas da natureza o fulgor da palavra. Numa ambientação quase sensorial, o trágico se estabelece como poderosa emulação das forças representadas por essa natureza cenográfica, em que a narrativa é exposta como um embate físico entre os atos e os elementos.

32 L. Fischer, Medeia, *Tribuna de Imprensa*, 9 abr. 2004, p. 3.
33 Obra Complexa em Versão sem Emoções, *O Globo*, 25 abr. 2004, p. 2.

Por esse filtro telúrico, escoa uma Medeia atormentada por ódio provocado pela dor de ser exilada de tudo. A desgarrada da pátria, a desajustada da feminilidade, a destruidora da origem e a algoz de si mesma se perpetuam numa encenação em que a extensão do horror se faz pela vizinhança de tantos males que circundam nosso tempo[34].

No que diz respeito especificamente à concepção visual do espetáculo, Macksen Luiz afirma o seguinte:

> Bia Lessa, com sua encenação encorpada por visual tão arrebatador, sublinha a correspondência entre o cenário da dor e o desespero da existência. Ao reproduzir a tragicidade como inesgotável manifestação da humanidade, a diretora confere atualidade a Eurípides, na sonora tradução de Millôr Fernandes.
> O cenário de Gringo Cardia, com elementos aéreos, cadeiras invadindo a área de representação, a cortina de seda esvoaçante e a chuva persistente que se derrama sobre o piso de terra, serve, na medida, à concepção da diretora, além de sugerir belas composições em montagem de poéticas imagens agrestes.
> A iluminação de Maneco Quinderé é decisiva na beleza da cena, com o aproveitamento pleno do espaço dramático, capaz de explodir em luminosidade contrastante ou em meios-tons oníricos, ao mesmo tempo em que relembra a arquitetura original da sala de espetáculo, ao delinear a boca de cena e jogar um foco sobre a atriz, encerrando o espetáculo. Mais que um efeito, uma luz poética[35].

A análise de Macksen Luiz é bastante perspicaz e vem apontar para aspectos importantes da encenação: a transformação do espaço tradicional, a ressonância do texto com a atualidade, o caráter sensorial da ambientação, a construção do trágico a partir da emulação entre as forças da natureza e os atos das personagens. Antes de retomarmos esses elementos, consideremos o texto de Hirata[36].

A autora concentra-se no problema da necessidade de supressão do coro nas encenações contemporâneas de tragédias gregas. Assim como ocorre na montagem de Bia Lessa, se, por um lado, a supressão resolve alguns problemas de ordem técnica e de custos de produção, por outro, faz que se perca algo

---

34 M. Luiz, O Percurso da Fúria Feminina, *Jornal do Brasil*, 27 abr. 2004, p. 2.
35 Idem, ibidem.
36 Medeia de Eurípides e de Bia Lessa, *Calíope: Presença Clássica*, n. 14.

essencial do texto grego, como os discursos de caráter social e político demasiadamente localizados, os quais seriam de grande importância para o público da época, mas que perdem seu sentido na atualidade. No caso do texto de Eurípides, a autora nota a existência de um equilíbrio entre as partes dialogadas e as odes corais, de modo que o coro estabelece um vínculo com a trama e, embora cada estásimo seja uma reflexão sobre o episódio que o antecede, a sua eliminação não impede a compreensão do enredo.

Verifica-se, portanto, que o que nós perdemos com a eliminação do coro diz respeito a um outro nível de compreensão do texto, e mais diretamente ao espetáculo, ao que deixamos de ver: o que o coro desenvolve na orquestra com música e dança, a performance especial na *strophé* e na *antistrophé*, enfim, tudo que diz respeito à beleza plástica do espetáculo[37].

Deste modo, na encenação de Bia Lessa, a supressão do coro não comprometeria a compreensão do texto, sobretudo porque a diretora estabelece um foco mais humanizado para as personagens, valorizando a ambiguidade e a fraqueza humanas. Além desse comentário sobre o coro, as referências que a autora faz sobre o espaço cênico são também interessantes:

Poucas vezes, no Brasil, a encenação de uma tragédia grega, do século v a. C., mereceu tanto cuidado e esmero em sua realização, e o resultado que temos fica na ordem do grandioso, do espetacular. Para isso, foi necessário demolir um teatro velho, para criar um novo, contraditoriamente para ser reduzido a escombros. O local da ação é amplo e guarda a simplicidade e a transparência do teatro grego antigo, sem cortinas, onde nada se esconde e tudo é visível. Em cena, as personagens agem, revelando-se ao público, permeadas apenas pelos quatro elementos primordiais: terra, ar, água e fogo. O palácio, ou antes, a casa arruinada combina perfeitamente com o que vai se desenrolar em cena, ou seja, a dissolução da família. Mas poderia também indicar o princípio do fim: 431 a. C. é uma data significativa na história da Grécia. É o ano da representação da *Medeia* e também do início da Guerra do Peloponeso, que dura quase trinta anos e arruína as cidades gregas[38].

37 Idem, p. 67.
38 Idem, p. 64.

No que diz respeito ainda ao problema do carro de sol, Hirata observa o seguinte:

> No êxodo, segundo Eurípides, Medeia parte com os filhos para Atenas no carro do Sol. Na sua encenação, Bia Lessa substitui o carro do Sol pelo banheiro (?). No texto de Eurípides, o carro do Sol vem na esteira de outros elementos míticos, não sendo, portanto, simplesmente *um deus ex machina*, como Aristóteles pretende na *Poética*. Já a ausência do carro do Sol, no teatro, elimina o último recurso mágico do texto. Foi uma solução de contingência, explica Francisco Accioly, produtor da peça. Na des-construção do antigo teatro, restou aquele recinto, lá no alto, com uma pia visível ao público. Funciona porque, bem ou mal, naquele espaço privado, fechado de vidro e intransponível, Medeia não permite que Jasão toque os filhos mortos[39].

Agora, para possibilitar a construção da análise, torna-se necessário fazer uma descrição do espaço cênico.

Do ponto de vista da organização do espaço cênico, observa-se que no espetáculo de Bia Lessa ocorre uma reconfiguração da relação entre sala e cena, por intermédio da união num mesmo plano do espaço do palco e do espaço da plateia, visto que tanto as filas de poltronas originais quanto o próprio palco foram retiradas. Assim, nesse espaço único, o público é disposto em duas grandes filas, formando um grande corredor central que se estende desde o fundo da plateia até a parede de fundo do palco. O corredor forma a área de jogo dos atores. Importa notar que em função da forma da planta do teatro, essas filas de espectadores não são regulares, de tal forma que, em certas áreas, o público encontra-se numa grande proximidade em relação aos atores. Além desses lugares, o público ocupa também o espaço aéreo dos balcões, observando a cena e os demais espectadores a partir de um plano superior.

Pelo modo como as cenas são organizadas, nota-se que esse grande corredor se divide em três setores: uma grande área central quadrangular, que chamarei aqui de A, e duas extremidades, sendo uma delas a que corresponderia originalmente ao lugar do palco, que chamarei de área B, e outra que seria o

---

39 Idem, p. 69.

fundo da plateia, a área C, que é utilizada poucas vezes no decorrer do espetáculo.

A fim de possibilitar ao leitor uma visualização das dimensões do espaço e, consequentemente, uma noção da transformação que lhe foi feita, é importante notar que a área do palco do Teatro Dulcina é extremamente irregular. A área que se estende do proscênio até a parede de fundo do teatro possui cerca de nove metros; a parede de fundo, por sua vez, tem a largura de cerca de quatro metros e meio. O vão da boca de cena mede sete metros. O espaço da plateia tem cerca de treze metros de comprimento. Deste modo, quando reunidos, o espaço do palco e o da plateia – que contém o chamado "grande corredor", no qual se subdividem as áreas A, B e C – possuem o comprimento de cerca de 22 metros[40].

Enquanto a divisão entre as áreas A e C não são totalmente delimitadas do ponto de vista físico, no que se refere à divisão entre a área A e B existe um elemento arquitetônico que estabelece uma separação: o arco do proscênio. É na área B que os aspectos mais visíveis da antiga caixa cênica em reforma podem ser notados, como é o caso das paredes descascadas, das varandas de maquinarias expostas, entre outros. É nessa área ainda que se situam duas aberturas, isto é, dois alçapões, que serão utilizados para a impressionante cena da morte das crianças. A encenação toma partido tanto dos elementos preservados do prédio quanto dos elementos em reforma, valorizando-os por intermédio da iluminação. É assim, por exemplo, que as paredes descascadas são plenamente iluminadas em determinados momentos do espetáculo. A presença desse corredor central impõe também uma valorização da verticalidade do espaço, a qual será devidamente explorada pela encenação com a presença de diversos elementos cênicos aéreos. Se esse grande corredor se coloca como a principal área de jogo dos atores, deve-se observar que, além dele, existe outro espaço que só é utilizado para a cena final, a do carro de fogo, espaço este situado acima da área B, na parede do fundo, num plano superior. A cena, que é surpreendente do ponto de vista plástico, estabelece um obstáculo real e concreto para o confronto final entre

40 Dados extraídos de *Teatros da Funarte. Plantas de Arquitetura*.

as personagens Medeia e Jasão: além da superioridade espacial dela em relação a ele, um vidro impede que este venha a tocá-la e tocar os filhos, criando uma imagem de grande beleza.

Na área B, encontra-se uma pequena porta à esquerda, por onde se fazem as entradas e saídas dos personagens; existe ainda um outro acesso à direita, mas no caso deste espetáculo é importante notar que o acesso à área de jogo pode ocorrer por diversos lugares, como por trás do público, na área C. Assim, a encenação explora diversos espaços do edifício teatral que, em sua totalidade, é transformado em espaço cênico, compreendendo a noção de "espaço cênico" de acordo com a acepção formulada por Patrice Pavis:

> É o espaço concretamente perceptível pelo público na ou nas cenas, ou ainda os fragmentos de cenas de todas as cenografias imagináveis. É quase aquilo que entendemos por 'a cena' de teatro. O espaço cênico nos é dado aqui e agora pelo espetáculo, graças aos atores cujas evoluções gestuais circunscrevem este espaço cênico"[41].

Em consonância com algumas realizações contemporâneas, a encenação de Bia Lessa radicaliza a interdependência entre o espetáculo e o espaço, isto é, entre aquilo que seria a obra e seu suporte, de tal modo que o espetáculo se recusa a ser um objeto de consumo, uma mercadoria que pode circular por diversos espaços. O espaço do até então abandonado Teatro Dulcina aparecerá como o elemento formador do espetáculo. Pode-se dizer que aqui o edifício teatral é explorado como um teatro específico ao local, conforme denominação de Hans-Thies Lehmann.

A partir da entrevista dada por Bia Lessa para a *Folha de S.Paulo*, é possível perceber que a concepção cenográfica defendida pela diretora e pelo cenógrafo parece distanciar-se do conceito tradicional de cenografia, apontando para elementos como a apropriação do espaço e para a potencialização do edifício teatral como tema do espetáculo. "Eu não gosto do mero cenário, da decoração, da mesa, da cadeira. Gosto que as pessoas [atores, espectadores] se inventem e sejam cúmplices a partir do que o espaço está propondo. Aqui no Dulcina tra-

---

41 Ver *Dicionário de Teatro*, p. 133.

balhamos com o cru do cru"[42]. Do ponto de vista conceitual, a imagem empregada pela diretora – o "cru do cru" – pode ser entendida como uma radicalização da utilização do próprio edifício teatral como signo cênico, onde a materialidade real e concreta do espaço cênico parece se sobrepor ao que seria o espaço dramático. É nesse sentido que a diretora afirma que: "É fundamental que o público entre no teatro e depare com nada escondido, veja o teatro como ele é. A fumaça [gelo seco], a neblina constante vem para reforçar a questão da magia do próprio teatro e termina sendo, ela mesma, a cenografia"[43]. Deste modo, a encenação parece trabalhar com diversas zonas de limites, por exemplo, o limite existente entre espaço dramático e espaço cênico, edifício teatral e cenografia, ilusão cênica e realidade, construção e destruição, passado e atualidade, permanência e desaparecimento. A partir dessa ótica, a ideia elaborada por Macksen Luiz da transformação do espaço tradicional e do edifício teatral revela-se bastante pertinente.

Além dessa apropriação integral do espaço, o espetáculo insere também elementos da natureza (água, terra, fogo, ar, além de folhas e troncos de árvore), os quais são colocados em cena por meio de recursos cenográficos. É assim que a terra domina o espaço, na medida em que ela cobre todo o espaço do corredor. As folhas secas formam pequenas zonas quadrangulares no espaço B. O fogo aparecerá na primeira cena entre Medeia e Jasão, quando ela queima diversas cartas. O ar está presente na cena entre Medeia e Egeu, onde um grande tecido branco esvoaça pela cena, fazendo ondulações e estabelecendo as relações entre os dois personagens. A água aparecerá na segunda cena entre Jasão e Medeia, numa chuva que cai sobre a área A. Nessa mesma cena, diversos troncos descem e ocupam a área C. Enquanto as crianças sobem nesse tronco, Jasão – iludido por Medeia – projeta um futuro mais promissor para seus filhos. Simultaneamente, a área B já está ocupada por grupos de galhos de árvores. Desta forma, os elementos da natureza parecem conspirar para que algo terrível venha a acontecer.

---

42 V. Santos, Bia Lessa Desconstrói Teatro para "Medeia", *Folha de S. Paulo*, 22 abr. 2004.
43 Idem, ibidem.

A presença desses elementos da natureza tende a evocar uma ancestralidade, uma memória, afirmando a presença de um tempo arcaico, assim como as características de Medeia como feiticeira, como conhecedora dos segredos da natureza. Importante notar aqui a presença de uma mesma poética da encenação na qual os elementos da natureza são valorizados como forma de construção do sentido do trágico. Se, na montagem de Antunes Filho, a natureza aparece como elemento metafórico – Medeia seria a representação simbólica da Terra, da Natureza – , no espetáculo de Bia Lessa a relação com a natureza passa a ser um fator de estruturação da cena, na medida em que, conforme nota Macksen Luiz, ocorre um embate entre os atos e os elementos, ou seja, o próprio espaço parece lutar com os personagens.

Se retomarmos a ideia de Goldhill acerca da simbologia do espaço presente em cada texto trágico grego, notaremos que a ideia da luta pelo espaço se mostra como um elemento marcante do texto, já que as relações entre os personagens se estabelecem a partir de questões espaciais: Jasão vem se juntar a Gláucia para assegurar seu espaço social e político; Creonte quer expulsar Medeia da cidade, porque a considera uma ameaça; Medeia é uma expatriada que, após perder seu espaço familiar, busca refúgio em outro lugar; Egeu é a personificação de outro espaço, o do refúgio e da salvação. Ao afirmar uma poética marcada pela destruição e transformação do espaço, na forma de um embate, a encenação não somente reafirma um elemento central do texto de Eurípides, como também faz o tema ganhar ressonância na sociedade atual, levando-nos a refletir sobre questões diversas, como a moral, a ética e a política; ou, ainda, o próprio lugar do teatro na sociedade.

Assim como Luis Furnaleto havia usado as ruínas do Teatro Casa Grande para tratar do tema da destruição e da guerra, na montagem de *As Troianas*, Bia Lessa utiliza os destroços do teatro como elemento da obra de arte, ou como elemento de onde emerge a obra. Assim, o próprio edifício teatral parece servir como tema da cenografia e do espetáculo, apontando para uma dimensão onde várias metáforas se insurgem. Se o texto de Eurípides formula uma imagem da destruição das relações humanas e da estrutura familiar, então o edifício teatral em reforma, em aparente destruição, apresenta-se como uma metáfora da situação dramática dos personagens. Ora, por causa do formato e do estilo arquitetônico original, o Teatro Dulcina evoca também certa prática tradicional, mais precisamente, conforme observam Tânia Brandão e Beti Rabetti em estudo realizado em 1984, "o teatro Dulcina surgiu, com um desenho intermediário entre os padrões do século anterior e o nosso, com frisas, camarotes e balcão ao lado de um palco dito, em seu tempo, como o mais moderno em recursos do país, num prédio de engenharia arrojada"[44]. O Teatro Dulcina, antigo Teatro Regina, parece evocar, assim, certo ideal de modernismo, que foi impulsionado pelas inovações técnicas que o palco permitia, como a fundamental passagem da cena pintada para a "cenoplastia" ou, em outras palavras, a passagem do pré-moderno para o moderno. Citemos mais uma vez o texto de Tânia Brandão e Beti Rabetti:

> A importância do Teatro Regina no cenário cultural é a de ter surgido como espaço ideal para a realização destas transformações. O Teatro Regina registrou a passagem do teatro de telão para o teatro de vulto[45]. O Teatro Dulcina, a partir dos anos de 1950, registrou a mudança da cenoplastia (mistura de arquitetura, pintura e carpintaria de palco) para a arte dramática moderna, onde o que determina o espetáculo é a concepção geral defendida por um diretor. O processo foi lento. A prova cristalina da lentidão é a de que só na última reforma da casa, iniciada em 1981, foi eliminada a caixa de ponto[46].

O Teatro Dulcina aparece, assim, como um elemento ambivalente, que representa a modernidade teatral e também certa tradição teatral. Ora, no período atual, marcado por uma série de rupturas com a caixa cênica tradicional, o espaço do Teatro Dulcina tende, portanto, a aparecer como um signo do passado ou como o signo de certo modernismo já superado, pois, em todo caso, se trata de um edifício teatral moderno em estado de

---

44 T. Brandão; B. Rabetti, Trabalhos de Pesquisa sobre o Teatro Dulcina.
45 As autoras explicam que o termo "teatro em vulto" refere-se à prática teatral e cenográfica onde os volumes da cena são valorizados, em detrimento dos telões pintados. A valorização do volume da cena está diretamente associada à presença da luz elétrica, que tornava a cena clara e ampla demais.
46 T. Brandão; B. Rabetti, op. cit.

ruínas. Assim, a encenação de um texto produzido na origem da tradição teatral ocidental num edifício teatral que acentua as tensões entre o moderno e o passado, entre renovação e tradição, conduz a uma intensificação do elemento mnemônico e arcaico, reforçado pelas ruínas do teatro. Portanto se, de um lado, o modernismo encontra ali seu fim, seu acabamento, sua ruína, por outro lado, a transformação operada no espaço pela diretora e pelo cenógrafo tende, justamente, a se afirmar como um gesto pós-moderno de apropriação do espaço, que dialoga e recupera o passado.

Mas se por um lado, a manipulação do edifício teatral e do espaço cênico produz um espetáculo impactante, de grande beleza; por outro, o gesto estético, ao evidenciar o próprio edifício teatral em sua historicidade, vem dar visibilidade a um problema cultural de outra ordem.

Para Ricardo José Brugger Cardoso, o edifício teatral assumiu diversos significados sociais ao longo dos séculos: "um monumento cultural, um local de exibição para uma classe dominante, um emblema de depravação e vício, um centro de atividade política, um abrigo isolado de uma severa realidade do mundo"[47]. Dessa forma, o edifício teatral assume uma função simbólica para a cidade e para a sociedade. Mas desde o início do século XX tanto no plano teórico quanto no prático as transformações na estética teatral conduziram também a um questionamento do destino dos antigos edifícios teatrais. O palco italiano tradicional foi, evidentemente, o ponto central desse questionamento, seja em função de sua estrutura e dos problemas técnicos que daí resultam, por exemplo, a visibilidade, a separação radical entre palco e plateia, quanto devido ao seu caráter simbólico, isto é, o privilégio da visibilidade repercutindo uma hierarquia social. Nesse processo de transformação, o palco italiano deixou de ser o modelo absoluto para a prática cênica e a partir da segunda metade do século XX ocorre um movimento crescente de exploração de espaços não tradicionais para a prática cênica, de tal forma que a atividade teatral passa a ser realizada ora em novos edifícios teatrais projetados para resolver os problemas presentes

---

47 Inter-Relações entre Espaço Cênico e Espaço Urbano, em E. F. W. Lima (org.), *Espaço e Teatro*, p. 83.

na caixa cênica tradicional, ora em espaços alternativos, isto é, não especializados para a prática cênica.

Portanto, ao mesmo tempo em que houve um expressivo desenvolvimento técnico no edifício teatral, observa-se que houve também certo interesse pela realização de espetáculos cênicos em espaços não especializados. Portanto, a própria noção de espaço cênico, de espaço onde as ações do espetáculo se desenrolam, não depende necessariamente de uma estrutura arquitetônica[48].

No Brasil e, em especial, na cidade do Rio de Janeiro, a busca de novos espaços para a prática cênica aliou-se a grandes reformas urbanas, que visavam a modernização da cidade. Esse processo de modernização é, evidentemente, marcado pela ambiguidade, pois, de um lado, vem eliminar boa parte da memória da cidade e, por outro, veio definir uma forma de espaço urbano mais apropriada para as relações sociais e econômicas presentes na nova sociedade. Assim, no decorrer desse processo, muitos edifícios teatrais erigidos no século XIX, assim como outros monumentos, foram "tragicamente" destruídos. Embora o Teatro Dulcina (antigo Teatro Regina) tenha se inaugurado em 1935, sua forma remonta, como vimos, menos às práticas vanguardistas do século XX do que à tradição oitocentista, devido à presença de frisas, camarotes, caixa de ponto, etc. Mesmo o incêndio de 1944, que praticamente destruiu o teatro e todo o acervo da Companhia Dulcina-Odilon, que na ocasião arrendava o teatro, não extinguiu totalmente as marcas do passado. Prova disso é, como vimos, a presença da caixa de ponto até o período da reforma da década de 1980. É lógico que, em relação à Europa, a reflexão sobre a arquitetura cênica só se desenvolve muito tardiamente no Brasil. Logo, enquanto no velho continente o modernismo teatral erige uma crítica ao próprio edifício teatral como suporte da obra de arte, no Brasil, o processo de modernização da estética teatral – a qual implica a reforma técnica dos teatros – só se desenvolve a partir do final da década de 1940. As tentativas de novas arquiteturas cênicas só começam a aparecer na década de 1950. Deste modo, as mudanças no edifício teatral não alteraram radicalmente a

---

48 Idem, p. 87.

forma tradicional, pois, mesmo na atualidade, há grande predominância das salas frontais. Se, de acordo com Denis Bablet, existe uma correspondência entre o tempo histórico-social e o tipo de lugar teatral[49], o Teatro Dulcina parece pertencer mais ao passado, embora seja visto desde sua origem como um signo do modernismo. A sala parece estar intimamente vinculada não somente a um modo como a sociedade vivenciava o acontecimento teatral, mas também a um período de proeminência e esplendor da cidade do Rio de Janeiro como capital cultural do país. Nessa interseção, a atividade teatral era do ponto de vista econômico, uma atividade sustentável.

Ora, com a decadência da cidade do Rio de Janeiro – acelerada a partir dos anos de 1970 e de 1980 – e da própria atividade teatral carioca, impulsionada pelo advento de outras formas de entretenimento cultural, alguns espaços tradicionais já em pleno desuso e/ou degradados (Teatro Dulcina, Teatro Glauce Rocha, Teatro Glaucio Gil, entre outros) passaram a ser administrados pelo Governo (municipal, estadual ou federal), sendo gerenciados artisticamente por grupos ou por diretores teatrais, como forma de se remediar a crise artística e financeira do teatro. Essas tentativas estão em consonância com a perspectiva urbana e cultura pós-moderna, na qual se visa uma conciliação entre o passado e o presente, atenuando o impulso modernista de rejeição do passado e da tradição em prol de novas formas. A perspectiva de conciliação propiciou, até certo ponto, uma revitalização desses espaços teatrais e da própria atividade cultural carioca. No que diz respeito ao Teatro Dulcina – que durante toda sua história esteve várias vezes fechado para obras –, após a gestão artística do Grupo Fodidos Privilegiados, o teatro encontrava-se mais uma vez fechado para reformas ou, mais precisamente, abandonado. É nessas condições que os produtores do espetáculo e Bia Lessa incorporam o Teatro Dulcina a seu projeto artístico.

Ao encenar *Medeia*, valorizando o edifício teatral em seu processo de destruição e de reconstrução a fim de criar sua linguagem teatral, direta ou indiretamente, a diretora toca neste elemento simbólico próprio ao edifício teatral, mas também

---

49 Ver *Le Lieu théâtral dans la societé moderne*.

discute o problema do destino das antigas salas no contexto das novas poéticas teatrais. Nessa visada, a remodelação do espaço cênico e a redefinição da arquitetura, concebidas como uma metáfora para a destruição e para a decadência é uma escolha de grande valor e alcance, tanto no que tange ao elemento estético quanto ao elemento político, indo ao encontro de diversas questões colocadas no texto de Eurípides. Ao subverter o espaço cênico, a diretora faz que a própria tradição estabeleça um diálogo consigo mesma. Isto é, o próprio edifício teatral apresenta-se como objeto para o diálogo sobre o sentido da tragédia na contemporaneidade. Neste caso específico, o sentido é marcado pelo signo do desaparecimento. A tragédia, como arte da palavra, assim como o edifício teatral que lhe dava suporte, pertence ao passado, não condiz mais com a sensibilidade atual: é uma "aberração", como diz Bia Lessa. A revitalização da tragédia ocorre, paradoxalmente, através da acentuação dos elementos que reforçam este não lugar do teatro na atualidade: a apropriação do espaço em ruínas, a lembrança da tecnologia cênica do teatro à italiana (elementos aéreos, cortinas, alçapões), a exposição das áreas que antes eram escondidas aos olhos do público.

Nesse movimento, é possível pensar que o trágico aparece – no espetáculo de Bia Lessa – a partir do modo como o próprio espaço entra em conflito com os personagens (e, por extensão, com os seres humanos), parecendo conspirar para seu desaparecimento. O espaço torna-se cada vez mais inabitável por causa da constante violência e agressão que lhe é feita; e da sua dominação e manipulação por intermédio da técnica científica que leva ao esgotamento dos recursos naturais, gerando grandes crises energéticas, catástrofes climáticas e destruição. Esse processo é gerador de um crescente número de desabrigados, de excluídos, de pessoas que perdem o seu lugar e que, como a personagem Medeia, não têm mais para onde ir nem para onde voltar. A encenação reafirma o gesto de dominação da natureza pelo modo como valoriza o gesto de criação de efeitos teatrais. Por exemplo, a cortina que esvoaça, a chuva que cai sobre os personagens, as árvores que descem do urdimento e invadem a cena, o som em alto volume na ocasião da morte dos filhos de Medeia. O teatro à italiana, com toda sua tecnologia voltada para reproduzir e representar o real, refletia o domínio técnico do homem sobre o espaço. Mas, conforme lembra Benjamin, a técnica configura uma segunda natureza que o homem não controla:

> Mas essa técnica emancipada se confronta com a sociedade moderna sob a forma de uma segunda natureza, não menos elementar que a da sociedade primitiva, como provam as guerras e as crises econômicas. Diante dessa segunda natureza, que o homem inventou mas há muito não controla, somos obrigados a aprender, como outrora diante da primeira[50].

Ora, no contexto da "compressão do tempo-espaço" – tal como formulada por David Harvey – esta conspiração para o desaparecimento apresenta-se como uma tônica das relações humanas não somente em função da competição por um espaço, por "um lugar ao sol", mas também pela recusa e exclusão ao outro, ao diferente como elemento determinante do comportamento. A ideia da perda do espaço, da perda do próprio lugar, pode adquirir um contorno mais profundo se pensarmos que a noção de "ética" significa "morada", "habitação", tal como indica originariamente o termo *ethos*[51]. Assim, num sentido radical, a ética pensa o lugar do homem, o estar-junto como a essência do ser-no-mundo. A impossibilidade de habitar, a perda da morada aponta para uma crise mais radical.

Nesse aspecto, mais uma vez, observa-se uma confluência de questões éticas e estéticas presentes tanto no espetáculo de Bia Lessa quanto na montagem do Teatro do Pequeno Gesto. Como vimos no início deste texto, uma das questões colocadas pelos criadores do Teatro do Pequeno Gesto dizia respeito justamente ao problema da inserção social do teatro na atualidade. Essa inserção revela-se cada dia mais frágil, diante das outras demandas sociais e culturais determinadas pela produtividade e pelo consumo. O teatro – arte que, por excelência, simboliza a alteridade, o outro – encontra-se também em vias de rejeição e de desaparição. O signo mais forte desse desaparecimento e

---

50 W. Benjamin, A Obra de Arte na Era de Sua Reprodutibilidade Técnica, *Magia e Técnica, Arte e Política*, p. 174.
51 Ver M. Heidegger, Carta sobre o Humanismo, *Heidegger*.

Fig. 39. Medeia, de Eurípides. Direção: Bia Lessa. Cenografia: Gringo Cardia. Teatro Dulcina, 2004. Visão parcial do espaço cênico. Entrada de Medeia. Observa-se no piso o alçapão onde será feita a cena da morte das crianças.

Fig. 40. Medeia. Direção: Bia Lessa. Chuva sobre a cena. Renata Sorrah e José Mayer.

dessa fragilidade encontra-se justamente no abandono – por parte do poder público – dos teatros que, como o Dulcina, foram adquiridos pelo Governo.

Convém lembrar aqui, trágica e ironicamente, que, no momento em que este ensaio é redigido, já passados quatro anos após a realização do espetáculo *Medeia*, o Teatro Dulcina – que desde o ano de 2001 se encontra sob administração do município do Rio de Janeiro – ainda se encontra fechado para reformas. "Assim termina o drama", conforme diz o corifeu no final do texto de Eurípides.

Fig. 41. Medeia. *Direção: Bia Lessa. Cena do "carro de fogo". No plano superior, a personagem Medeia (Renata Sorrah) permanece inacessível a Jasão (José Mayer).*

3. Oresteia, do Grupo Folias: A Política como Tragédia

Como vimos, tanto no plano internacional quanto no nacional, o movimento de revivificação da tragédia grega tem início no final da década de 1960 e, no caso nacional e latino-americano, coincide com o irrompimento das ditaduras militares, levando a uma junção entre o discurso estético, de características experimentais e o discurso político revolucionário. Como observa Edélcio Mostaço[1], nesse contexto surgem aquelas que seriam as primeiras manifestações do pós-modernismo teatral brasileiro, que só ganharia corpo definitivo a partir do final da década de 1970 e se desenvolveria na década seguinte, com a produção de realizadores como Antunes Filho, Gerald Thomas, Cacá Rosset, Denise Stoklos, Bia Lessa, Ulisses Cruz, Moacyr Góes, Marcio Aurélio, entre outros. A encenação pós-moderna de textos trágicos gregos perfaz o mesmo movimento: anuncia-se no final da década de 1960, atenua-se no período que se estende entre os meados da década de 1970 e meados da década de 1980, retomando grande impulso a partir dos anos de 1990, vindo a atingir uma espécie de ápice entre 2000 e 2004, período em

---

1   O Teatro Pós-Moderno, em J. Guinsburg; A. M. Barbosa (org.), *O Pós-Modernismo*.

que serão realizados diversos espetáculos, conforme pode ser observado no Anexo. Embora a quantidade de espetáculos seja pouco significativa em relação às outras formas teatrais, julgo que o aumento das encenações de tragédias gregas seja o eco de acontecimentos na ordem social e política nacional e internacional, como os atentados terroristas, as guerras, a devastação do meio ambiente, a grande massa de desabrigados, a violência na esfera da vida doméstica, o controle da mídia sobre o cotidiano, entre outros. Evidentemente, esses acontecimentos têm como pano de fundo a crise do sistema capitalista. Interessante lembrar que muitos dos espetáculos que foram analisados até aqui tocam em algumas dessas questões, apontando para o problema do trágico na era contemporânea. Desta forma, em seu movimento de atualizar-se, a tragédia grega estabelece um questionamento político constante e radical, tal como ocorria em sua origem, fato que muitas vezes não ocorre com outras formas teatrais, que constituem a maior parcela da produção artística, formando um mercado teatral voltado para um público com interesses específicos.

Considerando que os fatores externos, isto é, sociais e políticos, são condicionantes fundamentais dos processos artísticos, pode-se observar que, do ponto de vista da realidade cultural brasileira, o movimento de revivificação da tragédia desenvolvido durante cerca de quatro décadas – do final da década de 1960 até os dias atuais – parece conter três fases.

Uma primeira – final dos anos de 1960 até meados da década de 1970 –, que seria uma fase inicial, parece acompanhar a revolução cultural do período, desenvolvendo formas teatrais que rompem com a representação tradicional da tragédia e estabelecem um diálogo direto com a realidade social e política brasileira. Estas montagens parecem antecipar alguns procedimentos poéticos que, nos anos subsequentes, serão considerados como característicos do teatro pós-moderno.

A segunda fase parece ter início após o término da ditadura militar estendendo-se até meados dos anos de 1990. Nesse período, o discurso dos criadores teatrais revela certo pessimismo, uma ausência de perspectivas, o sentimento de um vazio ideológico e da falência dos princípios éticos, mas, em contrapartida, essa tônica tende a ser contrabalançada pela busca de um aprofundamento nas pesquisas cênicas e da formação de um discurso artístico, ético e ideológico consistente entre os membros de um grupo de criação. Assim, num plano geral, a falência dos grandes ideais coletivos de transformação social, aliado a um recrudescimento do conservadorismo político, cede lugar a um discurso mais localizado, que prima pelas possibilidades concretas de transformações num âmbito menor da esfera social. Ocorre, assim, uma transformação na forma de atuação na sociedade de tal forma que, aquela que se apresenta como a "era do vazio"[2], revela ser também a era das pequenas associações voltadas para causas menores, sendo, portanto, um período de mobilização em que a necessidade da afirmação de si, como elemento fundamental da ética pós-moderna, procura se coadunar com o corpo coletivo. Os diversos grupos teatrais que vão surgindo ao longo desse período – uns permanecendo até hoje, outros se dissolvendo – testemunham a busca de um equilíbrio entre os ideais estéticos, éticos e políticos. Do ponto de vista dos condicionantes externos, será de fundamental importância para a existência desses grupos o surgimento das Leis de Incentivo à Cultura. Possibilitam o crescimento e a continuidade da produção cultural bem como a consolidação artística e econômica dos grupos teatrais que, no decorrer da década de 1990, vão adquirir, paradoxalmente, características empresariais, dando maior abertura de possibilidades estéticas para um mercado teatral muitas vezes limitado por produções de características puramente comerciais.

Uma terceira fase do movimento de revivificação da tragédia grega e do próprio pós-modernismo teatral brasileiro parece se anunciar a partir do final do século xx. Se no âmbito específico da realidade brasileira o período em questão apresenta grande transformação na ordem política em virtude da ascensão do Partido dos Trabalhadores ao poder, no plano internacional o período será marcado também por diversas transformações, já que novas preocupações de ordem política e social parecem eclodir num quadro em que o processo de globalização passa a ser questionado com mais intensidade, as tensões internacionais se tornam mais acirradas e a ameaça

---

2 Ver G. Lipovetsky, *A Era do Vazio*.

de catástrofes parece anunciar o fim de uma era da própria civilização. Consequentemente, conforme vimos no capítulo primeiro da primeira parte, a tragédia grega se tornará uma forma privilegiada para questionar modelos de dominação cultural e política, assim como os diversos níveis de desigualdade, de injustiça e de violência presentes na vida atual. Mas, além disso, é importante ressaltar que todas essas problemáticas geram uma mudança substancial no próprio sentido da arte, quer dizer, num mundo cada vez mais pleno de conflitos, marcado pelo consumo, onde a própria arte se torna uma mercadoria, o artista questiona radicalmente o seu papel na sociedade, buscando novas formas de ação e de participação, busca que implica, por exemplo, a superação do próprio conceito de obra de arte e de artista. Exemplar nesse sentido, em vários setores artísticos, será a tendência de o gesto criador individual ceder lugar, cada vez mais, ao gesto coletivo, aos processos colaborativos, interativos e interdependentes. Em outras palavras, trata-se da emergência do que Nicolas Bourriaud denominará de uma "estética relacional", a qual privilegia outros modelos de percepção e a arte como elemento de proposição de novas formas de socialidade, novas formas de "habitar o mundo". Por sua vez, a estética relacional revela ter paralelos e semelhanças com a ideia do "teatro pós-dramático" formulada por Hans--Thies Lehmann, em que as formas teatrais vêm romper com os fundamentos do teatro tradicional (mímeses-representação, drama-ação, personagem) dando origem a poéticas teatrais híbridas, e o espaço do discurso deixa de ser o texto para ser o próprio teatro como um todo. A pluralidade das estâncias de emissão geram, assim, formas teatrais marcadas pela abertura, pela interação, pela descontinuidade, a valorização do processo em detrimento da obra, entre outros. Em consequência, neste período em questão, a produção artística e cultural começa a apontar para outras formas de engajamento político, buscando formas mais diretas de crítica ao sistema dominante. Em suma, a segunda fase parece se caracterizar por uma repolitização da arte. Essa repolitização está relacionada menos a um discurso ideológico estrito – como o marxismo e suas releituras, por exemplo – do que a uma proposta de transformação das formas de relação social, as quais são, originalmente, limitadas por fatores como: a mecanização das funções sociais; a penetração da ideia de consumo e de mercantilização em todas as formas de relação social; o condicionamento da percepção; e, por fim, as formas de controle que a mídia exerce no plano cotidiano e que o poder econômico político desempenha numa esfera mais ampla. É nessa perspectiva que Nicolas Bourriaud afirma que: "A arte contemporânea realmente desenvolve um projeto político quando se empenha em investir e problematizar a esfera das relações"[3].

As ações artísticas estarão cada vez mais vinculadas a causas sociais e políticas. O novo direcionamento do sentido da arte, em particular do teatro, envolverá, inevitavelmente, a presença de tensões entre as instituições e empresas que sustentam a atividade teatral por intermédio da concessão de apoio e patrocínio e os criadores artísticos, na medida em que, nem sempre, os interesses de ambos se coadunam. Nesse movimento, a própria arte, como manifestação libertária e contestadora em sua essência, pode perder seu espaço, posto que deve, na maioria das vezes, submeter-se às regras colocadas pelo próprio sistema de produção cultural fomentado por meio do poder público e de empresas privadas. Consequentemente, se, de um lado, os diversos grupos teatrais formados ao longo da década de 1980 e de 1990 começam a se consolidar do ponto de vista artístico, obtendo reconhecimento por parte da crítica e do público, além de obter subvenções diversas por intermédio de Leis de Incentivo e de Editais Públicos que garantem sua existência como grupo ou empresa; por outro lado, os próprios membros desses grupos, na função de criadores culturais, começam a perceber as contradições do mercado das artes no Brasil e propõe uma reformulação desse sistema e criam formas alternativas de produção artística e cultural.

Conforme se pode ver no Anexo, muitos desses grupos tiveram tragédias gregas em seu repertório. Dentre estes, destacaremos agora o trabalho do Grupo Folias D'Arte, em especial a montagem de *Oresteia, o Canto do Bode*. O espetáculo possui também certa exemplaridade por vários aspectos citados ao longo destas análises: o processo de deslocamento do texto

---

3 *Estética Relacional*, p. 23.

grego para o contexto político e cultural brasileiro; a atualização do texto a partir da inserção de diversas linguagens artísticas e da fusão de linguagens teatrais de caráter popular; o enquadramento da tragédia grega no contexto urbano; a crítica à mídia; a utilização de recursos tecnológicos para a construção da linguagem cênica; o movimento de autorreflexão do grupo em relação a seu próprio trabalho e, por fim, a utilização de um espaço cênico de características alternativas.

No ano de 2007, ao completar dez anos de atividade, o Grupo Folias D'Arte, de São Paulo, realizou a encenação da trilogia *Oréstia*, de Ésquilo, apresentada no Galpão do Folias, espaço que é sede do grupo. O espetáculo, denominado *Oresteia, o Canto do Bode*, teve dramaturgia de Reinaldo Maia, direção de Marco Antonio Rodrigues e cenografia de Ulisses Cohn. A ideia de se deslocar o texto grego para outro período histórico de modo a recontextualizá-lo é assumida nesse espetáculo de modo radical, na medida em que a montagem se propõe a fazer um paralelo entre o mito dos Átridas e a constituição do continente latino-americano na contemporaneidade. As três peças que constituem a trilogia – *Agamêmnon, Coéforas e Eumênides* – dialogam com épocas históricas específicas: a primeira com o populismo dos anos de 1950 e de 1960, a segunda com as ditaduras latino-americanas das décadas de 1960 e de 1970, a terceira com o processo de redemocratização ocorrido a partir das últimas décadas do século XX. A tragédia grega é, assim, tomada para o estabelecimento de um ato de revisionismo histórico de caráter nitidamente político, mas também como um ponto de partida para a autorreflexão acerca do teatro.

Ao considerarmos os depoimentos do diretor Marco Antonio Rodrigues e de outros membros do grupo feitos em entrevistas na ocasião da estreia do espetáculo, assim como um texto de autoria do próprio diretor escrito para o *Caderno do Folias*, destaca-se a grande gama de questionamentos colocados, os quais trazem à tona diversos temas relacionados ao fazer teatral dos grupos e artistas da atualidade: a problemática das Leis de Incentivo; o compromisso social dos artistas; a preocupação com o maior acesso da população aos bens culturais; o questionamento crítico acerca dos grandes grupos empresariais que dominam os meios de comunicação formando um padrão estético de baixa qualidade; a crítica à presença de uma espécie de censura feita pelas instituições que dão apoio aos artistas; o problema da escolha do repertório em função de questões que atendam a necessidades políticas e ideológicas; o questionamento da formação do ator; a busca de uma identidade artística para o grupo de trabalho; a reflexão acerca do próprio espaço de criação teatral. Em suma, todas as discussões mais relevantes no que se refere à estética teatral contemporânea.

Em entrevista realizada por Igor Ojeda, o diretor Marco Antonio Rodrigues fala sobre a formação do Grupo Folias e dos motivos pelos quais o grupo optou pela encenação da *Oréstia*, de Ésquilo. Neste trecho, nota-se a presença dos aspectos observados acima, como a aliança entre o ideal ético, estético e político, a inserção da ação do grupo no espaço de vazio ideológico deixado por uma pretensa burguesia e a crítica aos grandes grupos privados de comunicação que dominam ideológica e culturalmente a sociedade:

O Folias surgiu muito mais por uma contingência econômica do que ideológica. O modo de produção possível. Cooperativado, onde não há a figura do empresário, e sim uma estrutura horizontal onde, teoricamente, todas as pessoas são responsáveis por tudo aquilo que anima a vida, o cotidiano de uma companhia de teatro. É uma junção de pessoas que sempre entenderam a arte como uma forma de refletir sobre a relação do homem com o mundo, com o meio, entendendo que qualquer fato é político do ponto de vista urbano. Porque político significa justamente a relação e a convivência. Na verdade, a gente entende que não existe o indivíduo, existe o homem em relação. Então, a produção do grupo tem que se mover por uma questão que é o atávico do homem, e isso talvez seja um dos pressupostos ideológicos que se somam às condições de produção dentro das características do capitalismo terminal que temos. O Folias também surge num momento em que o dito teatro comercial de fato abriu mão de qualquer vocação iluminista. Ou seja, acompanhando todo o fenômeno de uma pretensa burguesia nacional que resolveu não ser produtora, mas rentista, abandonou qualquer perspectiva, como havia nas décadas de 1970 e 1980, de um tipo de produção que se preocupava em confrontar essa mesma pequena burguesia ou burguesia. Então, sobrou um enorme espaço, ocupado por uma classe média absolutamente desassistida intelectualmente, para a ação desses grupos. Acho que o Folias entra nesse contexto histórico, de reconstituição de um espaço público de discussão de grandes questões, que ainda continuava e continua sedado pela ditadura econômico-midiática da TV Globo, que substituiu a ditadura militar com tanto sucesso[4].

Num outro trecho da entrevista, o diretor fala sobre as razões para encenar a trilogia de Ésquilo:

> A gente vive um momento histórico em que todas as utopias que estavam carregadas em cima da promessa do Lula e do PT foram destruídas. Também é um momento de ruptura, em que temos que reorganizar nossas esperanças. A *Oresteia* é uma obra que trata da formação da civilização grega. Então, para nós também, existe alguma coisa que pode ser formulada a partir do "zero". Além disso, é uma obra importante porque a gente via vários paralelos nas peças que compõem a trilogia. A Clitemnestra, depois de dar o golpe junto com o amante, instala a ditadura, que é vencida aparentemente num processo democrático. Mas, foi democrático? Existiam alianças ali que eram oportunistas, e hoje isso também ocorre. O que é a nova democracia senão um rearranjo daquelas forças reacionárias e conservadoras que usaram as expectativas da população por democracia para articularem um outro tipo de golpe? Para nós, Oresteia dava conta exatamente daquilo[5].

Observa-se, assim, que um dos temas colocados pelo espetáculo é a reflexão crítica sobre a própria "era Lula", período de grande transformação na ordem política nacional e sobre o próprio processo democrático. Desta forma, a revisão histórica dialoga diretamente com a realidade contemporânea, apontando para uma dimensão trágica em nossa história política. As grandes esperanças que a população brasileira nutria com a afirmação de um governante oriundo dos movimentos populares foram traídas pelo fato de o governo do Partido dos Trabalhadores conter características igualmente antidemocráticas, conservadoras e reacionárias, apesar dos inegáveis progressos em vários setores. Assim, se as forças antes revolucionárias se mostram agora conservadoras, o que se anuncia é a necessidade

---

4   1. Ojeda, Um Olhar sobre a Tragédia Latino-Americana, *Agência Brasil de Fato*, 14 set. 2007.
5   Idem, ibidem.

da eclosão de novas forças de transformação. Contudo, é neste ponto onde a história parece retornar a um momento original, que se encontra todo o problema, na medida em que as virtuais novas forças de transformação deparam-se com outras estruturas de impedimento. Ora, para Marco Antonio Rodrigues, é justamente esse elemento que vem definir o trágico – este se configura a partir de um impedimento coletivo:

> O que é uma tragédia? É uma estrutura de impedimento coletivo. Existe um impedimento coletivo. Qual é o dos gregos, qual é o nosso? O que tinha no céu deles? O Olimpo, Zeus. O nosso está cheio de antenas parabólicas, satélites. São deuses também. São intransponíveis. Essa é a tragédia"[6].

Desta forma, assim como ocorre na montagem de *Édipo Rei*, de Diego Molina, o que se mostra aqui como elemento trágico é justamente a submissão do homem contemporâneo à determinação de valores e de comportamentos impostos pelos grandes meios de comunicação e pela mídia. Nesta estrutura em que uma forma de dominação penetra todos os aspectos da vida cotidiana, a liberdade de escolha passa a ser uma dimensão inacessível. Ocorre justamente uma espécie de fatalismo: não existiria qualquer legitimidade naqueles modos de ser que se inscrevem fora dos padrões de sucesso e reconhecimento promovidos pelos meios de comunicação de massa e pelo modo de vida capitalista. Nessa estrutura, o artista deve conceder às demandas de um sistema dominante, deve submeter-se às normas dadas pela indústria cultural. Assim como as fúrias da trilogia de Ésquilo, as forças criativas, rebeldes, desmedidas, revolucionárias, transgressoras – como é o caso dos artistas – devem se amansar, domesticar-se. Na linguagem nietzschiana, trata-se de uma submissão de Dioniso a Apolo.

Em *Oresteia, o Canto do Bode*, essas questões são apresentadas ao longo dos textos que formam a trilogia. Assim, em *Eumênides*, encontramos com maior clareza os problemas relativos a um questionamento do papel do artista na sociedade atual. Esta relação entre a condição trágica e o teatro é percebida por Beth Néspoli:

[6] Idem, ibidem.

Na terceira peça, o paralelo entre a tragédia e o teatro fica mais evidente. Quando Apolo expulsa do seu templo as velhas divindades, um telão mostra cenas de peças do Folias, do Oficina e do teatro hip-hop do Grupo Bartolomeu, entre outros "bárbaros". Em vez de transformação, a rebeldia de Orestes termina em conciliação e manutenção de poder no tribunal da deusa Atena, associada a artista de TV. Até o contundente corifeu-palhaço perde sua "fúria", amolecido diante da câmera. É o fim da potência[7].

O espetáculo alia, portanto, uma revisão crítica de nossa história política a um questionamento da própria condição trágica da arte contemporânea. Tentarei agora ver como essas ideias se concretizam cenicamente, observando, em especial, os elementos visuais do espetáculo. Nesse movimento, notar-se-á como o espetáculo do Grupo Folias reúne vários elementos da estética teatral pós-moderna.

O Galpão do Folias, projetado por J. C. Serroni, pode ser conceituado como um espaço alternativo de características multifuncionais, isto é, trata-se de um espaço onde a relação espectador e ator pode ser reorganizada em função da proposta do espetáculo. Em *Oresteia*, o espectador mantém com a cena uma relação de frontalidade, ocupando duas pequenas arquibancadas num espaço cênico de forma retangular, dotado de grande profundidade. A área de jogo dos atores não se limita apenas ao espaço aberto e amplo situado em frente ao público, ao contrário, os atores utilizam-se das passarelas longitudinais e latitudinais, situadas a cerca de 2,5 metros do piso do palco. Além disso, os atores podem ter acesso à área central de jogo por intermédio tanto de uma escada fixa, colocada junto à arquibancada, em grande proximidade com o público, quanto por uma escada móvel manipulada pelos atores. Assim, o modo de investimento dos atores no espaço é bastante dinâmico, em consonância com a afirmação de uma linguagem cênica cuja matriz são as formas artísticas populares, como o circo. Um tal investimento no espaço propicia ao espectador uma expectativa constante em relação ao acontecimento teatral. Mas, além dessas áreas, os atores utilizam também os espaços interiores, isto é,

---

7   B. Néspoli, Oresteia do Folias Critica Matriz Grega, *O Estado de S.Paulo*, 23 maio 2007.

fechados e situados no fundo da área retangular, de frente para o público: trata-se de dois espaços localizados em baixo de uma passarela, que servem tanto de camarim para a preparação dos atores como áreas de atuação. Ou seja, os espaços de serviço do espaço cênico – banheiros e camarins – são incorporados à representação, constituindo o interior do palácio nas peças *Agamêmnon* e *Coéforas*. A utilização destes espaços internos é de grande importância para a compreensão do texto na medida que, conforme observa Simon Goldhill[8], boa parte da tensão da ação dramática decorre do jogo entre o espaço interno e o externo. Portanto, o espetáculo explora o espaço em sua totalidade e recupera uma dinâmica espacial indispensável para a ação, tal como ocorre no texto grego. Essa mesma dinâmica do texto original é preservada ainda na segunda parte da trilogia, em *Coéforas*, onde a encenação trabalha justamente com a tensão entre o túmulo de Agamêmnon e o espaço interno do palácio de Clitemnestra.

Em acordo com essa proposta, a cenografia é constituída por diversos objetos cênicos colocados de modo despojado na área central de jogo, dentro dos dois espaços internos e apoiados sobre as passarelas. Os objetos aparentam ser vestígios de cenários de outros espetáculos: são cadeiras de rodas, tecidos, trajes, uma banheira com rodízios, jornais espalhados pelo chão, bandeiras, maletas, praticáveis, parte de um ventilador, bastões, espelhos retangulares, velas, baldes. Embora não apareçam reunidos simultaneamente, revelando-se ao longo do desenvolvimento da ação, o conjunto pode ser antevisto no fundo da cena, de tal forma que esses fragmentos que não mostram aparentemente qualquer relação entre si tendem a formar um conjunto incoerente, quase caótico. Além disso, as paredes do espaço possuem um tom predominantemente negro, sendo a monotonia dessa superfície rompida por algumas áreas manchadas ou borradas em branco, dando a aparência de paredes descascadas. Ao comentar o espaço cênico, Beth Néspoli aponta para uma dupla significação da cenografia: por um lado, ela remeteria à cidade de Argos, espaço fictício indicado no texto original para as peças *Agamêmnon* e *Coéforas*; e, por

---

8 Ver *How to Stage Greek Tragedy Today*.

outro lado, ela remeteria às próprias condições precárias que marcam a produção teatral no Brasil:

Quem viu as peças anteriores tem o primeiro estranhamento ao entrar no Galpão do Folias – paredes descascadas à mostra, poucas cadeiras para o público sentar, algumas velhas, todas desiguais, restos de cenografia. Qualquer semelhança com a cidade de Argos, em guerra com Troia, no início da tragédia Agamenon, não é mera coincidência. Menos ainda quando se sabe que há um paralelo simbólico entre a tragédia grega e as condições em que se faz teatro de grupo no Brasil[9].

Desta forma, a cenografia é fundamental para a leitura do espetáculo, cujo tratamento é essencialmente épico. Esta característica épica que se apresenta visível tanto na utilização das técnicas de distanciamento feitas pelos atores (quebra da ilusão, relação direta com o espectador, uso da narrativa, utilização de microfones, entre outros) quanto na encenação (recursos narrativos em vídeo, utilização da imagem como documento histórico, relação direta do texto com a realidade histórica do espectador, utilização de cenários móveis e funcionais, presença de objetos dotados de história, presença de um ator-personagem como espectador da ação, música cênica que, às vezes, ironiza a própria ação, entre outros). A cenografia possibilita, assim, a criação de um espaço fictício ou dramático, mas também mostra as condições que produzem a ficção, estando, portanto, inteiramente em acordo com a perspectiva brechtiana. Segundo o dramaturgo e diretor alemão: "Atualmente, é mais importante que os cenários digam ao espectador que ele está no teatro do que lhe sugerir que ele se encontra em Aulis, por exemplo"[10]. No que tange aos elementos cenográficos, a poética teatral brechtiana de traços nitidamente não ilusionistas tenderá a valorizar elementos como: o aspecto provisório do espaço representado; a participação do cenário no jogo dos atores, por exemplo, a utilização de elementos móveis; a visibilidade

---

9 B. Néspoli, op. cit.
10 Ver B. Brecht, L'Architecture de scène, 1929-1952, *Écrits sur le théâtre*, p. 733. Texto original livremente traduzido: "Aujourd'hui, il importe davantage que les décors disent au spectateur qu'il est au théâtre plutôt que de lui suggére qu'il se trouve, par exemple, en Aulide".

dos materiais e dos equipamentos cênicos; a reformulação do espaço cênico em função dos objetivos sociais do espetáculo; a observação crítica do espectador em relação à imagem cênica elaborada; o caráter funcional dos elementos cênicos; os processos sociais presentes na constituição do espaço a ser representado; a utilização da imagem fabricada por instrumentos técnicos de reprodução (fotografia, filme, projeções etc.); a heterogeneidade dos elementos cênicos. Em *Oresteia*, percebemos a presença desses elementos em maior ou menor grau.

Na cena de abertura, na peça *Agamêmnon*, por exemplo, o personagem Sentinela situa-se numa destas passarelas longitudinais, enquanto o público permanece de pé, sendo deslocado para as arquibancadas logo após a chegada de um ator sobre uma motocicleta. O ator – que interpreta Orestes – ficará sentado junto aos espectadores durante toda a primeira parte do espetáculo. Após a transformação em cena de um personagem masculino em Clitemnestra, um grupo de atores com trajes negros, utilizando bastões e bandeiras, situa-se na área central da cena. O grupo, que seria também o coro, forma a própria imagem dos navegantes que partiram para a guerra de Troia. De maneira irônica, o corifeu-palhaço utiliza um ventilador para produzir o vento que movimenta as embarcações e um borrifador para indicar o mar. Evidentemente, o vento deixa de soprar, trazendo a necessidade do sacrifício de Ifigênia. Uma atriz utilizando pernas de pau se destaca do grupo, fazendo o personagem Calcas. O narrador corifeu-palhaço, dotado de um microfone e de fones de ouvido, como numa transmissão radiofônica, comenta as palavras do profeta Calcas e o sacrifício de Ifigênia. A transformação de um dos integrantes do coro no personagem Agamêmnon é feita às vistas do público: a atriz que interpreta Ifigênia traz objetos fazendo que o ator, cuja cor é negra, pareça com um rei africano. Circundados pelo coro estão Clitemnestra, Ifigênia (ambas vestidas de branco) e Agamêmnon, em traje preto, e o palhaço vestido em tons de cinza e negro. Agamêmnon lança Ifigênia para o grupo que forma o coro: é o sacrifício. Fazendo um gesto e um movimento que indicam que os ventos voltaram a soprar, o próprio Agamêmnon convida o coro a sair de cena. Todos saem, ficando apenas o ator que representa Clitemnestra. Diante da cena brutal do sacrifício, a personagem tem uma reação de horror e nojo. Dirigindo-se ao fundo da área de cena, para um banheiro que agora se revela pela iluminação, o ator-personagem vomita num vaso sanitário. O banheiro e o aposento contíguo indicam o interior do palácio.

A descrição da sequência de cenas que perfazem pouco mais de vinte minutos do espetáculo é suficiente para a identificação dos códigos da encenação e para o tratamento dado ao texto grego. A imagem do espetáculo nos traz para a época moderna, isto é, não há aqui uma busca de atemporalidade, mas de diálogo histórico, o que ocorre por meio dos trajes, que embora estilizados, nos remetem ao século XX e à atualidade, com a utilização de equipamentos e de máquinas da contemporaneidade, ou ainda pela mistura de estilos dos figurinos, quando um traje representativo da uniformidade do homem moderno (paletós e sobretudos) convive com vestuário de características étnicas mais acentuadas e com roupas de estilo oriental, todos com um tratamento em que a teatralidade é acentuada. Assim, a heterogeneidade dos trajes e dos objetos caracteriza a imagem cênica. Como vimos, é a heterogeneidade, a ausência de unidade orgânica da cena, que estará na raiz de toda a cenografia pós-moderna, segundo Arnold Aronson.

Quanto à transformação visível do ator em outro personagem, sabe-se que é um dos procedimentos básicos da interpretação épica, estando presente no próprio teatro grego em sua origem. No espetáculo *Oresteia*, tais transformações têm como base a linguagem circense, o que se revela no uso de pernas de pau. Mas é importante assinalar que todo o jogo de trocas é feito de modo irônico, debochado, tocando o ridículo, o que vem a ocasionar uma dissonância no interior do próprio gênero trágico, já que os comentários desenvolvidos entre os atores desarticulam a tensão que seria própria à tragédia. Esta ironia se revela de modo exemplar na passagem em que a profecia de Calcas é retransmitida pela narrativa radiofônica, o que vem a acentuar a referida dimensão trágica proposta pelo diretor, na qual os meios de comunicação de massa se apresentam como representações do destino, dos impedimentos coletivos da sociedade moderna. Se, por um lado, o profeta é ironizado e desmobilizado, por outro, a profecia ganha peso na medida em que adquire uma roupagem moderna. Ocorre, assim, um jogo entre a construção e a desconstrução do trágico, o que propicia uma atitude crítica por parte do espectador.

No que diz respeito ao investimento do espaço pelos atores, as primeiras cenas já nos anunciam uma utilização potencializada do espaço: os atores entram e saem de cena por diversas passagens, do alto das passarelas, pelas arquibancadas, pela escada que conduz às arquibancadas, através de espaços internos situados ao fundo e da própria área central, por intermédio de um afastamento dos atores para as laterais do espaço, junto às paredes que o delimitam. Além disso, as passarelas serão usadas como base para movimentos acrobáticos: os atores se penduram, ficam em posições de inversão, sobem nos elementos cenográficos até chegar às passarelas. O uso do espaço interno, do banheiro na cena de Clitemnestra, é também de grande impacto, não só porque revela um espaço inesperado, mas também por mostrar concretamente, num signo familiar ao espectador, o horror da personagem diante do crime. Porém, paradoxalmente, essa mesma familiaridade gera também certa comicidade. A utilização do espaço interno será de grande importância para se compreender a própria transformação da personagem: se ao entrar nesse espaço, num primeiro momento, ela se mostra extremamente fragilizada, ao sair dele, já em companhia de Egisto, ela se mostrará segura de si, forte, imponente. Todos os elementos identificados aqui apontam para o que se denominou o aspecto provisório do espaço cênico que se apresenta em constante mutação, não somente pelo modo como os atores o ocupam e o compõem, criando diversos espaços gestuais, mas também por causa da presença dos objetos, como é o caso do ventilador e do borrifador, ou ainda dos trajes dos atores que, agrupados em sequência, formam o tapete por onde caminha Agamêmnon. Assim, em sua simplicidade, os objetos e ações criam lugares específicos da ação, lugares marcados pela teatralidade.

O recurso – a utilização de elementos móveis para a construção de lugares específicos – estará presente em todo o espetáculo, conforme ocorre com o uso das portas/estruturas metálicas forradas com tecido, que servem de suporte para a projeção dos filmes, e que também se constituem em objetos cenográficos, como as portas de entrada para o palácio. Nota-se, assim, que o espetáculo recorre aos meios tecnológicos de produção da imagem: fotografias, vídeos, além de um monitor, por onde, na terceira parte da trilogia, o deus Apolo observa a ação.

Dando prosseguimento à descrição de algumas sequências do espetáculo, gostaria de lembrar a utilização dos elementos móveis da cenografia: a escada, o baú e a banheira com rodízios. Uma escada preta, com cerca de 2,5 metros de altura e um baú com uma área aproximada de cerca de 1 metro são os únicos elementos construídos da cenografia. A escada é utilizada para duas cenas fundamentais: o retorno de Agamêmnon a Argos, na primeira peça da trilogia e, na terceira peça, para caracterizar o que seria o templo de Apolo e também o lugar onde a deusa Atena fará o julgamento de Orestes. Partindo do pressuposto de que, pelas convenções cênicas gregas, a aparição da deusa Atena deveria ocorrer na parte mais elevada do espaço cênico, isto é, o *théologeion*, parece-nos que a solução proposta por diretor e cenógrafo é bastante adequada, já que a personagem Atena desenvolve toda a ação num plano superior, isto é, no alto da escada ou no alto das passarelas. No texto original, a entrada de Agamêmnon é feita por um grande cortejo, no qual ele aparece num carro aberto, puxado por soldados, enquanto Cassandra aparece num carro menor. Assim, na encenação preserva-se essa composição, visto que o personagem Agamêmnon entra numa escada conduzida por atores, e o lugar mais alto é ocupado por Cassandra. A localização no plano alto reforça o signo do poder, como também acentua a tensão existente entre o ato de Agamêmnon sair do "carro" e pisar no tapete para entrar no palácio. Nesse movimento, Cassandra passa a ocupar o baú ou carro menor para, em seguida, também entrar no palácio, que não é constituído pelos espaços internos, mas, sim, por uma banheira que é trazida do fundo para o centro da cena.

Assim, a banheira tanto é utilizada no primeiro ato, para a cena da morte de Agamêmnon, quanto na terceira parte da trilogia, como refúgio de Orestes no interior do templo de Apolo. A presença concreta da banheira terá certa relevância para a construção das cenas, consistindo num elemento que, de certo modo, é aludido no texto original, posto que, em seu presságio Cassandra vê Clitemnestra banhar Agamêmnon antes de matá-lo. Mais precisamente, para melhor iludir Agamêmnon, Clitemnestra o teria feito numa banheira de prata[11], que na encenação é colocada em cena de modo tal que o espectador assiste à morte de Agamêmnon. É sobre a banheira que Clitemnestra permanecerá até a sequência final do espetáculo, quando assume o poder com Egisto. O objeto reaparecerá em *Eumênides*, agora dialogando, inevitavelmente, com outro personagem histórico, Jean-Paul Marat, seja devido à música cênica, que reproduz "A Marselhesa", seja por causa da semelhança entre as imagens. Orestes é, assim, o revolucionário que toma o poder, vindo a instaurar uma ordem legítima e democrática, mas que se encontra agora fragilizado. A composição cênica prioriza aqui a repetição dos signos: o mesmo tapete que conduziu Agamêmnon à morte é também estendido para Orestes, ligando a banheira ao lado direito do espaço, justamente num ponto onde havia sido inscrita na parede, na segunda parte da trilogia, a palavra "justiça" pelos jovens revolucionários, isto é, o coro das Erínias (escravas, no texto original). A luta pelo poder, como forma de determinação da historicidade, parece então se repetir e, assim como Agamêmnon, Orestes passa a ser uma "caça", ao invés do caçador[12]. Contudo, se um dos elementos decisivos para a ação revolucionária de Orestes e das Erínias foi justamente a visão de imagens projetadas em vídeo, nas quais aparecem registros de caráter documental da ação dos militares durante a ditadura, agora, em *Eumênides*, a imagem projetada em vídeo, no fundo da cena, numa tela branca sobre uma cortina vermelha, faz referência a uma revolução ideal ou uma falsa revolução, numa espécie de teatralização do poder. Consequentemente, o paralelo entre uma revolução efetiva, a Revolução Francesa, e o êxito de um golpe de Estado que soube anular com violência as forças revolucionárias nos aponta para uma dimensão trágica: a derrota dos ideais de transformação social diante das grandes forças de impedimento coletivo. É esse fracasso que é evidenciado nas palavras da profetisa de Apolo, que é também uma antiga revolucionária:

11 Ver M. da Gama Kury (trad.), Notas ao Agamêmnon, *Oréstia*, p. 85.
12 Sobre este tema, ver P. Vidal-Naquet, A Caça e o Sacrifício na *Oréstia* de Ésquilo, em J.-P. Vernant; P. Vidal-Naquet, *Mito e Tragédia na Grécia Antiga*.

Não consigo descrever um espetáculo cuja simples visão me deixa transtornada e me faz perder o ânimo e não consigo, embora queira, estar de pé. Para que serve uma velha estarrecida? Como poderia imaginar que as coisas não iam bem, que a escuridão continuava e as forças diminuíam, depois que trabalhamos por tanto tempo?[13]

É essa mesma profetisa que perceberá que, nos tempos da redemocratização do Brasil, o inimigo encontra-se mais forte, com a aparência de invencível. A profetisa reconhece e sofre diante da constatação, enquanto o próprio Apolo a observa de modo sorrateiro, numa ameaça velada.

Ora, o grande golpe do espetáculo *Oresteia* encontra-se justamente no ato de associar estas forças de impedimento, que se encontram mais fortes e irreconhecíveis, ao poder da mídia. Assim, em *Eumênides*, haverá a transformação dos próprios signos cênicos em signos "espetaculares", isto é, relacionados ao modo de produção da cultura de massa. Nesse momento, não é mais o corifeu-palhaço que conduz o espetáculo, mas sim Apolo. É o deus da aparência que parece comandar toda a máquina da representação teatral: as imagens projetadas, o som, a luz, falando ao celular e ocupando o espaço em sua totalidade. O deus Apolo assemelha-se aqui a um atarefado homem de negócios, a um produtor cultural empenhado em determinar tarefas e organizar as funções inerentes ao mercado de arte e de cultura. É Apolo também que aproxima as Erínias, isto é, as forças de transformação e de transgressão, as forças dionisíacas, aos artistas, exibindo no telão trechos de peças de várias companhias teatrais paulistas e dos espetáculos do próprio Grupo Folias. A civilização da imagem, da forma e da contenção se confronta, assim, com as forças dionisíacas. A autorreferência faz que ficção e realidade se misturem: a história que o Grupo Folias conta a partir da tragédia grega é também sua própria história e a de vários artistas contemporâneos, isto é, a história de um jogo desigual entre as forças que buscam a liberdade, a criação, a formação do cidadão, a transformação efetiva da sociedade e a força da mídia, que manipula a informação, que

---

13 R. Maia, *Oresteia, o Canto do Bode, Cadernos do Folias*, n. 10, ed. esp.,p. 55.

transforma todo o cotidiano em espetáculo, que impõe falsos valores como verdades absolutas.

Neste processo de espetacularização, o próprio espetáculo *Oresteia* se transforma radicalmente quando chega ao seu final: o espaço cênico se transforma num estúdio de gravação, o que ocorre pela presença de refletores de tripé no interior da cena, através da iluminação branca não teatral, com a invasão de equipamentos de registro de áudio e vídeo, pela presença de uma equipe de filmagem que, comandada por Apolo, acompanha a fala e a movimentação dos atores, impondo um ritmo televisivo ao teatro. Os demais elementos cênicos – como a escada, as cortinas, o telão – também passam a ser signos de outras formas de entretenimento, passam a adquirir outro registro. As cortinas vermelhas se projetam no espaço, por baixo das passarelas longitudinais, reforçando o caráter de representação e de espetacularidade. A escada onde se encontra a personagem Atena parece se transformar numa escada de espetáculos musicais, onde a atriz parece mais exibir a si do que atuar, num indisfarçável cinismo. Já os telões exibem a imagem dos próprios atores, cantando e dançando alegremente como num grande programa de auditório na televisão. Nesse processo, as Erínias, que na primeira parte da trilogia se aliaram a Clitemnestra e a Egisto e que na segunda parte se transformaram nas forças revolucionárias de transformação, agora assemelham-se a uma grande massa que, como figurantes, como pretensos artistas, povoam os programas de televisão, participando ativamente de debates sobre temas banais, de entrevistas sobre trivialidades, de jogos e competições imbecilizantes e de diversos *reality shows*. O trágico se perfaz: as forças da mídia agregam as forças de transformação, enquadrando-os num sistema perverso e corrompido.

Neste meio onde, aparentemente, reina a liberdade de opinião, a participação popular e a democracia, o que se revela como verdade é a ausência de uma atuação política efetiva e significativa. O espetáculo desvela esse procedimento recorrendo à própria interação com a plateia, solicitando que o espectador faça seu voto para decidir a questão de Orestes. Contudo, embora a deusa Palas Atena apareça como um símbolo da justiça e da democracia, a contagem dos votos da plateia, isto é, a opinião

Fig. 42. Oresteia, *de Ésquilo*. Grupo Folias. Direção: Marco Antonio Rodrigues. Cenografia: Ulisses Cohn. Espaço Galpão do Folias, 2008. Chegada de Agamenon com Cassandra no alto e Clitemnestra à esquerda.

Fig. 43. Oresteia, *de Ésquilo*. Grupo Folias, 2008. Na fotografia: Bira Nogueira e Flavio Tolezani com telão ao fundo.

Fig. 44. Oresteia, *de Ésquilo. Grupo Folias, 2008. O julgamento de Orestes pela deusa Atena. Transformação do teatro em um estúdio de* TV.

popular é indiferente, as grandes decisões ficam sempre a cargo daqueles que detêm o poder e se apresentam como novas forças de impedimento coletivo.

Nota-se, assim, que *Oresteia* é um espetáculo exemplar não somente porque contém os diversos elementos característicos da cena trágica pós-moderna – tal como busquei identificar e debater ao longo deste texto –, como a autorreflexão, a atualização do discurso político, o engajamento político, a utilização de técnicas e linguagens presentes na arte e na cultura popular, a utilização dos recursos de multimídia na cena, a interação com o espectador, entre outros. O espetáculo se afirma também por possuir uma cenografia que, de modo semelhante, parece sintetizar as tendências aqui discutidas, como a presença de elementos heterogêneos, a autorreferência, a citação, a utilização do espaço em sua totalidade, a valorização do espaço gestual, a construção a partir do minimalismo cênico, a recuperação e a transformação das referências espaciais presentes no texto original, a utilização dos próprios equipamentos do palco e do edifício teatral como elementos de significação cênica e, por fim, a construção do espaço trágico a partir dos elementos visuais do espetáculo.

Conclusão

A partir dos fatores identificados por estudiosos como Simon Goldhill, Helene Foley, Edith Hall, Fiona Macintosh, Freddy Decreus, entre outros, como fonte sobre a revivificação do texto grego na atualidade, abordei os espetáculos produzidos no Brasil, em especial no período que se estende de 1999 a 2008. Essa reflexão sobre a atualidade envolvia, necessariamente, pensar os períodos anteriores, o que ocasionou a construção de um panorama sobre as transformações da encenação e da cenografia desde o período do nascimento do moderno teatro brasileiro até a atualidade, que é caracterizada aqui como pós-modernismo. O objetivo da pesquisa era pensar o modo como se relacionam o discurso sobre o trágico e as propostas cênicas e cenográficas, tentando vislumbrar a forma como a cenografia contribui para a construção do sentido do trágico.

Nota-se que, assim como ocorreu nos demais centros de produção teatral do mundo, a tragédia grega, no Brasil, também se tornou uma forma de teatro experimental. Os espetáculos que foram identificados ao longo de quatro décadas indicam que o movimento de revivificação da tragédia grega no Brasil – isto é, nos principais centros teatrais brasileiros, Rio de Janeiro e São Paulo – passou por fases distintas, marcadas por maior ou menor intensidade. Assim, é possível observar que o período que compreende a segunda metade da década de 1960 – período em que se inicia, num plano internacional, o movimento de revivificação da tragédia grega e em que se inicia o teatro pós-moderno – é marcado por certa proliferação de montagens, todas com caráter experimental. O crítico Van Jafa identificaria esta presença significativa de textos gregos, na ocasião da estreia de *Hipólito*, de Eurípides.

Esta não é a primeira nem será a última retomada da cena pelos gregos. Os gregos estão em moda, ou para sermos mais exatos, nunca deixaram de estar. De quando em quando, ouvimos seus ecos pelo mundo afora. Este ano mesmo, em Nova York, foi uma loucura e um sucesso a montagem de Ifigênia em Aulis, com Irene Papas emocionando toda gente que a viu e a aplaudir na Broadway, numa produção americana [...]

E eis que os gregos começam a fazer suas viagens gloriosas entre nós, nestes dois últimos anos, com uma insistência heroica e definidora com presenças de Sófocles, Ésquilo, Eurípides e Aristófanes, no eixo Rio-São Paulo, e continuam[1].

De fato, entre 1965 e 1970, foram feitas dez montagens de textos gregos nas cidades do Rio de Janeiro e de São Paulo. A cenografia desses espetáculos trazia a assinatura de grandes artistas cênicos que marcaram e transformaram o modo de se fazer e pensar a cenografia no Brasil: Anísio Medeiros, Flávio Império, Helio Eichbauer, Marcos Flaksmann e Joel de Carvalho. Apropriando-se de novas perspectivas estéticas, esses espetáculos modificaram a forma de mostrar o mundo grego, superando a ideia de uma indicação para a estilização, para o formalismo. Além disso, notou-se que, nesse contexto muito conturbado do ponto de vista político, a encenação de tragédias – e a cenografia – afirmava-se como modos de construção de um discurso político e ideológico. Até o final da ditadura militar, as montagens brasileiras terão esse foco dominante.

Na década de 1980, observamos uma transformação no discurso e a ascensão de outras motivações de ordem ética e estética. As condições econômicas desfavoráveis e a presença

---

1 V. Jafa, Lançamentos e Hipólito, *Correio da Manhã*, 13 nov. 1968.

de novos grupos utilizando espaços alternativos termina por determinar certa estética teatral. Em termos de cenografia, notaremos a tendência para o minimalismo cênico. No que diz respeito à revivificação da tragédia grega, trata-se de um período com poucas realizações, destacando-se o trabalho do Grupo Mergulho no Trágico, não tanto pela cenografia, mas pela proposta em si, que fundia reflexões estéticas e éticas a uma pesquisa sobre o trabalho do ator.

A partir da década de 1990, talvez em função das melhores condições de produção teatral em decorrência das leis de incentivo à cultura, há um aumento significativo das montagens teatrais, assim como uma modificação na cenografia dos espetáculos. No decorrer dessa década, irão encenar tragédias gregas tanto diretores que haviam se consolidado a partir de meados da década de 1980, como Moacyr Góes, José Da Costa, Paulo de Moraes, Rodolfo Garcia Vasquez, Eduardo Wotzik, quanto diretores já consagrados, como Antunes Filho, José Celso Martinez Corrêa e Jorge Takla. No que tange à cenografia, projetos significativos serão assinados por Helio Eichbauer e José Dias. Outro fator importante na produção cenográfica será a criação coletiva, presente em algumas produções, como *Fragmentos Troianos*, direção de Antunes Filho e *As Troianas*, dirigida por Luis Furnaleto.

O período que se inicia com a virada do século será significativo não somente porque 17 espetáculos foram produzidos entre 2000 e 2008 nas cidades de São Paulo, Rio de Janeiro e Belo Horizonte, como também por verificar-se uma ascendência do texto *Medeia*, de Eurípides, do qual foram feitas quatro versões, por importantes artistas da cena atual: as duas montagens de Antunes Filho, a de Bia Lessa e a do Teatro do Pequeno Gesto. O mesmo mito, como pude observar, será objeto de adaptações dramatúrgicas por diversos grupos que começam a emergir. Nesse período, verifica-se também a presença cada vez maior de espetáculos gregos, seja em escolas de teatro, seja para fora do eixo Rio-São Paulo, como em Porto Alegre e em Manaus, onde se observará a presença de grupos e profissionais que se dedicam à montagem de textos gregos. A cenografia dos espetáculos apontará para a diversidade típica do teatro pós--moderno: espaços apropriados; alternativos; espaço frontal; em arena. Assim, a primeira década do século XXI conhecerá algumas montagens significativas. Destas, uma das mais interessantes é *Oresteia*, do Grupo Folias, em virtude da pluralidade de discussões que ela envolve, seja pela criatividade e impacto da encenação, seja pela forma de utilização do espaço cênico.

A partir dessa descrição do movimento de revivificação das tragédias gregas na cena brasileira, conclui-se que, em todos os elementos constitutivos do fazer teatral (ator, texto, espaço, música), a tragédia grega possibilita a afirmação de abordagens estéticas diferenciadas, fundindo estilos, formas e linguagens teatrais. Os modos de atualização são os mais diversificados, estando intimamente relacionados com a poética teatral desenvolvida pelos criadores do espetáculo. Nesse trajeto, foi possível perceber tendências estéticas específicas. Observou-se a tendência à popularização da tragédia grega, dada pela inserção de elementos da cultura popular na encenação. Em outra vertente, viu-se a tendência a se utilizar recursos de multimídia. Já numa terceira vertente, viu-se a presença do teatro-ritual. Uma última vertente é dada pelo trabalho de Antunes Filho, que se destaca entre os encenadores analisados não somente por ter encenado três textos gregos, mas, sobretudo, por afirmar uma atitude sempre investigativa, em que as questões estéticas se fundem aos problemas éticos e a pesquisa sobre o trabalho do ator parece caminhar com a pesquisa acerca da própria teatralidade. Para além dessa divisão por tendências estéticas, observou-se que alguns espetáculos tendem a fundir todas elas. A fundamentação estética dessas poéticas é igualmente diversa, estando presentes – direta ou indiretamente – teóricos e realizadores teatrais como Antonin Artaud, Peter Brook, Bertolt Brecht, Bob Wilson, Ariane Mnouchkine, Jerzi Grotóvski; filósofos como Friedrich Nietzsche, Michel Foucault e Gilles Deleuze, assim como pensadores de tendência marxista; no campo dos estudos sobre a Grécia antiga, nota-se a presença constante de Jean-Pierre Vernant.

Outro elemento importante a ser citado é que a diversidade de culturas que compõem a cultura brasileira parece servir como matriz ou suporte para a criação de códigos teatrais que estabeleçam uma comunicação mais eficaz com o público. Assim, enquanto as análises dos estudiosos apontam para uma fusão de tradições teatrais, em particular, as formas oriundas do teatro oriental, no Brasil, observa-se que elementos da cultura africana e afro-brasileira revelam-se bastante presentes. Esta referência a um elemento "primitivo", que asseguraria a identidade cultural, está em profunda sintonia com o próprio contexto cultural pós--moderno. A busca das origens se torna um elemento constante numa era marcada pela simultaneidade espaço-temporal, pela perda da identidade, pelo acúmulo de citações, paródias e referências, enfim, por tudo o que se chama de globalização. Assim, aquilo que torna a tragédia grega atual é menos a presença de conflitos bélicos ou a presença de radicalismos ideológicos do que a experiência de uma profunda dissolução das estruturas e dos valores de nossa sociedade. Essa dissolução ocorre numa esfera global, é ela que, nos lançando na barbárie, orienta a busca das raízes, mais precisamente, a busca por uma reestruturação do sujeito social. Este movimento no qual a tragédia grega se aproxima de nós em razão da dissolução dos valores é muito bem sintetizado por Vernant:

> Nos países que estão neste momento em busca de sua identidade, que estão procurando suas raízes porque não sabem quem são, o que o público tem a sensação de descobrir, através do desenraizamento, é o ponto de partida do qual nós nos originamos e que funda nossa diferença [...] O drama antigo desperta ao mesmo tempo a curiosidade pelo outro e a consciência de si [...] Ele satisfaz, num mesmo gesto, à necessidade de alargar nosso horizonte e de assegurar nossa identidade[2].

Vernant aponta, assim, para uma sobreposição: nesta busca das origens e da identidade, o teatro grego aponta necessariamente para o começo, para a origem do próprio teatro no Ocidente; por sua vez, elementos próprios de uma determinada cultura (seja a cultura africana ou indígena, sejam as várias manifestações da cultura popular) trazem também esta marca de um começo. Duas ideias de começo, de origem se fundem. A absorção destas matrizes culturais pelos encenadores corresponde, pois, a um traço dessa época. Assim, o caráter de

---

2 *Revue d'études antiques*, n. 38, 1992, p. 9, apud J. Féral, Os Gregos na Cartoucherie, *Folhetim*, n. 14.

universalidade (dado, sobretudo, pela tecnologia e pelas manifestações culturais que a têm como suporte) se une a elementos de caráter arcaico, gerando uma poética teatral peculiar, muito bem representada por um encenador como José Celso e, diga-se de passagem, muito bem formulada por um modernista como Oswald de Andrade.

Embora a dissolução seja mais sensível nos dias atuais, ela constitui a marca da experiência moderna. Nesse sentido, continua-se aqui a reencenação de uma "velha história" – a da perda de identidade do indivíduo e da vigência do niilismo, temas que perpassam e conduzem todo o modernismo. A revivificação da tragédia aparece, portanto, como um prolongamento de necessidades típicas do modernismo: o princípio de atualidade, defendido por Antonin Artaud como forma de destruição das obras-primas; a busca de maior inserção do espetáculo teatral na experiência da massa, tal como promoviam realizadores como Max Reinhardt, Adolphe Appia, Piscator, Brecht, Artaud, Jean Vilar, entre outros; a absorção de formas teatrais de outras culturas, como ocorre com Brecht, Jean Genet, Mnouchkine, entre outros. Mas essas necessidades se coadunam agora com outro quadro cultural, no qual novos conceitos estéticos emergem, tais como a interação, a apropriação do espaço, a afirmação da diferença, a performatividade, a obra como processo, a estética relacional, entre outros.

Em termos de linguagem cenográfica, observa-se que as condições econômicas e o contexto político brasileiro tendem a impor uma poética marcada pela precariedade, pelo despojamento, pelo minimalismo. Assim, embora a encenação de tragédias gregas possa apontar para traços marcantes do teatro contemporâneo, observa-se que algumas correntes cenográficas presentes no teatro europeu e norte-americano – como a linguagem neobarroca, a arquitetura imaterial fundada na tecnologia, a experimentação com salas polivalentes, entre outros – ainda se mostram distantes dos nossos palcos.

Não obstante, se o objetivo central da pesquisa era mostrar o papel fundamental da cenografia na construção do sentido do trágico, os espetáculos analisados ao longo deste texto mostraram como a criatividade dos grupos, dos diretores e cenógrafos, aliada à presença de um discurso crítico acerca da realidade social e política, vem trazendo para a cena brasileira contemporânea uma abordagem diferenciada da tragédia grega, que ressalta o experimentalismo e a busca de novas linguagens estéticas, as diferenças culturais e regionais que marcam a diversidade cultural brasileira e ainda o nosso "trágico cotidiano".

Anexo:

Relação dos Espetáculos Teatrais (1990-2008)[1]

---

[1] Esta lista refere-se, sobretudo, aos espetáculos realizados nas cidades de Rio de Janeiro e São Paulo. Por motivos explicados ao longo do texto, acrescentei espetáculos realizados em Belo Horizonte, Ouro Preto, Curitiba, Londrina, Campinas, Porto Alegre e Manaus.

	ANO	PEÇA	AUTOR(ES)	DIREÇÃO	GRUPO OU COMPANHIA	CENÓGRAFO	TEATRO / ESPAÇO	LOCAL
1	2008	*Édipo Rei*	Sófocles, com adaptação de José Carlos Aragão	Marcelo Bonés	Grupo de Teatro Andante	Não identificado	Ruas, Espaços alternativos	Belo Horizonte
2		*Édipo*	Sófocles	Luciano Albarse	–	Sylvia Moreira	Theatro São Pedro	Porto Alegre
3		*Os Átridas*	Marcelo Mello, a partir de textos de Ésquilo, Sófocles e Eurípides	Marcelo Mello	Alunos do Curso de Teatro da Casa das Artes de Laranjeiras	Roberta Nicoll	Teatro Sesc Tijuca	Rio de Janeiro
4		*Antígona*	Sófocles	Narda Telles	Associação Amazônica Arte-Mythos	Não identificado	Teatro Amazonas	Manaus
5	2007	Édipo Rei	Sófocles	Diego Molina	Prática de Montagem do Curso de Artes Cênicas da Uni-Rio	Anna Cecilia Schurig e Julia Diehl	Teatro da UniRio e Teatro Planetário	Rio de Janeiro
6		Oresteia	Ésquilo – Adaptação de Reinaldo Maia	Marco Antonio Rodrigues	Grupo Folias D'Arte	Ulisses Cohn	Galpão do Folias	São Paulo
7		*Prometeu Acorrentado*	Ésquilo	Marcos Henrique Rego	Escola de Teatro Martins Pena	Daniele Geammal	Escola de Teatro Martins Pena	Rio de Janeiro
8		*Traço – Observações sobre Medeia*	Fábio Ferreira	Fábio Ferreira	Grupo Odradek	Fábio Ferreira	Sesc Copacabana	Rio de Janeiro
9		*Itás Odu Medeia*	Luciana Saul e Thomas Holesgrove	Luciana Saul	Arte Tangível	Criação coletiva	Viga Espaço Cênico	São Paulo
10		*Medeia*	Eurípides	Luciano Albarse	–	Não identificado	Não identificado	Porto Alegre

11	2006	*Prometheu*	Ésquilo	Narda Telles	Associação Amazônica Arte-Mythos	Não identificado	Teatro Instalação	Manaus
12	2005	*Antígona*	Antunes Filho	Antunes Filho	CPT	J. C. Serroni	Sesc Anchieta	São Paulo
13	2004	*Medeia*	Eurípides	Bia Lessa	–	Gringo Cardia	Teatro Dulcina	Rio de Janeiro
14		*Os Sete contra Tebas*	Ésquilo	Inês Aranha	Adriana Vaz	Cia. N.U.A.	Espaço Viga	São Paulo
15		*Memórias do Mar Aberto – Medeia Conta a sua História*	Consuelo de Casto	Regina Galdino	Não identificado	Não identificado	Teatro Sérgio Cardoso	São Paulo
16		*Édipo Unplugged*	Sófocles	João Fonseca	Fodidos Privilegiados	Nello Marese	Teatro Café Pequeno	Rio de Janeiro
17		*Eu, Medeia*	Sêneca	Bernardo Gregório	Grupo de Teatro-Dança Evolucion	Não identificado	Teatro Maria Della Costa	São Paulo
18		*Hécuba*	Eurípides	Esther Góes e Ariel Borgui	–		Teatro Ruth Escobar	São Paulo
19		*Antígona*	Sófocles	Luciano Albarse	–	Não identificado	Não identificado	Porto Alegre
20	2003	*Medeia*	Antonio Guedes e Fátima Saadi	Antonio Guedes	Teatro do Pequeno Gesto	Doris Rollemberg	Teatro Maria Clara Machado	Rio de Janeiro
21		*Olhos Vermelhos – um Tributo a Antígona*	Criação do Grupo Pia Fraus, a partir do texto de Sófocles	Ione Medeiros	Grupo Pia Fraus	Beto Lima e Beto Andreatta	Sala Mario Schenberg	São Paulo
22		*7x Medeia*	Eurípides	Vivaldo Franco	Corpus in Scenea	Não identificado	Jardins do Museu da República	Rio de Janeiro
23		*As Suplicantes*	Ésquilo	Isa Kopelman	Grupo Córdex	Marcio Tadeu		Campinas

ANO		PEÇA	AUTOR(ES)	DIREÇÃO	GRUPO OU COMPANHIA	CENÓGRAFO	TEATRO / ESPAÇO	LOCAL
	24	*Antígona*	Juliana Capilé, baseado em Sófocles e Bertolt Brecht	Juliana Capilé	Curso de Formação de Atores da UFOP	Gilson Motta e Juca Vilaschi	Teatro do Centro de Convenções da UFOP	Ouro Preto
	25	*Medeia*	Eurípides	Adélia Carvalho	Cia. Teatral As Medeias	Não identificado	Teatro do Centro de Convenções da UFOP	Ouro Preto
	26	*Antígona*	Sófocles	Rodolfo Garcia Vasquez	Os Satyros	Val Rai	Espaço Satyros	São Paulo
2002	27	*Antígona: o Nordeste Quer Falar*	Gisa Gonsioroski	Bemvindo Siqueira	–	Não identificado	Teatro Villa-Lobos	Rio de Janeiro
	28	*Medeia 2*	Eurípides	Antunes Filho	CPT	Anne Cerutti	Sesc Belenzinho	São Paulo
	29	*As Troianas*	Eurípides	Luís Paixão	Companhia de Teatro	Não identificado	Não identificado	Belo Horizonte
	30	*As Bacantes*	Eurípides	Ricardo Gutti	Grupo de Teatro Dulcina	Não identificado	Teatro Dulcina	Brasília
	31	*Electra na Mangueira*	Sófocles	Antonio Pedro	Centro Experimental de Teatro	Anselmo Vasconcellos e Cachalote Mattos	Quadra da Mangueira e Teatro Municipal	Rio de Janeiro
2001	32	*Medeia*	Eurípides	Antunes Filho	CPT	Hideki Matsuka	Sesc Belenzinho	São Paulo
	33	*Medeia*	Eurípides	Luís Paixão	Companhia de Teatro	Não identificado	Não identificado	Belo Horizonte
	34	*As Fenícias*	Eurípides	Caco Coelho	Circo de Estudos Dramáticos	Não identificado	Jardins do Museu da República	Rio de Janeiro
2000	35	*Édipo Rei*	Sófocles	Marcio Aurélio	Razões Inversas	Marcio Aurélio	Teatro Brasileiro de Comédia	São Paulo

36	1999	*Medeia*	de Ivam Cabral e Ana Frabricio	Rodolfo Garcia Vasquez	Os Satyros	Fabiano Machado	Teatro Paulo Autran	Curitiba
37		*Fragmentos Troianos*	Antunes Filho, baseado em Eurípides	Antunes Filho	CPT	Jacqueline Ozelo, Joana Pedrassoli Salles e Cibele Alvares Gardin	Teatro do Sesc Consolação	São Paulo
38	1998	*As Troianas*	Eurípides	Luiz Furnaleto	Centros das Artes de Laranjeiras	Antonio Terra e Luiz Henrique	Ruínas do Teatro Casa Grande	Rio de Janeiro
39	1997	*Electra*	Ivam Cabral	Rodolfo Garcia Vasquez	Os Satyros	Rodolfo Garcia Vasquez	Teatro Guairinha	Curitiba
40		*Medeia*	Eurípides, Sêneca	Jorge Takla	Não identificado	Não identificado	Não identificado	São Paulo
41	1996	*Prometeu Agrilhoado*	Rodolfo Garcia Vasquez	Rodolfo Garcia Vasquez	Os Satyros	Rodolfo Garcia Vasquez	Teatro de Fábrika	Curitiba
42	1995	*As Bacantes*	Eurípides	José Celso Martinez Corrêa	Teatro Oficina	Não identificado	Teatro Oficina	São Paulo
43		*Antígona*	Sófocles	Alexandre Mello	–	Não identificado	Não identificado	Rio de Janeiro
44		*Trilogia Tebana*	Sófocles	Moacyr Goés	Companhia de Encenação Teatral	José Dias	Teatro Glória	Rio de Janeiro
45		*Édipo Rei*	Sófocles	Paulo de Moraes	Armazém Companhia de Teatro	Não identificado	Não identificado	Londrina
46	1994	*Des-Medeia*	Denise Stoklos	Denise Stoklos	–	Não identificado	Teatro Sesc São Carlos	São Paulo

	ANO	PEÇA	AUTOR(ES)	DIREÇÃO	GRUPO OU COMPANHIA	CENÓGRAFO	TEATRO / ESPAÇO	LOCAL
47		As Troianas	Eurípides	Cristina Tolentino	Grupo Bayu	Raul Belém Machado	Não identificado	Belo Horizonte
48	1993	Prometeu	Ésquilo	Cristiane Paoli Quito	Cia. Circo Mínimo	Atílio Beline Vaz e Catherine Alonso	Rua, espaços alternativos e teatros	São Paulo
49		Troia	Eurípides	Eduardo Wotzik	–	Helio Eichbauer	Não identificado	Rio de Janeiro
50	1992	As Troianas	Eurípides	Alexandre da Costa	Grupo Mergulho no Trágico	Carlos Alberto Nunes	Teatro Cacilda Becker	Rio de Janeiro
51		Antígona	Sófocles	Moacir Góes	–	Helio Eichbauer	Teatro Glória	Rio de Janeiro
52	1991	Medeia e Ifigênia: a Face Selvagem e o Sangue Puro das Virgens	Eurípides	André Paes Leme	Grupo Mergulho no Trágico			Rio de Janeiro
53	1990	Prometheus	Ésquilo	José Da Costa	Grupo Mergulho no Trágico	Não identificado	Não identificado	Rio de Janeiro
54		Édipo em Colono	Sófocles	José Da Costa	Grupo Mergulho no Trágico	Não identificado	Não identificado	Rio de Janeiro
55		Édipo Rei	Sófocles	José Da Costa	Grupo Mergulho no Trágico	Não identificado	Não identificado	Rio de Janeiro

Bibliografia

ABEL, Lionel. *Metateatro: Uma Nova Visão da Forma Dramática*. Rio de Janeiro: Jorge Zahar, 1968.
ALMEIDA, Ângela de. O Último Grande Poeta Trágico. *Medeia de Eurípides*, 2004. (Programa da peça.)
ANDERSON, Perry. *As Origens da Pós-Modernidade*. Rio de Janeiro: Jorge Zahar, 1999.
ANTUNES FILHO, José Alves. Entrevista Antunes Filho. *Revista E*, São Paulo, a. 8, n. 57, fev. 2002. Sesc-SP. Disponível em: <http://www.sescsp.org.br/sesc/revistas/revistas_link.cfm?Edicao_Id=124&Artigo_ID=1543&IDCategoria=1627&reftype=2>. Acesso em: 10 mar. 2008.
_____. Medeia 2. *Revista E*, São Paulo, a. 9, n. 67, dez. 2002. Sesc-SP. Disponível em: <http://www.sescsp.org.br/sesc/revistas/revistas_link.cfm?Edicao_Id=143&Artigo_ID=2017&IDCategoria=2073&reftype=2>. Acesso em: 31 mar. 2008.
ARANHA, Ana. Trindade Irreverente. *Época*, Rio de Janeiro, 30 maio 2005. Disponível em: <http://revistaepoca.globo.com/Epoca/0,6993,EPT968443-1661,00.html>. Acesso em: 6 mar. 2008.
ARONSON, Arnold. New Homes for New Theater. In: _____. *Looking into the Abyss: Essays on Scenography*. Michigan: University of Michigan Press, 2005.
_____. Postmodern Design. In: _____. *Looking into the Abyss: Essays on Scenography*. Michigan: University of Michigan Press, 2005.
_____. A Cenografia Pós-Moderna. *Cadernos de Teatro*, Rio de Janeiro, n. 130, jul./set. 1992. (Tablado).
BABLET, Denis. *Le Lieu théâtral dans la societé moderne*. Paris: CNRS, 1988. (Collection Arts du Spetacle. Spetacles, histoire, societé).
BANU, Georges (org.). *Études théâtrales*, Louvain-la-Neuve, n. 21, 2001. (Tragédie grecque: Defi de la scène contemporaine).

BARTHES, Roland. Comment représenter l'antique. In: _____. *Écrits sur le théâtre*. Paris: Seuil, 2002.
BENJAMIN, Walter. A Obra de Arte na Era de Sua Reprodutibilidade Técnica. In: _____. *Magia e Técnica, Arte e Política: Ensaios sobre Literatura e História da Cultura*. São Paulo: Brasiliense, 1987. (Obras Escolhidas, v. 1.)
BERNSTEIN, Ana. *A Crítica Cúmplice: Décio de Almeida Prado e a Formação do Teatro Brasileiro Moderno*. São Paulo: Instituto Moreira Salles, 2005.
BORNHEIM, Gerd. Breves Observações sobre o Sentido e a Evolução do Trágico. In: _____. *O Sentido e a Máscara*. São Paulo: Perspectiva, 1975.
BOURRIAUD, Nicolas. *Estética Relacional*. São Paulo: Martins Fontes, 2009.
BRANDÃO, Tânia. Um Teatro se Improvisa: a Cena Carioca de 1943 a 1968. In: KAZ, Leonel et al. *Brasil, Palco e Paixão: Um Século de Teatro*. Rio de Janeiro: Aprazíveis, 2005.
_____. Sófocles Universitário. *O Globo*, Rio de Janeiro, 22 mar. 1988. Segundo Caderno.
BRANDÃO, Tânia; RABETTI, Beti. Trabalhos de Pesquisa sobre o Teatro Dulcina (Rascunho para um Futuro Catálogo). Rio de Janeiro: Funarte, 1984. (Arquivos Cedoc).
BRECHT, Bertolt. *Écrits sur le théâtre*. Paris: Gallimard, 2000.
BRUNSTEIN, Robert. *O Teatro de Protesto*. Rio de Janeiro: Jorge Zahar, 1967.
CARDOSO, Ricardo José Brugger. Inter-Relações entre Espaço Cênico e Espaço Urbano. In: LIMA, Evelyn Furquim Werneck (org.). *Espaço e Teatro: do Edifício Teatral à Cidade como Palco*. Rio de Janeiro: 7 Letras, 2008.
CARLSON, Marvin. *Teorias do Teatro*. São Paulo: Unesp, 1997.
CARREIRA, André. Teatro de Invasão. In: LIMA, Evelyn Furquim Werneck (org.). *Espaço e Teatro: do Edifício Teatral à Cidade como Palco*. Rio de Janeiro: 7 Letras, 2008.
CARVALHO, Martinho; DUMAR, Norma. *Paschoal Carlos Magno: Crítica Teatral e Outras Histórias*. Rio de Janeiro: Funarte, 2006.
CAUQUELIN, Anne. *Arte Contemporânea*. São Paulo: Martins Fontes, 2005.
CHAUÍ, Marilena. Édipo Rei ou a Tragédia Exemplar. *Édipo Rei*, 1983. (Programa da peça).
CLAUDIO, Ivan. Milênio Trágico. *Isto é*, São Paulo, n. 1.573, 24 nov. 1999. Artes e Espetáculos.
COELHO, Teixeira. *Moderno Pós Moderno: Modos e Versões*. São Paulo: Iluminuras, 2005.
COHEN, Renato. *Work in Progress na Cena Contemporânea*. São Paulo: Perspectiva, 2006.
COMODO, Roberto. Orgia no Palco. Entrevista com José Celso Martinez Corrêa. *Isto é*, São Paulo, 3 jul. 1996. Disponível em: <http://www.terra.com.br/istoe/vermelha/139601.htm>. Acesso em: 28 maio 2004.
CONNOR, Steven. Performance Pós-Moderna. In: _____. *Cultura Pós-Moderna: Introdução às Teorias do Contemporâneo*. São Paulo: Loyola, 1996.
CORRÊA, José Celso Martinez. *As Bacantes*, 1995. (Programa da peça).
D'AVERSA, Alberto. Nota Crítica: Édipo, Memória e Imagem (2). *Diário de São Paulo*, 25 maio 1967.
DA COSTA, José. *Édipo Rei*, 1987. (Programa da peça).
DECREUS, Freddy. Le Bruit court que nous n'en avons pas fini avec les Grecs: Le visage troublant de Dionysos dans le théâtre actuel. In: BANU, Georges

(org.). *Études théâtrales,* Louvain-la-Neuve, n. 21, 2001. (Tragédie grecque: Défi de la scène contemporaine).

DERRIDA, Jacques. O Teatro da Crueldade e o Fechamento da Representação. In: *A Escritura e a Diferença.* Trad. Maria Beatriz Marques Nizza da Silva, Pedro Leite Lopes e Pérola de Carvalho. 4. ed. São Paulo: Perspectiva, 2009. (Estudos, 271).

DEL RIOS, Jefferson. Um Sófocles com Liberdades Demais. *Folha de S. Paulo,* São Paulo, 9 jun. 1983. Ilustrada, Teatro/Crítica.

DIAS, Ângela Maria; GLENADEL, Paula (org.). *Estéticas da Crueldade.* Rio de Janeiro: Atlântida, 2004.

DOMENACH, Jean-Marie. *Le Retour du tragique.* Paris: Seuil, 1967.

EASTERLING, Pat; HALL, Edith. *Atores Gregos e Romanos: Aspectos de Uma Antiga Profissão.* São Paulo: Odysseus, 2008.

ECO, Umberto. *A Obra Aberta.* São Paulo: Perspectiva, 1971.

ELIADE, Mircea. *O Mito do Eterno Retorno.* São Paulo: Mercuryo, 1992.

ESPAÇO *Cenográfico News,* São Paulo, n. 20, jun. 2004.

FÉRAL, Josette. Os Gregos na Cartoucherie: A Pesquisa das Formas. *Folhetim,* Rio de Janeiro, n. 14, jul./set. 2002. (Teatro do Pequeno Gesto-Rioarte).

FERNANDES, Millôr. Uma Afronta ao Poder. São Paulo, 1969. *Ato sem Perdão.* (Programa da peça).

FERNÁNDEZ, Ricardo Muñiz. Fragmentos Troianos. São Paulo, 1999. (Programa da peça). Disponível em: <http://www.sescps.com.br/cpt/frame05_01_316.htm>. Acesso em: 29 maio 2004.

_____. Porque Humanos. *Fragmentos Troianos.* São Paulo: Centro de Pesquisa Teatral Sesc-SP, 1999. (Programa da peça).

FERRY, Luc. *Homo Aestheticus: A Invenção do Gosto na Era Democrática.* São Paulo: Ensaio, 1994.

FISCHER, Lionel. Medeia: Muitos Gritos e Pouca Sutileza. *Tribuna de Imprensa* 2, Rio de Janeiro, 9 abr. 2004. Tribuna Bis.

_____. Medeia: Falta de Dramaticidade Compromete o Espetáculo. *Tribuna de Imprensa,* Rio de Janeiro, 17 jun. 2003. Tribuna Bis.

FOLEY, Helene P. Modern Performance and Adaptation of Greek Tragedy. *American Philological Association.* Washington, 1998. Disponível em: <http://www.apaclassics.org/Publications/PresTalks/FOLEY98.htm>. Acesso em: 5 maio 2009.

FOUCAULT, Michel. *Estética: Literatura e Pintura, Música e Cinema.* Organização e seleção de textos de Manoel Barros da Motta. Rio de Janeiro: Forense Universitária, 2006.

_____. *História da Sexualidade 1: A Vontade de Saber.* Rio de Janeiro: Graal, 1988.

GAMA KURY, Mário da (Tradução do grego, introdução e notas). *Oréstia: Agamêmnon, Coéforas e Eumênides de Ésquilo.* Rio de Janeiro: Jorge Zahar, 1991. (Coleção Tragédia Grega, v. 2).

_____. (Tradução do grego, introdução e notas). *Medeia, Hipólito e As Troianas de Eurípides .* Rio de Janeiro: Jorge Zahar, 1991. (Coleção Tragédia Grega, v. 3).

_____. (Tradução do grego, introdução e notas). *Ifigênia em Áulis, As Bacantes e As Fenícias de Eurípides .* Rio de Janeiro: Jorge Zahar, 1991. (Coleção Tragédia Grega, v. 5).

_____. (Tradução do grego, introdução e notas). *Os Persas de Ésquilo/Electra de Sófocles/Hécuba de Eurípides*. Rio de Janeiro: Jorge Zahar, 1992. (Coleção Tragédia Grega, v. 4).

_____. (Tradução do grego, introdução e notas). *Prometeu Acorrentado de Ésquilo/Ájax de Sófocles/Alceste de Eurípides*. Rio de Janeiro: Jorge Zahar, 1993. (Coleção Tragédia Grega, v. 6).

_____. (Tradução do grego, introdução e notas). *A Trilogia Tebana: Édipo Rei, Édipo em Colono e Antígona de Sófocles*. Rio de Janeiro: Jorge Zahar, 2002. (Coleção Tragédia Grega, v. 1).

GARCIA, Clóvis. Édipo, Um dos Melhores do Ano. *O Estado de S.Paulo*, São Paulo, 10 jun. 1983.

GAZOLLA, Rachel. Tragédia Grega: A Cidade Faz Teatro. *Revista Philosophica*, Valparaiso, n. 26, 2003. Instituto de Filosofia, Pontifícia Universidad Católica de Valparaiso.

GOLDHILL, Simon. *Amor, Sexo e Tragédia*. Rio de Janeiro: Jorge Zahar, 2007.

_____. *How to Stage a Greek Tragedy Today*. Chicago/London: The University of Chicago Press, 2007.

GONÇALVES, Martin. Antígona e Creonte. *O Globo*, Rio de Janeiro, 19 nov. 1969.

_____. Opinião Apresenta "Antígona", de Sófocles, amanhã no Arena. *O Globo*, Rio de Janeiro, 13 nov. 1969. Segundo Caderno.

GRUPO Os Satyros Estreia hoje em São Paulo Antígona. *Folha de S.Paulo*, São Paulo, 13 mar. 2003. Ilustrada. Disponível em: <http://www1.folha.uol.com.br/folha/ilustrada/ult90u31309.shtml>. Acesso em: 14 jun. 2004.

GUEDES, Antonio; SAADI, Fátima. *Medeia*, 2003. (Programa da peça).

GUÉNOUN, Denis. *A Exibição das Palavras: Uma Ideia (Política) do Teatro*. Rio de Janeiro: Folhetim Ensaios, 2003.

GUINSBURG, J. A Ideia de Teatro. In: _____. *Da Cena em Cena*. São Paulo: Perspectiva, 2001.

GUMBRECHT, Hans Ulrich. Os Lugares da Tragédia. In: ROSENFIELD, Denis Lerrer. *Filosofia e Literatura: o Trágico*. Rio de Janeiro: Jorge Zahar, 2001.

GUZIK, Alberto. Medeia de Antunes é um Espetáculo Único. *O Estado de S.Paulo*, São Paulo, 9 ago. 2001. Disponível em: <http://www.estadao.com.br/divirtase/noticias/2001/ago/09/175.htm>. Acesso em: 28 maio 2004.

_____. Os Pecados de Electra. *Folha da Tarde*, São Paulo, 21 abr. 1987.

HALL, Edith; MACINTOSH, Fiona; WRIGLEY, Amanda. *Dionysus since 1969: Greek Tragedy at the Dawn of the Third Millenium*. Oxford, NY: Oxford University Press, 2004.

HARDWICK, Lorna. *Greek Drama at the End of the Twentieth Century: Cultural Renaissance of Performative Outrage?* Disponível em: <http://www2.open.ac.uk/ClassicalStudies/GreekPlays/essays/Hondwickessay2.doc>. Acesso em: 24 mar. 2011.

HARVEY, David. *Condição Pós-Moderna*. São Paulo: Loyola, 1992.

HEIDEGGER, Martin. Carta sobre o Humanismo. In: _____. *Heidegger*. São Paulo: Abril Cultural, 1979. (Coleção Os Pensadores).

HELIODORA, Bárbara. Obra Complexa em Versão sem Emoções. *O Globo*, Rio de Janeiro, 25 abr. 2004. Segundo Caderno.

_____. Narrativo Épico Derrota o Dramático. *O Globo*, Rio de Janeiro, 16 jun. 2003. Segundo Caderno.

_____. Uma Bela Montagem à Altura de Eurípides. *O Globo*, Rio de Janeiro, 28 ago. 2001. Segundo Caderno.

_____. Fragmentos Troianos. *O Globo*, Rio de Janeiro, 20 nov. 1999. Segundo Caderno.

_____. O Brilho da Tragédia sem Maquiagem. *O Globo*, Rio de Janeiro, 11 jan. 1992. Segundo Caderno.

HEEMANN, Cláudio. Antígona, Impacto e Invenção. *Zero Hora*, Porto Alegre, 9 fev. 1990.

HIRATA, Filomena Yoshie. Medeia de Eurípides e de Bia Lessa. *Calíope: Presença Clássica*, Rio de Janeiro, n. 14, 2006.

HODGE, Francis. *Play Directing: Analysis, Communication, and Style*. 5th ed. Boston: Allyn and Bacon, 2003.

HORKHEIMER, Max. *Eclipse da Razão*. São Paulo: Centauro, 2002.

HOWARD, Pamela. *Escenografia*. Madrid: Galáxia, 2004. (Coleção Biblioteca de Teatro).

HUTCHEON, Linda. *Poética do Pós-Modernismo: História, Teoria, Ficção*. Rio de Janeiro: Imago, 1991.

HUYSSEN, Andréas. Mapeando o Pós-Moderno. In: HOLANDA, Heloisa Buarque de (org.) *Pós-Modernismo e Política*. Rio de Janeiro: Rocco, 1992.

IMPÉRIO, Flávio. *Édipo Rei de Sófocles*, maio, 1967. (Programa da peça)

JAFA, Van. Lançamentos e Hipólito. *Correio da Manhã*, Rio de Janeiro, 13 nov. 1968.

_____. Édipo Rei. *Correio da Manhã*, Rio de Janeiro, 23 jul. 1967. Teatro.

JAMESON, Frederic. *Pós-Modernismo: a Lógica Cultural do Capitalismo Tardio*. São Paulo: Ática, 1996.

KATZ, Regina; HAMBURGUER, Amélia (org.). *Flávio Império*. São Paulo: Edusp, 1999. (Coleção Artistas Brasileiros, 13).

KOTT, Jan. *Manger les dieux: Essais sur la tragédie grecque et la modernité*. Paris: Payot, 1975.

KUSANO, Darci Yasuco. *Os Teatros Bunraku e Kabuki: Uma Visada Barroca*. São Paulo: Perspectiva, 1993. p. 69-70.

LA COMBE, Pierre Judet. Médée, quelqu'un. Traduction pour la mise en scène de Jacques Lassalle. *Études théâtrales*, Louvain-la-Neuve, n. 21, 2001. (Tragédie grecque: Défi de la scène contemporaine).

LEHMANN, Hans-Thies. *Teatro Pós-Dramático*. São Paulo: Cosac Naify, 2008.

LESKY, Albin. *A Tragédia Grega*. 4. ed. São Paulo: Perspectiva, 2010.

LIMA, Mariângela Alves. Antunes Celebra o Funeral de Todas as Ideologias. *O Estado de S.Paulo*, São Paulo, 3 dez. 1999. Caderno 2.

_____. A Visão Aterradora de "Antígona". *O Estado de S. Paulo*, São Paulo, 10 jun. 2005. Caderno 2.

LIPOVETSKY, Gilles. *A Era do Vazio: Ensaios sobre o Individualismo Contemporâneo*. São Paulo: Manole, 2005.

LOPONDO, Lílian; ATIK, Maria Luiza Guarnieri. *Medeia: Dois Momentos de um Percurso Trágico*. São Paulo: Abralic, 2007. Disponível em: <http://www.abralic.org.br/enc2007/anais/41/455.pdf>. Acesso em: 25 maio 2008.

LUIZ, Macksen. Seriedade não Garante Sucesso: Montagem de "Medeia" pelo Pequeno Gesto Carece de Força. *Jornal do Brasil*, Rio de Janeiro, 7 jun. 2003. Caderno B.

_____. Conexão Vida e Morte. *Jornal do Brasil*, Rio de Janeiro, 3 ago. 2001. Caderno B.

_____. Édipo Rei: Em Busca de Si Mesmo. *Jornal do Brasil*, Rio de Janeiro, 4 out. 1983. Caderno B.

_____. Medeia: O Percurso da Fúria Feminina. *Jornal do Brasil*, Rio de Janeiro, 27 abr. 2004. Caderno B.

_____. Os Fragmentos Troianos: Força Trágica Preservada. *Jornal do Brasil*, Rio de Janeiro, 3 dez. 1999. Caderno B.

_____. Tragédia em Nova Roupagem. *Jornal do Brasil*, Rio de Janeiro, 15 mar. 1995. Caderno B.

LYOTARD, Jean-François. *A Conclusão Pós-Moderna*. Rio de Janeiro: José Olympio, 1986.

MACHADO, Roberto. *O Nascimento do Trágico: de Schiller a Nietzsche*. Rio de Janeiro: Jorge Zahar, 2006.

_____. *Medeia, de Eurípides*. Rio de Janeiro, 2004. (Programa da peça).

MAFFESOLI, Michel. Entrevista. In: SANTOS, Volnei Edson. *O Trágico e Seus Rastros*. Londrina: Eduel, 2002.

_____. *O Instante Eterno: O Retorno do Trágico nas Sociedades Pós-Modernas*. São Paulo: Zouk, 2003.

_____. *A Sombra de Dioniso*. São Paulo: Zouk, 2005.

MAGALDI, Sábato. Teatro em São Paulo de 1943 a 1968. In: KAZ, Leonel et al. *Brasil, Palco e Paixão: Um Século de Teatro*. Rio de Janeiro: Aprazíveis, 2005.

_____. Crítica: A Tragédia de Sófocles, Perfeita e Fiel em Édipo Rei. *Jornal da Tarde*, São Paulo, 28 maio 1983.

MAIA, Reginaldo. Oresteia, o Canto do Bode. *Cadernos do Folias*, São Paulo, n. 10, ed. esp., 2007. Grupo Folias D'arte.

MANTOVANI, Ana. *Cenografia*. São Paulo: Ática, 1989.

MARINHO, Flavio. Édipo: Gritos e Sussurros na Tragédia das Tragédias. *O Globo*, Rio de Janeiro, 4 out. 1983. Segundo Caderno.

MATTÉI, Jean-François. Civilização e Barbárie. In: _____. *Ética e Estética*. Rio de Janeiro: Jorge Zahar, 2001.

MEDEIROS, Anísio. O Arquiteto de um Momento. *Dionysos*, Rio de Janeiro, ano X, n. 11, 1961.

MERGULHO no Trágico. *Jornal O Dia*, Rio de Janeiro, 22 abr. 2004. Dia D.

MICHALSKI, Yan. Electra. *Jornal do Brasil*, Rio de Janeiro, 2 abr. 1965. Caderno B.

_____. Édipo Rei (I). *Jornal do Brasil*, Rio de Janeiro , 27 jul. 1967. Caderno B.

_____. Édipo Rei (II). *Jornal do Brasil*, Rio de Janeiro, 28 jul. 1967. Caderno B.

_____. O Longo Caminho da Cabeça aos Membros II. *Jornal do Brasil*, Rio de Janeiro, 27 dez. 1968. Caderno B.

MICHELAKIS, Pantelis. Greek Tragedy in Cinema: Theatre, Politics, History. In: *Dionysus Since 69*. Oxford: Oxford University Press, 2004.

MILARÉ, Sebastião. Medeia 2. *Revista Eletrônica Teatral Antaprofana*. Disponível em: <http://www.antaprofana.com.br/materia_atual.asp?mat=304>. Acesso em: 31 mar. 2008.

_____. Antígona: Chegando à Essência da Tragédia. *Revista Eletrônica Teatral Antaprofana*. Disponível em: <http://www.antaprofana.com.br/materia_atual.asp?mat=305>. Acesso em: 27 abr. 2008.

MOST, Glenn Warren. Da Tragédia ao Trágico. In: ROSENFIELD, Denis Lerrer. *Filosofia e Literatura: o Trágico*. Rio de Janeiro: Jorge Zahar, 2001.

MOSTAÇO, Edélcio. O Teatro Pós-Moderno. In: GUINSBURG, J.; BARBOSA, Ana Mae (org.). *O Pós-Modernismo*. São Paulo: Perspectiva, 2005.

MOTTA, Gilson. A Encenação da Tragédia Grega e do Trágico na Cena Brasileira Contemporânea. *Artefilosofia*, Ouro Preto, n. 1, jul. 2006. Instituto de Filosofia, Artes e Cultura-Universidade Federal de Ouro Preto.

_____. *Folhetim*, Rio de Janeiro, v. 20, 2004.

_____. Memória ABRACE X. *Anais do IV Congresso de Pesquisa e Pós-Graduação em Artes Cênicas*. Rio de Janeiro: 7 Letras, 2006.

_____. O Teatro dos Estudantes do Brasil (TEB) e o Teatro dos Estudantes da Universidade de Coimbra (TEUC), *Convergência Lusíada*, n. 16. (org. Gilda Santos).

NÉSPOLI, Beth. Antunes Filho Expõe os Bastidores de Seu Processo de Trabalho. *O Estado de S.Paulo*, São Paulo, 27 jul. 1998. Caderno 2.

_____. Antunes Filho Renova a Tragédia de Medeia. *O Estado de S.Paulo*, São Paulo, 25 jul. 2001. Caderno 2.

_____. Antunes Filho Estreia Sua Montagem de "Antígona". *O Estado de S.Paulo*, São Paulo, 18 maio 2005. Disponível em: <http://www.opalco.com.br/foco.cfm?persona=ultimas&controle=329>. Acesso em: 4 out. 2008.

_____. Oresteia do Folias Critica Matriz Grega. *O Estado de S.Paulo*, São Paulo, 23 maio 2007. Caderno 2.

NIETZSCHE, Friedrich. *Aurora: Reflexões sobre os Preconceitos Morais*. Petrópolis: Vozes, 2008.

_____. *A Vontade de Poder*. Rio de Janeiro: Contraponto, 2008.

_____. *A Gaia Ciência*. São Paulo: Hemus, 1981.

O'DOHERTY, Brian. *No Interior do Cubo Branco: A Ideologia do Espaço da Arte*. São Paulo: Martins Fontes, 2007.

OJEDA, Igor. Um Olhar sobre a Tragédia Latino-Americana. Entrevista a Marco Antonio Rodrigues. *Agência Brasil de Fato*, 14 set. 2007. Disponível em: <http://www.brasildefato.com.br/v01/agencia/cultura/um-olhar-sobre-a--tragedia-latino-americana>. Acesso em: 14 dez. 2008.

ORSINI, Elisabeth. Antígona num Caminho Incomum. *O Globo*, Rio de Janeiro, 7 fev. 1995.

OSCAR, Henrique. Agamêmnon pela Comunidade. *Diário de Notícias*, Rio de Janeiro, 17 jun. 1970. Segundo Caderno.

_____. Édipo Rei no Teatro República. *Diário de Notícias*, Rio de Janeiro, 18 jun. 1970. Segundo Caderno.

PAVIS, Patrice. *Dicionário de Teatro*. São Paulo: Perspectiva, 2006.

_____. *O Teatro no Cruzamento de Culturas*. São Paulo: Perspectiva, 2008.

PEIXOTO, Fernando (org.). *Reflexões sobre o Teatro Brasileiro no Século XX: Yan Michalski*. Rio de Janeiro: Funarte, 2004.

PEREIRA, Daniel Martins Alves. *Medeia nas Malhas do Tempo: o Diálogo Intertextual entre Antunes e Eurípides*. Londrina: Eduel, 2006.

PIMENTA, Ângela. Horror, Horror. *Veja*, São Paulo, n. 1.541, 8 abr. 1998. Disponível em: <http://veja.abril.com.br/080498/p_129b.html>. Acesso em: 30 maio 2008.

PIRES, Ericson. *Zé Celso e a Oficina-Uzyna de Corpos*. São Paulo: Annablume, 2005.

PRADO, Décio de Almeida. *O Teatro Brasileiro Moderno*. São Paulo: Perspectiva, 2003.

_____. *Exercício Findo: Crítica Teatral (1964-1968)*. São Paulo: Perspectiva, 1987.

RAMOS, Luiz Fernando. Síntese Iluminada. *Bravo!* São Paulo, v. 5, n. 51, dez. 2001.

RATTO, Gianni. *Antitratado de Cenografia*. São Paulo: Senac São Paulo, 1999.
REHM, Rush. *Radical Theatre: Greek Tragedy and the Modern World*. London: Gerald Duckworth, 2003.
RINNE, Olga. *Medeia: O Direito à Ira e ao Ciúme*. São Paulo: Cultrix, 1997.
RIOS, Jefferson. Morte e Vida Segundo Antunes Filho. *Bravo!*, São Paulo, 1º jun. 2005.
ROSENFELD, Anatol. *O Teatro Épico*. São Paulo: Perspectiva, 1997.
ROSSET, Clement. *Le Principe de cruauté*. Paris: Minuit, 1968.
SANTOS, Valmir. Bia Lessa Desconstrói Teatro para "Medeia". *Folha de S. Paulo*, São Paulo, 22 abr. 2004. Ilustrada. Disponível em: <http://www1.folha.uol.com.br/folha/ilustrada/ult90u43496.shtml>. Acesso em: 6 jun. 2008.
SARRAZAC, Jean-Pierre. Realismo e Encenação Moderna: o Trabalho de André Antoine. In: CARVALHO, Sérgio (org.). *O Teatro e a Cidade: Lições de História do Teatro*. São Paulo: Secretaria Municipal de Cultura, 2004.
_____. *Antoine, l' invention de la mise en scène*. Paris: Actes-Sud Papiers, 1999.
SILVA, Beatriz Coelho. Renata Sorrah Estrela Superprodução de Medeia. *O Estado de S. Paulo*, São Paulo, 22 abr. 2004. Disponível em: <http://www.estadao.com.br/divirtase/noticias/2004/abr/22/104.htm>. Acesso em: 14 jun. 2004.
SUSSEKIND, Flora. Nós, só Vemos Morte (Nota sobre Medeia). *Folhetim*, Rio de Janeiro, n. 24, jul./dez, 2006. (Teatro do Pequeno Gesto).
SZONDI, Peter. *Ensaio sobre o Trágico*. Rio de Janeiro: Jorge Zahar, 2004.
TASSINARI, Alberto. *O Rumor do Tempo: Anselm Kiefer*. São Paulo: Museu de Arte Moderna de São Paulo, 1998. (Catálogo da Exposição.)
TEATROS da Funarte. *Plantas de Arquitetura: Teatro Cacilda Becker, Teatro Dulcina, Teatro Glauce Rocha*. Rio de Janeiro: Centro Técnico de Artes da Funarte, Departamento de Difusão Cultural, s.d. (Arquivos Cedoc/Funarte.)
UBERSFELD, Anne. *Lire le théâtre II: L'École du spectateur*. Paris: Belin, 1996.
_____. A Representação dos Clássicos: Reescritura ou Museu. *Folhetim*, Rio de Janeiro, n. 13, abr./jun. 2002.
VASSEUR-LEGANGNEUX, Patricia. *Les Tragédies grecques sur la scène moderne*. Louvain-la-Neuve: Presses Universitaires Septentrion, 2004.
VEINSTEIN, André. *Le Théâtre experimental: Tendences et propositions*. Paris: La Renaissance du Livre, 1968. (Collection Dionysos)
VERNANT, Jean-Pierre. *Revue d'études antiques*, n. 38, 1992. Apud FÉRAL, Josette. Os Gregos na Cartoucherie: a Pesquisa das Formas. *Folhetim*, Rio de Janeiro, n. 14, jul./set. 2002. (Teatro do Pequeno Gesto).
VERNANT, Jean-Pierre; VIDAL-NAQUET, Pierre. *Mito e Tragédia na Grécia Antiga*. São Paulo: Perspectiva, 2008.
WAJNBERG, Daniel Schenker. Entrevista. *Revista CAL Digital*, Rio de Janeiro, a. 1, n. 1, 2006. Disponível em: <http://www.cal.com.br/rev-1/flash/tx_entrevista.swf>. Acesso em: 3. jun. 2008.
_____. Medeia em Todos os Lugares: Entrevista com Renata Sorrah. *Tribuna de Imprensa*, Rio de Janeiro, 24-25 abr. 2004. Tribuna Bis.
WERTHEIM, Margareth. *Uma História do Espaço de Dante à Internet*. Rio de Janeiro: Jorge Zahar, 2001.

Depoimentos

COSTA, Marcelo. Depoimento, 2008.
GUEDES, Antonio. Depoimento, 9 jun. 2008.
MUDADO, Ítalo. Depoimento, maio 2004.
NUNES, Carlos Alberto. Depoimento, set. 2008.
ROLLEMBERG, Doris. Depoimento, 7 jun. 2008.

Programas de Espetáculos

Antígona. Centro de Pesquisa Teatral, direção de Antunes Filho. São Paulo, Sesc-SP, 2005.
Antígone. Direção de Antonio Guedes e Helena Varkaki. Teatro Studio. Rio de Janeiro, 1986.
As Bacantes. Teatro Oficina, direção de José Celso Martinez Correa, São Paulo, 1995.
Ato sem Perdão. Grupo União, direção de José Renato. São Paulo, 1969.
Édipo Rei. Grupo Mergulho no Trágico, direção de José Da Costa, Rio de Janeiro, 1987.
Édipo Rei. Cooperativa Paulista de Teatro, direção de Marcio Aurélio, São Paulo, 1983.
Édipo Rei, de Sófocles. Companhia Paulo Autran, direção de Flávio Rangel, Teatro Maria Della Costa, Maio, 1967.
Fragmentos Troianos. Centro de Pesquisa Teatral, Direção de Antunes Filho, São Paulo, Sesc-SP, 1999.
Medeia. Teatro do Pequeno Gesto, direção de Antonio Guedes, Rio de Janeiro, 2003.
Medeia, de Eurípides. Direção de Bia Lessa. Rio de Janeiro, 2004.
Medeia. Centro de Pesquisa Teatral, direção de Antunes Filho. São Paulo, Sesc-SP, 2001.
Orestéia, o Canto do Bode. Grupo Folias D'arte. *Cadernos do Folias*, São Paulo, n. 10, 2007, edição especial, 2007.

Créditos das Imagens

ACERVO CEDOC / FUNARTE
Fig. 1: *Medeia*, foto de Carlos Moskovicks; Figs. 2 e 3: *Hécuba*, não identificado; Fig. 4: *Electra*, não identificado.
HELIO EICHBAUER
Fig. 5: *As Troianas*, foto de Carlos; Fig. 7: *Antígona*, foto de Carlos.
ARQUIVO NACIONAL, COLEÇÃO CORREIO DA MANHÃ
Fig. 6: *Édipo Rei*, não identificado; Fig. 8: *Agamêmnon*, não identificado; Fig. 9: *Medeia*, não identificado.
ESCOLA DE ARTE DRAMÁTICA / SP
Fig. 10: *As Bacantes*, não identificado; Fig. 11: *Prometeu*, não identificado.
NANCI FREITAS
Fig. 13: *Édipo Rei*, não identificado.
CARLOS ALBERTO NUNES
Fig. 14: *As Troianas*, foto de Cláudia Ribeiro.
GRUPO ÓI NÓIS AQUI TRAVEIZ
Figs. 15 e 16: *Antígona – Ritos de Paixão e Morte*, não identificado.
OS SATYROS
Fig. 19: *Antígona*, foto de Marcello Serra.
CPT SESC-SP
Fig. 27: Cenário de *Fragmentos Troianos*, não identificado; Figs. 28 e 29: *Fragmentos Troianos*, foto de Nilton Silva; Fig. 34 e 35: *Antígona*, foto de Nilton Silva.
DORIS ROLEMBERG
Fig. 36: Planta baixa do cenário; Figs. 37 e 38: *Medeia*, foto de Jorge Etecheber.
SEM ACERVO
Fig. 12: *Édipo Rei*, foto de Iolanda Huzak; Figs. 17 e 18: *Trilogia Tebana*, foto de Guga Melgar; Fig. 20: *Antígone*, foto de Ronald Peret; Fig. 21: *Electra na Mangueira*, foto de Guga Melgar; Fig. 23: *Prometeu*, foto de Mila Petrillo; Fig. 24: *Édipo Rei*, foto de Renato Marques; Fig. 25: *Medeia de Bandido*, foto de Airá Fuentes Tacca; Fig. 41: *Medeia*, foto de Guga Melgar; Fig. 43: *Oresteia*, foto de Joana Mattei.
FOTOS FEITAS PELO AUTOR, A PARTIR DE DVD
Fig. 22: *Electra na Mangueira*, DVD da peça; Fig. 26: *As Bacantes*, DVD da peça; Figs. 30 e 31: *Medeia*, DVD da peça; Figs. 32 e 33: *Medeia 2*, DVD da peça; Figs. 39 e 40: *Medeia*, DVD da peça; Fig. 42: *Oresteia*, DVD da peça; Fig. 44: *Oresteia*, DVD da peça.

Este livro foi impresso em São Paulo,
nas oficinas da Graphium Gráfica e Editora Ltda.,
em junho de 2011, para a Editora Perspectiva s.a.